2019

Rogério Greco
ORGANIZADOR

CÓDIGO PENAL

Atualização
Periódica no Site até
Dezembro/2019

CONTÉM

- **Notas remissivas**
- **Súmulas Selecionadas**
- **Teses de Recursos Repetitivos**

EDITORA FOCO

2019 © Editora FOCO
Organizadora: Rogério Greco
Diretor Acadêmico: Leonardo Pereira
Editor: Roberta Densa
Revisora Sênior: Georgia Renata Dias
Revisora Técnica: Cecília Dantas
Capa: Leonardo Hermano
Projeto Gráfico e Diagramação: Ladislau Lima
Impressão miolo e capa: META BRASIL

Dados Internacionais de Catalogação na Publicação (CIP) de acordo com ISBD

C669

Código Penal / organizado por Rogério Greco. – Indaiatuba, SP : Editora Foco, 2019.
204 p. ; 14cm x 21cm.

Inclui índice.

ISBN: 978-85-8242-404-9

1. Direito. 2. Direito penal. I. Greco, Rogério. II. Título.

2019-1171 CDD 345 CDU 343

Elaborado por Vagner Rodolfo da Silva – CRB-8/9410

Índices para Catálogo Sistemático:
1. Direito penal 345 2. Direito penal 343

NOTAS DA EDITORA:

Atualizações do Conteúdo: A presente obra é vendida como está, atualizada até a data do seu fechamento, informação que consta na página II do livro. Havendo a publicação de legislação de suma relevância, a editora, de forma discricionária, se empenhará em disponibilizar atualização futura. Os comentários das questões são de responsabilidade dos autores.

Bônus ou Capítulo On-line: Excepcionalmente, algumas obras da editora trazem conteúdo extra no on-line, que é parte integrante do livro, cujo acesso será disponibilizado durante a vigência da edição da obra.

Erratas: A Editora se compromete a disponibilizar no site www.editorafoco.com.br, na seção Atualizações, eventuais erratas por razões de erros técnicos ou de conteúdo. Solicitamos, outrossim, que o leitor faça a gentileza de colaborar com a perfeição da obra, comunicando eventual erro encontrado por meio de mensagem para contato@editorafoco.com.br. O acesso será disponibilizado durante a vigência da edição da obra.

Impresso no Brasil (08.2019) Data de Fechamento (08.2019)

MISTO
Papel produzido a partir de fontes responsáveis
FSC

2019

Al. Júpiter, 542 – American Park Distrito Industrial
CEP 13347-653 – Indaiatuba – SP

E-mail: contato@editorafoco.com.br
www.editorafoco.com.br

CÓDIGO PENAL

Atualizações *ON-LINE*

www.

Acesse o link:

www.editorafoco.com.br/atualizacao

* As atualizações em PDF serão disponibilizadas sempre que houver necessidade, em caso de nova lei ou decisão jurisprudencial relevante, durante o ano da edição do livro.
* Acesso disponível até Dezembro/2019.

Apresentação

O Código Penal, Decreto-Lei nº 2.848, de 07 de dezembro de 1.940, entrou em vigor em 1º de janeiro de 1.942. Desde então, inúmeras foram as discussões jurisprudenciais e doutrinárias, bem como as alterações legislativas que impactaram direta ou indiretamente na interpretação e integração das normas no ordenamento jurídico brasileiro.

Essa obra traz o texto do Código Penal atualizado e com referências às súmulas do Superior Tribunal de Justiça e Supremo Tribunal Federal, além das referências cruzadas aos artigos do Código Penal e legislação extravagante.

Essa obra traz uma inovação e contempla uma lista com as teses firmadas em Recursos Repetitivos no Superior Tribunal de Justiça que são aplicáveis ao Direito Penal, bem como a remissão dessas em cada um dos artigos do Código Penal.

Além das teses firmadas em Recursos Repetitivos, a organização conta com um detalhado índice sistemático; remissões ao próprio código e as leis extravagantes; índice remissivo indicando o assunto e o artigo da norma; legislação complementar; súmulas do STJ e STF, além das Súmulas vinculantes do STF.

Assim, a Editora FOCO, acompanhando o projeto gráfico e a apresentação da Constituição Federal, do Código de Processo Civil, Código de Defesa do Consumidor e do Código de Ética e Disciplina da OAB, apresenta a organização do Código Penal com a intenção de oferecer ferramenta de pesquisa aos profissionais e acadêmicos da área jurídica.

Boa leitura!

Equipe FOCO

Código Penal

Índice Sistemático do Código Penal

Lei de Introdução ao Código Penal e às Contravenções Penais

DECRETO-LEI 3.914, DE 9 DE DEZEMBRO DE 1941

Lei de Introdução ao Código Penal (Dec.-lei 2.848, de 7 de dezembro de 1940) e à Lei das Contravenções Penais (Dec.-lei 3.688, de 3 de outubro de 1941).

→ *V.* Lei 7.209/1984 – Altera dispositivos do Decreto-Lei 2.848/1940 – Código Penal.

O Presidente da República, usando da atribuição que lhe confere o art. 180 da Constituição, decreta:

Art. 1º Considera-se crime a infração penal a que a lei comina pena de reclusão ou de detenção, quer isoladamente, quer alternativa ou cumulativamente com a pena de multa; contravenção, a infração penal a que a lei comina, isoladamente, pena de prisão simples ou de multa, ou ambas, alternativa ou cumulativamente.

Art. 2º Quem incorrer em falência será punido:

→ *V.* Lei 11.101/2005 – Regula a recuperação judicial, a extrajudicial e a falência do empresário e da sociedade empresária.

I – se fraudulenta a falência, com a pena de reclusão, por 2 (dois) a 6 (seis) anos;

II – se culposa, com a pena de detenção, por 6 (seis) meses a 3 (três) anos.

Art. 3º Os fatos definidos como crimes no Código Florestal, quando não compreendidos em disposição do Código Penal, passam a constituir contravenções, punidas com a pena de prisão simples, por 3 (três) meses a 1 (um) ano, ou de multa, de um conto de réis a dez contos de réis, ou com ambas as penas, cumulativamente.

→ *V.* Lei 12.651/2012 – Novo Código Florestal.

Art. 4º Quem cometer contravenção prevista no Código Florestal será punido com pena de prisão simples, por 15 (quinze) dias a 3 (três) meses, ou de multa, de duzentos mil-réis a cinco contos de réis, ou com ambas as penas, cumulativamente.

→ *V.* Lei 12.651/2012 – Novo Código Florestal.

Art. 5º Os fatos definidos como crimes no Código de Pesca (Dec.-lei 794, de 19 de outubro de 1938) passam a constituir contravenções, punidas com a pena de prisão simples, por 3 (três) meses a 1 (um) ano, ou de multa, de quinhentos mil-réis a dez contos de réis, ou com ambas as penas, cumulativamente.

→ Referido Dec.-lei 794/1938 foi revogado pelo Dec.-lei 221/1967.

Art. 6º Quem, depois de punido administrativamente por infração da legislação especial sobre a caça, praticar qualquer infração definida na mesma legislação, ficará sujeito à pena de prisão simples, por 15 (quinze) dias a 3 (três) meses.

Art. 7º No caso do art. 71 do Código de Menores (Decreto 17.943-A, de 12 de outubro de 1927), o juiz determinará a internação do menor em seção especial de escola de reforma.

§ 1º A internação durará, no mínimo, 3 (três) anos.

§ 2º Se o menor completar 21 anos, sem que tenha sido revogada a medida de internação, será transferido para colônia agrícola ou para instituto de trabalho, de reeducação ou de ensino profissional, ou seção especial de outro estabelecimento, à disposição do juiz criminal.

§ 3º Aplicar-se-á, quanto à revogação da medida, o disposto no Código Penal sobre a revogação de medida de segurança.

Art. 8º As interdições permanentes, previstas na legislação especial como efeito de sentença condenatória, durarão pelo tempo de 20 (vinte) anos.

Art. 9º As interdições permanentes, impostas em sentença condenatória passada em julgado, ou desta decorrentes, de acordo com a Consolidação das Leis Penais, durarão pelo prazo máximo estabelecido no Código Penal para a espécie correspondente.

Parágrafo único. Aplicar-se-á o disposto neste artigo às interdições temporárias com prazo de duração superior ao limite máximo fixado no Código Penal.

Art. 10. O disposto nos artigos 8º e 9º não se aplica às interdições que, segundo o Código Penal, podem consistir em incapacidades permanentes.

Art. 11. Observar-se-á, quanto ao prazo de duração das interdições, nos casos dos artigos 8º e 9º, o disposto no art. 72 do Código Penal, no que for aplicável.

Art. 12. Quando, por fato cometido antes da vigência do Código Penal, se tiver de pronunciar condenação, de acordo com a lei anterior, atender-se-á ao seguinte:

I – a pena de prisão celular, ou de prisão com trabalho, será substituída pela de reclusão, ou de detenção, se uma destas for a pena cominada para o mesmo fato pelo Código Penal;

II – a pena de prisão celular ou de prisão com trabalho será substituída pela de prisão simples, se o fato estiver definido como contravenção na lei anterior, ou na Lei das Contravenções Penais.

Art. 13. A pena de prisão celular ou de prisão com trabalho imposta em sentença irrecorrível, ainda que já iniciada a execução, será convertida em reclusão, detenção ou prisão simples, de conformidade com as normas prescritas no artigo anterior.

Art. 14. A pena convertida em prisão simples, em virtude do art. 409 da Consolidação das Leis Penais, será convertida em reclusão, detenção ou prisão simples, segundo o disposto no art. 13, desde que o condenado possa ser recolhido a estabelecimento destinado à execução da pena resultante da conversão.

Parágrafo único. Abstrair-se-á, no caso de conversão, do aumento que tiver sido aplicado, de acordo com o disposto no art. 409, *in fine*, da Consolidação das Leis Penais.

Art. 15. A substituição ou conversão da pena, na forma desta Lei, não impedirá a suspensão condicional, se a lei anterior não a excluía.

Art. 16. Se, em virtude da substituição da pena, for imposta a de detenção ou a de prisão simples, por tempo superior a 1 (um) ano e que não exceda de 2 (dois), o juiz poderá conceder a suspensão condicional da pena, desde que reunidas as demais condições exigidas pelo art. 57 do Código Penal.

Art. 17. Aplicar-se-á o disposto no art. 81, § 1º, II e III, do Código Penal, aos indivíduos recolhidos a manicômio judiciário ou a outro estabelecimento em virtude do disposto no art. 29, 1ª parte, da Consolidação das Leis Penais.

Art. 18. As condenações anteriores serão levadas em conta para determinação da reincidência em relação a fato praticado depois de entrar em vigor o Código Penal.

Art. 19. O juiz aplicará o disposto no art. 2º, parágrafo único, *in fine*, do Código Penal, nos seguintes casos:

I – se o Código ou a Lei das Contravenções Penais cominar para o fato pena de multa, isoladamente, e na sentença tiver sido imposta pena privativa de liberdade;

II – se o Código ou a Lei das Contravenções cominar para o fato pena privativa de liberdade por tempo inferior ao da pena cominada na lei aplicada pela sentença.

Parágrafo único. Em nenhum caso, porém, o juiz reduzirá a pena abaixo do limite que fixaria se pronunciasse condenação de acordo com o Código Penal.

Art. 20. Não poderá ser promovida ação pública por fato praticado antes da vigência do Código Penal:

I – quando, pela lei anterior, somente cabia ação privada;

II – quando, ao contrário do que dispunha a lei anterior, o Código Penal só admite ação privada.

Parágrafo único. O prazo estabelecido no art. 105 do Código Penal correrá, na hipótese do número II:

a) de 1º de janeiro de 1942, se o ofendido sabia, anteriormente, quem era o autor do fato;

b) no caso contrário, do dia em que vier a saber, quem é o autor do fato.

Art. 21. Nos casos em que o Código Penal exige representação, sem esta não poderá ser intentada ação pública por fato praticado antes de 1º de janeiro de 1942; prosseguindo-se, entretanto, na que tiver sido anteriormente iniciada, haja ou não representação.

Parágrafo único. Atender-se-á, no que for aplicável, ao disposto no parágrafo único do artigo anterior.

Art. 22. Onde não houver estabelecimento adequado para a execução de medida de segurança detentiva estabelecida no art. 88, § 1º, III, do Código Penal, aplicar-se-á a de liberdade vigiada, até que seja criado aquele estabelecimento ou adotada qualquer das providências previstas no art. 89, e seu parágrafo, do mesmo Código.

Parágrafo único. Enquanto não existir estabelecimento adequado, as medidas detentivas estabelecidas no art. 88, § 1º, I e II, do Código Penal, poderão ser executadas em seções especiais de manicômio comum, asilo ou casa de saúde.

Art. 23. Onde não houver estabelecimento adequado ou adaptado à execução das penas de reclusão, detenção ou prisão, poderão estas ser cumpridas em prisão comum.

Art. 24. Não se aplicará o disposto no art. 79, II, do Código Penal a indivíduo que, antes de 1º de janeiro de 1942, tenha sido absolvido por sentença passada em julgado.

Art. 25. A medida de segurança aplicável ao condenado que, a 1º de janeiro de 1942, ainda não tenha cumprido a pena, é a liberdade vigiada.

Art. 26. A presente Lei não se aplica aos crimes referidos no art. 360 do Código Penal, salvo os de falência.

Art. 27. Esta Lei entrará em vigor em 1º de janeiro de 1942; revogadas as disposições em contrário.

Rio de Janeiro, 9 de dezembro de 1941; 120º da Independência e 53º da República.

Getúlio Vargas

(Publicação no *D.O.U.* 11.12.1941)

Exposição de Motivos da Parte Geral do Código Penal

LEI 7.209,
DE 11 DE JULHO DE 1984

Excelentíssimo Senhor Presidente da República:

1. Datam de mais de vinte anos as tentativas de elaboração do novo Código Penal. Por incumbência do Governo Federal, já em 1963 o Professor Nélson Hungria apresentava o anteprojeto de sua autoria, ligando-se, pela segunda vez, à reforma de nossa legislação penal.

2. Submetido ao ciclo de conferências e debates do Instituto Latino-Americano de Criminologia, realizado em São Paulo, e a estudos promovidos pela Ordem dos Advogados do Brasil e Faculdades de Direito, foi objeto de numerosas propostas de alteração, distinguindo-se o debate pela amplitude das contribuições oferecidas. Um ano depois, designou o então Ministro Milton Campos a comissão revisora do anteprojeto, composta dos Professores Nélson Hungria, Aníbal Bruno e Heleno Cláudio Fragoso. A comissão incorporou ao texto numerosas sugestões, reelaborando-o em sua quase inteireza, mas a conclusão não chegou a ser divulgada. A reforma foi retomada pelo Ministro Luiz Antônio da Gama e Silva, que em face do longo e eficiente trabalho de elaboração já realizado submeteu o anteprojeto a revisão final, por comissão composta dos Professores Benjamin Moraes Filho, Heleno Cláudio Fragoso e Ivo D'Aquino. Nessa última revisão punha-se em relevo a necessidade de compatibilizar o anteprojeto do Código Penal com o do Código Penal Militar, também em elaboração. Finalmente, a 21 de outubro de 1969, o Ministro Luiz Antônio da Gama e Silva encaminhou aos Ministros Militares, então no exercício da Chefia do Poder Executivo, o texto do Projeto de Código Penal, convertido em lei pelo Dec.-lei 1.004, da mesma data. Segundo o art. 407, entraria o novo Código Penal em vigor no dia 1° de janeiro de 1970.

3. No Governo do Presidente Emílio Médici, o Ministro Alfredo Buzaid anuiu à conveniência de entrarem simultaneamente em vigor o Código Penal, o Código de Processo Penal e a Lei de Execução Penal, como pressuposto de eficácia da Justiça Criminal. Ao Código Penal, já editado, juntar-se-iam os dois outros diplomas, cujos anteprojetos se encontravam em elaboração. Era a reforma do sistema penal brasileiro, pela modernização de suas leis constitutivas, que no interesse da segurança dos cidadãos e da estabilidade dos direitos então se intentava. Essa a razão das leis proteladoras da vigência do Código Penal, daí por diante editadas. A partir da Lei 5.573, de 1° de dezembro de 1969, que remeteu para 1° de agosto de 1970 o início da vigência em apreço, seis diplomas legais, uns inovadores, outros protelatórios, foram impelindo para diante a entrada em vigor do Código Penal de 1969.

4. Processara-se, entrementes, salutar renovação das leis penais e processuais vigentes. Enquanto adiada a entrada em vigor do Código Penal de 1969, o Governo do Presidente Ernesto Geisel, sendo Ministro da Justiça o Dr. Armando Falcão, encaminhou ao Congresso Nacional o Projeto de Lei 2, de 22 de fevereiro de 1977, destinado a alterar dispositivos do Código Penal de 1940, do Código de Processo Penal e da Lei das Contravenções Penais. Coincidiam as alterações propostas, em parte relevante, com as recomendações da Comissão Parlamentar de Inquérito instituída em 1975 na Câmara dos Deputados, referentes à administração da Justiça Criminal e à urgente reavaliação dos critérios de aplicação e execução da pena privativa da liberdade. Adaptado à positiva e ampla contribuição do Congresso Nacional, o projeto se transformou na Lei 6.416, de 24 de maio de 1977, responsável pelo ajustamento de importantes setores da execução penal à realidade social contemporânea. Foram tais as soluções por ela adotadas que pela Mensagem n. 78, de 30 de agosto de 1978, o Presidente Ernesto Geisel, sendo ainda Ministro da Justiça o Dr. Armando Falcão, encaminhou ao Congresso Nacional o projeto de lei que revogava o Código Penal de 1969. Apoiava-se a Mensagem, entre razões outras, no fato de que o Código Penal de 1940, nas passagens reformuladas, se tornara "mais atualizado do que o vacante". O projeto foi transformado na Lei 6.578, de 11 de outubro de 1978, que revogou o Código Penal e as Leis 6.016, de 31 de dezembro de 1973, e 6.063, de 27 de junho de 1974, que o haviam parcialmente modificado.

5. Apesar desses inegáveis aperfeiçoamentos, a legislação penal continua inadequada às exigências da sociedade brasileira. A pressão dos índices de criminalidade e suas novas espécies, a constância da medida repressiva como resposta básica ao delito, a rejeição social dos apenados e seus reflexos no incremento da reincidência, a sofisticação tecnológica, que altera a fisionomia da criminalidade contemporânea, são fatores que exigem o aprimoramento dos instrumentos jurídicos de contenção do crime, ainda os mesmos concebidos pelos juristas na primeira metade do século.

6. Essa, em síntese, a razão pela qual instituí, no Ministério da Justiça, comissões de juristas incumbidas de estudar a legislação penal e de conceber as reformas necessárias. Do longo e dedicado trabalho dos componentes dessas comissões resultaram três anteprojetos: o da Parte Geral do Código Penal, o do Código de Processo Penal e o da Lei de Execução Penal. Foram todos amplamente divulgados e debatidos em simpósios e congressos. Para analisar as críticas e sugestões oferecidas por especialistas e instituições, constituí as comissões revisoras, que reexaminaram os referidos anteprojetos e neles introduziram as alterações julgadas convenientes. Desse abrangente e patriótico trabalho participaram, na fase de elaboração, os Professores Francisco de Assis Toledo, Presidente da Comissão, Francisco de Assis Serrano Neves, Ricardo Antunes Andreucci, Miguel Reale Júnior, Hélio Fonseca, Rogério Lauria Tucci e René Ariel Dotti; na segunda fase, destinada à revisão dos textos e incorporação do material resultante dos debates, os Professores Francisco de Assis Toledo, Coordenador da Comissão, Dínio de Santis Garcia, Jair Leonardo Lopes e Miguel Reale Júnior.

7. Deliberamos remeter à fase posterior a reforma da Parte Especial do Código, quando serão debatidas questões polêmicas, algumas de natureza moral e religiosa. Muitas das concepções que modelaram o elenco de delitos modificaram-se ao longo do tempo, alterando os padrões de conduta, o que importará em possível descriminalização. Por outro lado, o avanço científico e tecnológico impõe a inserção, na esfera punitiva, de condutas lesivas ao interesse social, como versões novas da atividade econômica e financeira ou de atividades predatórias da natureza.

8. A precedência dada à reforma da Parte Geral do Código, à semelhança do que se tem feito em outros países, antecipa a adoção de nova política criminal e possibilita a implementação das reformas do sistema sem suscitar questões de ordem prática.

Da aplicação da lei penal

9. Na aplicação da lei penal no tempo, o Projeto permanece fiel ao critério da lei mais benigna. Amplia, porém, as hipóteses contempladas na legislação vigente, para abranger a garantia assegurada no art. 153, § 16, da Constituição da República. Resguarda-se, assim, a aplicação da *lex mitior* de qualquer caráter restritivo, no tocante ao crime e à pena.

→ A referência é à Constituição de 1967, Emenda Constitucional de 1969.

10. Define o Projeto, nos arts. 4º e 6º, respectivamente, o tempo e lugar do crime, absorvendo, no caso, contribuição do Código de 1969, consagrada na doutrina.

11. Na aplicação da lei penal no espaço, o Projeto torna mais precisas as disposições, de forma a suprir, em função dos casos ocorrentes, as omissões do Código de 1940.

Do crime

12. Pareceu-nos inconveniente manter a definição de causa no dispositivo pertinente à relação de causalidade, quando ainda discrepantes as teorias e consequentemente imprecisa a doutrina sobre a exatidão do conceito. Pôs-se, portanto, em relevo a ação e a omissão como as duas formas básicas do comportamento humano. Se o crime consiste em uma ação humana, positiva ou negativa (*nullum crimen sine actione*), o destinatário da norma penal é todo aquele que realiza a ação proibida ou omite a ação determinada, desde que, em face das circunstâncias, lhe incumba o dever de participar o ato ou abster-se de fazê-lo.

13. No art. 13, § 2º, cuida o Projeto dos destinatários, em concreto, das normas preceptivas, subordinados à prévia existência de um dever de agir. Ao introduzir o conceito de omissão relevante, e ao extremar, no texto da lei, as hipóteses em que estará presente o dever de agir, estabelece-se a clara identificação dos sujeitos a que se destinam as normas preceptivas. Fica dirimida a dúvida relativa à superveniência de causa independente, com a inclusão, no texto do § 1º do art. 13, da palavra *relativamente*, "se a *causa superveniens*", destaca Nelson Hungria, "se incumbe sozinha do resultado e não tem ligação alguma, nem mesmo ideológica, com a ação ou omissão, esta passa a ser, no tocante ao resultado, uma 'não causa'" (*Comentários*, v. 1, t. 2, 5ª ed. 1978, p. 67).

14. Foram mantidas, nos arts. 14, 15, 17 e 18, as mesmas regras do Código atual, constantes, respectivamente, dos arts. 12, 13, 14 e 15, relativas aos conceitos de crime consumado e tentado, de desistência voluntária e arrependimento eficaz, de crime impossível, de dolo e culpa *stricto sensu*.

15. O Projeto mantém a obrigatoriedade de redução de pena, na tentativa (art. 14, parágrafo único), e cria a figura do arrependimento posterior à consumação do crime como causa igualmente obrigatória de redução de pena. Essa inovação constitui providência de Política Criminal e é instituída menos em favor do agente do crime do que da vítima. Objetiva-se, com ela, instituir um estímulo à reparação do dano, nos crimes cometidos "sem violência ou grave ameaça à pessoa".

16. Retoma o Projeto, no art. 19, o princípio da culpabilidade, nos denominados crimes qualificados pelo resultado, que o Código vigente submeteu à injustificada responsabilidade objetiva. A regra se estende a todas as causas de aumento situadas no desdobramento causal da ação.

17. É, todavia, no tratamento do *erro* que o princípio *nullum crimen sine culpa* vai aflorar com todo o vigor no direito legislado brasileiro. Com efeito, acolhe o Projeto, nos arts. 20 e 21, as duas formas básicas de *erro* construídas pela dogmática alemã: erro sobre elementos do tipo (*Tatbestandsirrtum*) e erro sobre a ilicitude do fato (*Verbotsirrtum*). Definiu-se a evitabilidade do erro em função da *consciência potencial* da ilicitude (parágrafo único do art. 21), mantendo-se no tocante às descriminantes putativas a tradição brasileira, que admite a forma culposa, em sintonia com a denominada "teoria limitada da culpabilidade" ("Culpabilidade e a problemática do erro jurídico penal", de Francisco de Assis Toledo, in *RT* 517/251).

18. O princípio da culpabilidade estende-se, assim, a todo o Projeto. Aboliu-se a medida de segurança para o imputável. Diversificou-se o tratamento dos partícipes, no concurso de pessoas. Admitiu-se a escusabilidade da falta de consciência da ilicitude. Eliminaram-se os resíduos de responsabilidade objetiva, principalmente os denominados crimes qualificados pelo resultado.

19. Repete o Projeto as normas do Código de 1940, pertinentes às denominadas "descriminantes putativas". Ajusta-se, assim, o Projeto à teoria limitada da culpabilidade, que distingue o erro incidente sobre os pressupostos fáticos de uma causa de justificação do que incide sobre a norma permissiva. Tal como no Código vigente, admite-se nesta área a figura culposa (art. 17, § 1º).

20. Excetuado o acerto de redação do art. 22, no qual se substitui a palavra "crime" por "fato", mantêm-se os preceitos concernentes ao erro determinado por terceiro, ao erro sobre a pessoa, à coação irresistível e à obediência hierárquica.

21. Permanecem as mesmas, e com o tratamento que lhes deu o Código vigente, as causas de exclusão da ilicitude. A inovação está contida no art. 23, que estende o excesso punível, antes restrito à legítima defesa, a todas as causas de justificação.

Da imputabilidade penal

22. Além das correções terminológicas necessárias, prevê o Projeto, no parágrafo único, *in fine*, do art. 26, o sistema vicariante para o semi-imputável, como consequência lógica da extinção da medida de segurança para o imputável. Nos casos fronteiriços em que predominar o quadro mórbido, optará o juiz pela medida de segurança. Na hipótese oposta, pela pena reduzida. Adotada, porém, a medida de segurança, dela se extrairão todas as consequências, passando o agente à condição de inimputável e, portanto, submetido às regras do Título VI, onde se situa o art. 98, objeto da remissão contida no mencionado parágrafo único do art. 26.

23. Manteve o Projeto a inimputabilidade penal ao menor de 18 (dezoito) anos. Trata-se de opção apoiada em critérios de Política Criminal. Os que preconizam a redução do limite, sob a justificativa da criminalidade crescente, que a cada dia recruta maior número de menores, não consideram a circunstância de que o menor, ser ainda incompleto, é naturalmente antissocial na medida em que não é socializado ou instruído. O reajustamento do processo de formação do caráter deve ser cometido à educação, não à pena criminal. De resto, com a legislação de menores recentemente editada, dispõe o Estado dos instrumentos necessários ao afastamento do jovem delinquente, menor de 18 (dezoito) anos, do convívio social, sem sua necessária submissão ao tratamento do delinquente adulto, expondo-o à contaminação carcerária.

24. Permanecem íntegros, tal como redigidos no Código vigente, os preceitos sobre paixão, emoção e embriaguez. As correções terminológicas introduzidas não lhes alteram o sentido e o alcance e se destinam a conjugá-los com disposições outras, do novo texto.

Do concurso de pessoas

25. Ao reformular o Título IV, adotou-se a denominação "Do Concurso de Pessoas" decerto mais abrangente, já que a coautoria não esgota as hipóteses do *concursus delinquentium*. O Código de 1940 rompeu a tradição originária do Código Criminal do Império, e adotou neste particular a teoria unitária ou monística do Código italiano como corolário da *teoria da equivalência das causas* (Exposição de Motivos do Ministro Francisco Campos, item 22). Sem completo retorno à experiência passada, curva-se, contudo, o Projeto aos críticos dessa teoria, ao optar, na parte final do art. 29, e em seus dois parágrafos, por regras precisas que distinguem a *autoria da participação*. Distinção, aliás, reclamada com eloquência pela doutrina, em face de decisões reconhecidamente injustas.

Das penas

26. Uma política criminal orientada no sentido de proteger a sociedade terá de restringir a pena privativa de liberdade aos casos de reconhecida necessidade, como meio eficaz de impedir a ação criminógena cada vez maior do cárcere. Esta filosofia importa obviamente na busca de sanções outras para delinquentes sem periculosidade ou crimes menos graves. Não se trata de combater ou condenar a pena privativa da liberdade como resposta penal básica ao delito. Tal como no Brasil, a pena de prisão se encontra no âmago dos sistemas penais de todo o mundo. O que por ora se discute é a sua limitação aos casos de reconhecida necessidade.

27. As críticas que em todos os países se têm feito à pena privativa da liberdade fundamentam-se em fatos de crescente importância social, tais como o tipo de tratamento penal frequentemente inadequado e quase sempre pernicioso, a inutilidade dos métodos até agora empregados no tratamento de delinquentes habituais e multirreincidentes, os elevados custos da construção e manutenção dos estabelecimentos penais, as consequências maléficas para os infratores primários, ocasionais ou responsáveis por delitos de pequena significação, sujeitos, na intimidade do cárcere, a sevícias, corrupção e perda paulatina da aptidão para o trabalho.

28. Esse questionamento da privação da liberdade tem levado penalistas de numerosos países e a própria Organização das Nações Unidas a uma "procura mundial" de soluções alternativas para os infratores que não ponham em risco a paz e a segurança da sociedade.

29. Com o ambivalente propósito de aperfeiçoar a pena de prisão, quando necessária, e de substituí-la, quando aconselhável, por formas diversas de sanção criminal, dotadas de eficiente poder corretivo, adotou o Projeto novo elenco de penas. Fê-lo, contudo, de maneira cautelosa, como convém a toda experiência pioneira nesta área. Por esta razão, o Projeto situa as novas penas na faixa ora reservada ao instituto da suspensão condicional da pena, com significativa ampliação para os crimes culposos. Aprovada a experiência, fácil será, no futuro, estendê-la a novas hipóteses, por via de pequenas modificações no texto. Nenhum prejuízo, porém, advirá da inovação introduzida, já que o instituto da suspensão condicional da pena, tal como vem sendo aplicado com base no Código de 1940, é um quase nada jurídico.

30. Estabeleceram-se com precisão os regimes de cumprimento da pena privativa da liberdade: o fechado, consistente na execução da pena em estabelecimento de segurança máxima ou média; o semiaberto, em colônia agrícola, industrial ou estabelecimento similar; e finalmente o aberto, que consagra a prisão-albergue, cuja execução deverá processar-se em casa de albergado ou instituição adequada.

31. Institui-se, no regime fechado, a obrigatoriedade do exame criminológico para seleção dos condenados conforme o grau de emendabilidade e consequente individualização do tratamento penal.

32. O trabalho, amparado pela Previdência Social, será obrigatório em todos os regimes e se desenvolverá segundo as aptidões ou ofício anterior do preso, nos termos das exigências estabelecidas.

33. O cumprimento da pena superior a 8 (oito) anos será obrigatoriamente iniciado em regime fechado. Abrem-se, contudo, para condenados a penas situadas aquém desse limite, possibilidades de cumprimento em condições menos severas, atentas às condições personalíssimas do agente e a natureza do crime cometido. Assim, o condenado a pena entre 4 (quatro) e 8 (oito) anos poderá iniciar o seu cumprimento em regime semiaberto. Ao condenado a pena igual ou inferior a 4 (quatro) anos, quando primário, poderá ser concedido, *ab initio*, o regime aberto, na forma do art. 33, § 3º, se militarem em seu favor os requisitos do art. 59.

34. A opção pelo regime inicial da execução cabe, pois, ao juiz da sentença, que o estabelecerá no momento da fixação da pena, de acordo com os critérios estabelecidos no art. 59, relativos à culpabilidade, aos antecedentes, à conduta social e à personalidade do agente, bem como aos motivos e circunstâncias do crime.

35. A decisão será, no entanto, provisória, já que poderá ser revista no curso da execução. A fim de humanizar a pena privativa da liberdade, adota o Projeto o sistema progressivo de cumprimento da pena, de nova índole, mediante o qual poderá dar-se a substituição do regime a que estiver sujeito o condenado, segundo seu próprio mérito. A partir do regime fechado, fase mais severa do cumprimento da pena, possibilita o Projeto a outorga progressiva de parcelas da liberdade suprimida.

36. Mas a regressão do regime inicialmente menos severo para outro de maior restrição é igualmente contemplada, se a impuser a conduta do condenado.

37. Sob essa ótica, a progressiva conquista da liberdade pelo mérito substitui o tempo de prisão como condicionante exclusiva da devolução da liberdade.

38. Reorientada a resposta penal nessa nova direção – a da qualidade da pena em interação com a quantidade – esta será tanto mais justificável quanto mais apropriadamente ataque as causas de futura delinquência. Promove-se, assim, a sentença judicial a ato de prognose, direcionada no sentido de uma presumida adaptabilidade social.

39. O Projeto limita-se a estabelecer as causas que justificam a regressão do regime aberto (art. 36, § 2º), remetendo a regulamentação das demais hipóteses à Lei de Execução Penal.

40. Adota o Projeto as penas restritivas de direitos, substitutivas da pena de prisão, consistentes em *prestação de serviços à comunidade, interdição temporária de direitos e limitação de fins de semana*, fixando o texto os requisitos e critérios norteadores da substituição.

41. Para dotar de força coativa o cumprimento da pena restritiva de direitos, previu-se a conversão dessa modalidade de sanção em privativa da liberdade, pelo tempo da pena aplicada, se injustificadamente descumprida a restrição imposta. A conversão, doutra parte, far-se-á se ocorrer condenação por outro crime à pena privativa da liberdade, cuja execução não tenha sido suspensa.

42. Essas penas privativas de direitos, em sua tríplice concepção, aplicam-se aos delitos dolosos cuja pena, concretamente aplicada, seja inferior a 1 (um) ano e aos delitos culposos de modo geral, resguardando-se, em ambas as hipóteses, o prudente arbítrio do juiz. A culpabilidade, os antecedentes, a conduta social e a personalidade do agente, bem como os motivos e circunstâncias do crime, é que darão a medida de conveniência da substituição.

43. O Projeto revaloriza a pena de multa, cuja força retributiva se tornou ineficaz no Brasil, dada a desvalorização das quantias estabelecidas na legislação em vigor, adotando-se, por essa razão, o critério do dia-multa, nos parâmetros estabelecidos, sujeito a correção monetária no ato da execução.

44. Prevê o Projeto o pagamento em parcelas mensais, bem como o desconto no vencimento ou salário do condenado, desde que não incida sobre os recursos necessários ao seu sustento e ao de sua família.

45. A multa será convertida em detenção quando o condenado, podendo, deixa de pagá-la ou frustra a execução. A cada dia-multa corresponde um dia de detenção. A conversão, contudo, não poderá exceder a 1 (um) ano.

→ v. Art. 51 do CP.

46. As condenações inferiores a 6 (seis) meses poderão ser substituídas por penas de multa, se o condenado não for reincidente e se a substituição constituir medida eficiente (art. 60, § 2º).

Da cominação das penas

47. Tornou-se necessária a inserção de Capítulo específico, pertinente à cominação das penas substitutivas, já que o mecanismo da substituição não poderia situar-se repetitivamente em cada modalidade de delito.

48. Os preceitos contidos nos arts. 53 e 58 disciplinam os casos em que a cominação está na figura típica legal, nos moldes tradicionais. Nos casos de penas restritivas de direitos (arts. 54 a 57) e de multa substitutiva (parágrafo único do art. 58), adotou-se a técnica de instituir a cominação no próprio Capítulo.

Da aplicação da pena

49. Sob a mesma fundamentação doutrinária do Código vigente, o Projeto busca assegurar a *individualização da pena* sob critérios mais abrangentes e precisos. Transcende-se, assim, o sentido individualizador do Código vigente, restrito à fixação da quantidade da pena, dentro de limites estabelecidos, para oferecer ao *arbitrium iudices* variada gama de opções, que em determinadas circunstâncias pode envolver o tipo da sanção a ser aplicada.

50. As diretrizes para fixação da pena estão relacionadas no art. 59, segundo o critério da legislação em vigor, tecnicamente aprimorado e necessariamente adaptado ao novo elenco de penas. Preferiu o Projeto a expressão "culpabilidade" em lugar de "intensidade do dolo ou grau de culpa", visto que graduável é a censura, cujo índice, maior ou menor, incide na quantidade da pena. Fez-se referência expressa ao comportamento da vítima, erigido, muitas vezes, em fator criminógeno, por constituir-se em provocação ou estímulo à conduta criminosa, como, entre outras modalidades, o pouco recato da vítima nos crimes contra os costumes. A finalidade da individualização está esclarecida na parte final do preceito: importa em optar, dentre as penas cominadas, pela que for aplicável, com a respectiva quantidade, à vista de sua necessidade e eficácia para "reprovação e prevenção do crime". Nesse conceito se define a Política Criminal preconizada no Projeto, da qual se deverão extrair todas as suas lógicas consequências. Assinale-se, ainda, outro importante acréscimo: cabe ao juiz fixar o regime inicial de cumprimento da pena privativa da liberdade, fator indispensável da individualização que se completará no curso do procedimento executório, em função do exame criminológico.

51. Decorridos quarenta anos da entrada em vigor do Código Penal, remanescem as divergências suscitadas sobre as etapas da aplicação da pena. O Projeto opta claramente pelo critério das três faces, predominante na jurisprudência do Supremo Tribunal Federal. Fixa-se, inicialmente, a pena-base, obedecido o disposto no art. 59; consideram-se, em seguida, as circunstâncias atenuantes e agravantes; incorporam-se ao cálculo, finalmente, as causas de diminuição e aumento. Tal critério permite o completo conhecimento da operação realizada pelo juiz e a exata determinação dos elementos incorporados à dosimetria. Discriminado, por exemplo, em primeira instância, o *quantum* da majoração decorrente de uma agravante, o recurso poderá ferir com precisão essa parte da sentença, permitindo às instâncias superiores a correção de equívocos hoje sepultados no processo mental do juiz. Alcança-se, pelo critério, a plenitude de garantia constitucional da ampla defesa.

52. Duas diferenças alteram o rol das circunstâncias agravantes prescritas na legislação em vigor: cancelou-se a redundante referência a "asfixia", de caráter meramente exemplificativo, já que é tida por insidiosa ou cruel esta espécie de meio, na execução do delito; deu-se melhor redação ao disposto no art. 44, II, *c*, ora assim enunciado no art. 61, II, *e*: "em estado de embriaguez preordenada".

→ A referência é ao art. 61, II, *l*, do CP.

53. O Projeto dedicou atenção ao agente que no concurso de pessoas desenvolve papel saliente. No art. 62, reproduz-se o texto do Código atual, acrescentando-se, porém, como agravante, a ação de induzir outrem à execução material do crime. Estabelece-se, assim, paralelismo com os elementos do tipo do art. 122 (induzimento, instigação ou auxílio ao suicídio).

54. A Lei 6.416, de 1977, alterou a disciplina da reincidência, limitando no tempo os efeitos da condenação anterior, a fim de não estigmatizar para sempre o condenado. A partir desse diploma legal deixou de prevalecer a condenação anterior para efeito de reincidência, se decorrido período superior a 5 (cinco) anos entre a data do cumprimento ou da extinção da pena e a da infração posterior. A redação do texto conduziu a situações injustas: o réu que tenha indeferida a suspensão da condicional tem em seu favor a prescrição da reincidência, antes de outro, beneficiado pela suspensão. A distorção importa em que a pena menos grave produz, no caso, efeitos mais graves. Daí a redação dada ao art. 64, I, mandando computar "o período de prova da suspensão ou do livramento condicional, se não houver revogação".

55. As circunstâncias atenuantes sofreram alterações. Tornou-se expresso, para evitar polêmicas, que a atenuante da menoridade será aferida na data do fato; a da velhice, na data da sentença. Incluiu-se no elenco o "desconhecimento da lei" em evidente paralelismo com o disposto no art. 21. A *ignorantia legis* continua inescusável no Projeto, mas atenua a pena. Incluiu-se, ainda, na letra *c*, a hipótese de quem age em cumprimento de ordem superior. Não se justifica que o autor de crime cometido sob coação resistível seja beneficiado com atenuante e não ocorra o mesmo quando a prática do delito ocorre "em cumprimento de ordem superior". Se a coação irresistível e a obediência hierárquica recebem, como dirimentes, idêntico tratamento, a mesma equiparação devem ter a coação e a obediência, quando descaracterizadas em meras atenuantes. Beneficia-se, como estímulo à verdade processual, o agente que confessa espontaneamente, perante a autoridade, a autoria do crime, sem a exigência, em vigor, de ser a autoria "ignorada ou imputada a outrem". Instituiu-se, finalmente, no art. 66, circunstância atenuante genérica e facultativa, que permitirá ao juiz considerar circunstância relevante, ocorrida antes, durante ou após o crime, para fixação da pena.

56. Foram mantidos os conceitos de *concurso material e concurso formal*, ajustados ao novo elenco de penas.

57. A inovação contida no parágrafo único do art. 70 visa a tornar explícito que a regra do concurso formal não poderá acarretar punição superior à que, nas mesmas circunstâncias, seria cabível pela aplicação do cúmulo material. Impede-se, assim, que numa hipótese de *aberratio ictus* (homicídio doloso mais lesões culposas), se aplique ao agente pena mais severa, em razão do concurso formal, do que a aplicável, no mesmo exemplo, pelo concurso material. Quem comete mais de um crime, com uma única ação, não pode sofrer pena mais grave do que a imposta ao agente que reiteradamente, com mais de uma ação, comete os mesmos crimes.

58. Mantém-se a definição atual de *crime continuado*. Expressiva inovação foi introduzida, contudo, no parágrafo do art. 71, *in verbis*:

"Nos crimes dolosos, contra vítimas diferentes, cometidos com violência ou grave ameaça à pessoa, poderá o juiz, considerando a culpabilidade, os antecedentes, a conduta social e a personalidade do agente, bem como os motivos e as circunstâncias, aumentar a pena de um só dos crimes, se idênticas, ou a mais grave, se diversas, até o triplo, observadas as regras dos arts. 70, parágrafo único, e 75".

59. O critério da teoria puramente objetiva não revelou na prática maiores inconvenientes, a despeito das objeções formuladas pelos partidários da teoria objetivo-subjetiva. O Projeto optou pelo critério que mais adequadamente se opõe ao crescimento da criminalidade profissional, organizada e violenta, cujas ações se repetem contra vítimas diferentes, em condições de tempo, lugar, modos de execução e circunstâncias outras, marcadas por evidente semelhança. Estender-lhe o conceito de crime continuado importa em beneficiá-la, pois o delinquente profissional tornar-se-ia passível de tratamento penal menos grave que o dispensado a criminosos ocasionais. De resto, com a extinção, no Projeto, da medida de segurança para o imputável, urge reforçar o sistema destinando penas mais longas aos que estariam sujeitos à imposição de medida de segurança detentiva e que serão beneficiados pela abolição da medida. A Política Criminal atua, neste passo, em sentido inverso, a fim de evitar a libertação prematura de determinadas categorias de agentes, dotados de acentuada periculosidade.

60. Manteve-se na exata conceituação atual o *erro na execução – aberratio ictus* – relativo ao objeto material do delito, sendo único o objeto jurídico, bem como o tratamento do resultado diverso do pretendido – *aberratio delicti*.

61. O Projeto baliza a duração máxima das penas privativas da liberdade, tendo em vista o disposto no art. 153, § 11, da Constituição, e veda a prisão perpétua. As penas devem ser limitadas para alimentarem no condenado a esperança da liberdade e a aceitação da disciplina, pressupostos essenciais da eficácia do tratamento penal. Restringiu-se, pois, no art. 75, a duração das penas privativas da liberdade a 30 (trinta) anos, criando-se, porém, mecanismo desestimulador do crime, uma vez alcançado este limite. Caso contrário, o condenado à pena máxima pode ser induzido a outras infrações, no presídio, pela consciência da impunidade, como atualmente ocorre. Daí a regra de interpretação contida no art. 75, § 2º: "sobrevindo condenação por fato posterior ao início do cumprimento da pena, far-se-á nova unificação, computando-se, para esse fim, o tempo restante da pena anteriormente estabelecida".

→ A referência é à Constiuição de 1967, Emenda Constitucional 1969.

Da suspensão condicional

62. O instituto da suspensão condicional da pena foi mantido no Projeto com as adaptações impostas pelas novas modalidades de penas e a sistemática a que estão sujeitas. Tal como no Código Penal vigente, a execução da pena privativa da liberdade não superior a 2 (dois) anos poderá ser suspensa, se o condenado não for reincidente em crime doloso e se a culpabilidade, os antecedentes, a conduta social e a personalidade do agente, bem como os motivos e circunstâncias do crime, indicarem ser necessária e suficiente a concessão do benefício.

63. Conquanto se exija que o condenado não seja reincidente, a condenação anterior a pena da multa não obsta a concessão do benefício, ficando assim adotada a orientação da Súmula 499 do Supremo Tribunal Federal. É óbvio, por outro lado, que a condenação anterior não impede a suspensão, se entre a data do cumprimento da pena e a infração posterior houver decorrido tempo superior a 5 (cinco) anos. Entendeu-se dispensável o Projeto reportar-se à regra geral sobre a temporariedade da reincidência, em cada norma que a ela se refira, por tê-la como implícita e inafastável.

64. Reduziu-se o limite máximo do período de prova, a fim de ajustá-lo à prática judiciária. Todavia, para que o instituto não se transforme em garantia de impunidade, instituíram-se condições mais eficazes, quer pela sua natureza, quer pela possibilidade de fiscalização mais efetiva de sua observância, até mesmo com a participação da comunidade.

65. Tais condições transformaram a suspensão condicional em solução mais severa do que as penas restritivas de direitos, criando-se para o juiz mais esta alternativa à pena privativa da liberdade não superior a 2 (dois) anos. Os condenados ficam sujeitos a regime de prova mais exigente, pois além das condições até agora impostas deverão cumprir, ainda, as de prestação de serviços à comunidade ou de limitação de fim de semana, bem como condições outras, especificadas na sentença, "adequadas ao fato e à situação pessoal do condenado" (arts. 46, 48, 78, § 1º, e 79).

66. Orientado no sentido de assegurar a individualização da pena, o Projeto prevê a modalidade de *suspensão especial*, na qual o condenado não fica sujeito à prestação de serviço à comunidade ou à limitação de fim de semana. Neste caso o condenado, além de não reincidente em crime doloso, há de ter reparado o dano, se podia fazê-lo; ainda assim, o benefício somente será concedido se *as circunstâncias do art. 59 lhe forem inteiramente favoráveis*, isto é, se mínima a culpabilidade, irretocáveis os antecedentes e de boa índole a personalidade, bem como relevantes os motivos e favoráveis as circunstâncias.

67. Em qualquer das espécies de suspensão é

reservada ao juiz a faculdade de especificar outras condições, além das expressamente previstas, desde que adequadas ao fato e à situação pessoal do condenado (art. 79), com as cautelas anteriormente mencionadas.

68. A suspensão da execução da pena é *condicional*. Como na legislação em vigor, pode ser obrigatória ou facultativamente revogada. É obrigatória a revogação quando o beneficiário é condenado em sentença definitiva, por crime doloso, no período da prova ou em qualquer das hipóteses previstas nos incisos II e III do art. 81. É facultativa quando descumprida a condição imposta ou sobrevier condenação por crime culposo.

69. Introduzidas no Projeto as penas de prestação de serviços à comunidade e de limitação de fim de semana, tornou-se mister referência expressa ao seu descumprimento como causa de revogação obrigatória (art. 81, III). Esta se opera à falta de reparação do dano, sem motivo justificado e em face de expediente que frustre a execução da pena da multa (art. 81, II). A revogação é facultativa se o beneficiário descumpre condição imposta ou é irrecorrivelmente condenado, seja por contravenção, seja a pena privativa da liberdade ou restritiva de direito em razão de crime culposo.

70. Adotando melhor técnica, o Projeto reúne sob a rubrica "Prorrogação do Período de Prova" as normas dos §§ 2º e 3º, do art. 59 do Código vigente, pertinentes à prorrogação de prazo. O § 2º considera prorrogado o prazo "até o julgamento definitivo", se o beneficiário está sendo processado por outro crime ou por contravenção; o § 3º mantém a regra segundo a qual, "quando facultativa a revogação, o juiz pode, ao invés de decretá-la, prorrogar o período de prova até o máximo, se este não foi o fixado".

71. Finalmente, expirado o prazo de prova sem que se verifique a revogação, considera-se extinta a pena privativa da liberdade.

Do livramento condicional

72. O Projeto dá novo sentido à execução das penas privativas da liberdade. A ineficácia dos métodos atuais de confinamento absoluto e prolongado, fartamente demonstrada pela experiência, conduziu o Projeto à ampliação do *arbitrium iudicis*, no tocante à concessão do livramento condicional. O juiz poderá conceder o livramento condicional ao condenado a pena privativa da liberdade igual ou superior a 2 (dois) anos, desde que cumprido mais de um terço da pena, se o condenado *não for reincidente* em crime doloso e tiver bons antecedentes (art. 83, I); pode ainda concedê-la se o condenado *for reincidente* em crime doloso, cumprida mais da metade da pena (art. 83, II). Ao reduzir, porém, os prazos mínimos de concessão do benefício, o Projeto exige do condenado, além dos requisitos já estabelecidos – quantidade da pena aplicada, reincidência, antecedentes e tempo de pena cumprida –, a comprovação de comportamento satisfatório durante a execução da pena, bom desempenho no trabalho que lhe foi atribuído e aptidão para prover a própria subsistência mediante trabalho honesto, bem como a reparação do dano, salvo efetiva impossibilidade de fazê-lo (art. 83, III e IV).

73. Tratando-se, no entanto, de condenado *por crime doloso, cometido com violência ou grave ameaça à pessoa*, a concessão do livramento ficará subordinada não só às condições dos mencionados incisos I, II, III e IV do art. 83, mas, ainda, à verificação, em perícia, da superação das condições e circunstâncias que levaram o condenado a delinquir (parágrafo único do art. 83).

74. A norma se destina, obviamente, ao condenado por crime violento, como homicídio, roubo, extorsão, extorsão mediante sequestro em todas as suas formas, estupro, atentado violento ao pudor e outros da mesma índole. Tal exigência é mais uma consequência necessária da extinção da medida de segurança para o imputável.

75. Permite-se, como no Código em vigor, a unificação das penas para efeito de livramento (art. 84). O juiz, ao concedê-lo, especificará na sentença as condições a cuja observância o condenado ficará sujeito.

76. Como na suspensão da pena, a revogação do livramento condicional será obrigatória ou facultativa. Quanto à revogação obrigatória (art. 86), a inovação consiste em suprimir a condenação "por motivo de contravenção", ficando, pois, a revogação obrigatória subordinada somente à condenação por *crime* cometido na vigência do benefício ou por *crime anterior*, observada a regra da unificação (art. 84). A revogação será facultativa se o condenado deixar de cumprir qualquer das obrigações constantes da sentença ou for irrecorrivelmente condenado por crime a pena que não seja privativa de liberdade ou por contravenção (art. 87). Uma vez revogado, o livramento não poderá ser novamente concedido. Se a revogação resultar de condenação por crime cometido anteriormente à concessão daquele benefício, será descontado na pena a ser cumprida o tempo em que esteve solto o condenado.

77. Cumpridas as condições do livramento, considera-se extinta a pena privativa da liberdade (art. 90).

Dos efeitos da condenação

78. A novidade do Projeto, nesta matéria, reside em atribuir outros efeitos à condenação, consistentes na perda de cargo, função pública ou mandato eletivo; na incapacidade para o exercício do pátrio poder, tutela ou curatela, e na inabilitação para dirigir veículo (art. 92, I, II, III). Contudo, tais efeitos *não são automáticos*, devendo ser motivadamente declarados na sentença (parágrafo único do art. 92). É que ao juiz incumbe, para a declaração da perda do cargo, função pública ou mandato eletivo, verificar se o crime pelo qual houve a condenação foi praticado com abuso de poder ou violação de dever para com a Administração Pública e, ainda, se a pena aplicada foi superior a 4 (quatro) anos. É bem verdade, em tais circunstâncias, a perda do cargo ou da função pública pode igualmente resultar de processo administrativo instaurado contra o servidor. Aqui, porém, resguardada a separação das instâncias administrativa e judicial, a perda do cargo ou função pública independe do processo administrativo. Por outro lado, entre os efeitos da condenação inclui-se a perda do mandato eletivo.

79. Do mesmo modo, a fim de declarar, como efeito da condenação, a incapacidade para o exercício do pátrio poder, tutela ou curatela, deverá o juiz verificar se o crime foi cometido, respectivamente, contra filho, tutelado ou curatelado e se foi doloso, a que se comine pena de reclusão.

80. A inabilitação para dirigir veículo, como efeito da condenação, declara-se quando o veículo tenha sido utilizado *como meio* para a prática de crime doloso, distinguindo-se, pois, a interdição temporária para dirigir (art. 47, III), que se aplica aos autores de crimes culposos de trânsito. Estes usam o veículo como meio *para fim lícito*, qual seja transportar-se de um ponto para outro, sobrevindo então o crime, que não era o fim do agente. Enquanto aqueles outros, cuja condenação tem como efeito a inabilitação para dirigir veículo, usam-no deliberadamente *como meio* para fim ilícito.

→ *V.* Arts. 292 e 293 do CTB.

81. Nota-se que todos esses efeitos da condenação serão atingidos pela reabilitação, vedada, porém, a reintegração no cargo, função pública ou mandato eletivo, no exercício do qual o crime tenha ocorrido, bem como vedada a volta ao exercício do pátrio poder, da tutela ou da curatela em relação ao filho, tutelado ou curatelado contra o qual o crime tenha sido cometido (parágrafo único do art. 93).

Da reabilitação

82. A reabilitação não é causa extintiva da punibilidade e, por isso, ao invés de estar disciplinada naquele Título, como no Código vigente, ganhou Capítulo próprio, no Título V. Trata-se de instituto que não *extingue*, mas tão somente *suspende* alguns efeitos penais da sentença condenatória, visto que a qualquer tempo, revogada a reabilitação, se restabelece o *statu quo ante*. Diferentemente, as causas extintivas da punibilidade operam efeitos irrevogáveis, fazendo cessar definitivamente a pretensão punitiva ou a executória.

83. Segundo o Projeto, a reabilitação não tem, apenas, o efeito de assegurar o sigilo dos registros sobre o processo e a condenação do reabilitado, mas consiste, também, em declaração judicial de que o condenado cumpriu a pena imposta ou esta foi extinta, e de que, durante 2 (dois) anos após o cumprimento ou extinção da pena, teve bom comportamento e ressarciu o dano causado, ou não o fez porque não podia fazê-lo. Tal declaração judicial reabilita o condenado, significando que ele está em plenas condições de voltar ao convívio da sociedade, sem nenhuma restrição ao exercício de seus direitos.

84. Reduziu-se o prazo de 2 (dois) anos, tempo mais do que razoável para a aferição da capacidade de adaptação do condenado às regras do convívio social. Nesse prazo, computa-se o período de prova de suspensão condicional e do livramento, se não sobrevier revogação.

85. A reabilitação distingue-se da *revisão*, porque esta, quando deferida, pode apagar definitivamente a condenação anterior, enquanto aquela não tem esse efeito. Se o reabilitado vier a cometer novo crime será considerado reincidente, ressalvado o disposto no art. 64.

86. A reabilitação será revogada se o reabilitado for condenado, como reincidente, por decisão definitiva, a pena que não seja de multa. Portanto, duas são as condições para a revogação: primeira, que o reabilitado tenha sido condenado, como reincidente, por decisão definitiva, e para que isso ocorra é necessário que entre a data do cumprimento ou extinção da pena e a infração posterior não tenha decorrido período de tempo superior a 5 (cinco) anos (art. 64); segunda, que a pena aplicada seja restritiva de direitos ou privativa da liberdade.

Das medidas de segurança

87. Extingue o Projeto a medida de segurança para o imputável e institui o sistema vicariante para os fronteiriços. Não se retomam, com tal método, soluções clássicas. Avança-se, pelo contrário, no sentido da autenticidade do sistema. A medida de segurança, de caráter meramente preventivo e assistencial, ficará reservada aos inimputáveis. Isso, em resumo, significa: culpabilidade – pena; periculosidade – medida de segurança. Ao réu perigoso e culpável não há razão para aplicar o que tem sido, na prática, uma fração de pena eufemisticamente denominada medida de segurança.

88. Para alcançar esse objetivo, sem prejuízo da repressão aos crimes mais graves, o Projeto reformulou os institutos do crime continuado e do livramento condicional, na forma de esclarecimentos anteriores.

89. Duas espécies de medida de segurança consagra o Projeto: a detentiva e a restritiva. A detentiva consiste na internação em hospital de custódia e tratamento psiquiátrico, fixando-se o prazo mínimo de internação entre 1 (um) e 3 (três) anos. Esse prazo tornar-se-á indeterminado, perdurando a medida enquanto não for verificada a cessação da periculosidade por perícia médica. A perícia deve efetuar-se ao término do prazo mínimo prescrito e repetir-se anualmente.

90. O Projeto consagra significativa inovação ao prever a medida de segurança restritiva, consistente na sujeição do agente a tratamento ambulatorial, cumprindo-lhe comparecer ao hospital nos dias que lhe forem determinados pelo médico, a fim de ser submetido à modalidade terapêutica prescrita.

91. Corresponde a inovação às atuais tendências de "desinstitucionalização", sem o exagero de eliminar a internação. Pelo contrário, o Projeto estabelece limitações estritas para a hipótese de tratamento ambulatorial, apenas admitido quando o ato praticado for previsto como crime *punível com detenção*.

92. A sujeição a tratamento ambulatorial será também determinada pelo prazo mínimo de 1 (um) a 3 (três) anos, devendo perdurar enquanto não verificada a cessação da periculosidade.

93. O agente poderá ser transferido em qualquer fase do regime de tratamento ambulatorial para o detentivo, consistente em internação hospitalar de custódia e tratamento psiquiátrico, se a conduta revelar a necessidade da providência para fins curativos.

94. A liberação do tratamento ambulatorial, a desinternação e a reinternação constituem hipóteses previstas nos casos em que a verificação da cura ou a persistência da periculosidade as aconselhem.

Da ação penal

95. O Título ficou a salvo de modificações, excetuadas pequenas correções de redação nos arts. 100, §§ 2º e 3º, 101 e 102.

Da extinção da punibilidade

96. Excluíram-se do rol das causas extintivas da punibilidade a reabilitação e o ressarcimento do dano no peculato culposo. A primeira porque, dependendo de anterior extinção da pena, não tem a natureza de causa extintiva da punibilidade. Diz mais com certos efeitos secundários de condenação já consumada (item 82). A segunda porque, tratando-se de norma específica e restrita, já contemplada expressamente na Parte Especial, art. 312, § 3º, nada justifica sua inócua repetição entre normas de caráter geral.

97. Deu-se melhor redação à hipótese de casamento da vítima com terceiro, ficando claro que esta forma excepcional de extinção depende da ocorrência concomitante de três condições: o casamento, a inexistência de violência real e a inércia da vítima por mais de 60 (sessenta) dias após o casamento.

98. Incluiu-se o perdão judicial entre as causas em exame (art. 107, IX) e explicitou-se que a sentença que o concede não será considerada para configuração futura de reincidência (art. 120). Afastam-se, com isso, as dúvidas que ora têm suscitado decisões contraditórias em nossos tribunais. A opção se justifica a fim de que o perdão, cabível quando expressamente previsto na Parte Especial ou em lei, não continue, como por vezes se tem entendido, a produzir os efeitos da sentença condenatória.

99. Estatui o art. 110 que, uma vez transitada em julgado a sentença condenatória, a prescrição regula-se pela pena aplicada, verificando-se nos prazos fixados no art. 109, os quais são aumentados de um terço, se o condenado é reincidente. O § 1º dispõe que a prescrição se regula pela pena aplicada, se transitada em julgado a sentença para a acusação ou improvido o recurso desta. Ainda que a norma pareça desnecessária, preferiu-se explicitá-la no texto, para dirimir de vez a dúvida alusiva à prescrição pela pena aplicada, não obstante o recurso da acusação, se este não foi provido. A ausência de tal norma tem estimulado a interposição de recursos destinados a evitar tão somente a prescrição. Manteve-se, por outro lado, a regra segundo a qual, transitada em julgado a sentença para a acusação, haja ou não recurso da defesa, a prescrição se regula pela pena concretizada na sentença.

100. Norma apropriada impede que a prescrição pela pena aplicada tenha por termo inicial data anterior à do recebimento da denúncia (§ 2º do art. 110). A inovação, introduzida no Código Penal pela Lei 6.416, de 24 de maio de 1977, vem suscitando controvérsias doutrinárias. Pesou, todavia, em prol de sua manutenção, o fato de que, sendo o recebimento da denúncia causa interruptiva da prescrição (art. 117, I), uma vez interrompida esta o prazo recomeça a correr por inteiro (art. 117, § 2º).

→ Referido § 2º do art. 110 foi revogado pela Lei 12.234/2010.

101. Trata-se, além disso, de prescrição pela pena aplicada, o que pressupõe, obviamente, a existência de processo e de seu termo: a sentença condenatória. Admitir, em tal caso, a prescrição da ação penal em período anterior ao recebimento da denúncia importaria em declarar a inexistência tanto do processo quanto da sentença. Mantém-se, pois, o despacho de recebimento da denúncia como causa interruptiva, extraindo-se do princípio as consequências inelutáveis.

102. O prazo de prescrição do crime continuado, antes do trânsito em julgado da sentença condenatória, não mais terá como termo inicial a data em que cessou a continuação (Código Penal, art. 111, *c*).

103. Adotou o Projeto, nesse passo, orientação mais liberal, em consonância com o princípio introduzido em seu art. 119, segundo o qual, no concurso de crimes, a extinção da punibilidade incidirá isoladamente sobre a pena de cada um. Poderá ocorrer a prescrição do primeiro crime antes da prescrição do último a ele interligado pela continuação. A jurisprudência do Supremo Tribunal Federal orienta-se nesse sentido, tanto que não considera o acréscimo decorrente da continuação para cálculo do prazo prescricional (Súmula 497).

104. Finalmente, nas Disposições Transitórias, cancelaram-se todos os valores de multa previstos no Código atual, de modo que os cálculos de pena pecuniária sejam feitos, doravante, segundo os precisos critérios estabelecidos na Parte Geral. Foram previstos, ainda, prazos e regras para a implementação paulatina das novas penas restritivas de direitos.

Conclusão

105. São essas, em resumo, as principais inovações introduzidas no anexo Projeto de reforma penal que tenho a honra de submeter à superior consideração de Vossa Excelência. Estou certo de que, se adotado e transformado em lei, há de constituir importante marco na reformulação do nosso Direito Penal, além de caminho seguro para a modernização da nossa Justiça Criminal e dos nossos estabelecimentos penais.

Valho-me da oportunidade para renovar a Vossa Excelência a expressão do meu profundo respeito.

Ibrahim Abi-Ackel

(Publicação no *D.O.U.* 13.7.1984)

Exposição de Motivos da Parte Especial do Código Penal

DECRETO-LEI 2.848,

DE 7 DE DEZEMBRO DE 1940

Ministério da Justiça e Negócios Interiores

Gabinete do Ministro – em 4.11.1940

Senhor Presidente:

1. Com o atual Código Penal nasceu a tendência de reformá-lo. A datar de sua entrada em vigor começou a cogitação de emendar-lhe os erros e falhas. Retardado em relação à ciência penal do seu tempo, sentia-se que era necessário colocá-lo em dia com as ideias dominantes no campo da criminologia e, ao mesmo tempo, ampliar-lhe os quadros de maneira a serem contempladas novas figuras delituosas com que os progressos industriais e técnicos enriqueceram o elenco dos fatos puníveis.

Já em 1893, o Deputado Vieira de Araújo apresentava à Câmara dos Deputados o projeto de um novo Código Penal. A este projeto foram apresentados dois substitutivos, um do próprio autor do projeto e o outro da Comissão Especial da Câmara. Nenhum dos projetos, porém, conseguiu vingar. Em 1911, o Congresso delegou ao Poder Executivo a atribuição de formular um novo projeto. O projeto de autoria de Galdino Siqueira, datado de 1913, não chegou a ser objeto de consideração legislativa. Finalmente, em 1927, desincumbindo-se de encargo que lhe havia sido cometido pelo Governo, Sá Pereira organizou o seu projeto, que, submetido a uma comissão revisora composta do autor do projeto e dos Drs. Evaristo de Morais e Bulhões Pedreira, foi apresentado em 1935 à consideração da Câmara dos Deputados. Aprovado por esta, passou ao Senado e neste se encontrava em exame na Comissão de Justiça, quando sobreveio o advento da nova ordem política.

A Conferência de Criminologia, reunida no Rio de Janeiro de 1936, dedicou os seus trabalhos ao exame e à crítica do projeto revisto, apontando nele deficiências e lacunas, cuja correção se impunha. Vossa Excelência resolveu, então, que se confiasse a tarefa de formular novo projeto ao Dr. Alcântara Machado, eminente professor da Faculdade de Direito de São Paulo. Em 1938, o Dr. Alcântara Machado entregava ao Governo o novo projeto, cuja publicação despertou o mais vivo interesse.

A matéria impunha, entretanto, pela sua delicadeza e por suas notórias dificuldades, um exame demorado e minucioso. Sem desmerecer o valor do trabalho de que se desincumbira o Professor Alcântara Machado, julguei de bom aviso submeter o projeto a uma demorada revisão, convocando para isso técnicos, que se houvessem distinguido não somente na teoria do direito criminal como também na prática de aplicação da lei penal.

Assim, constituí a Comissão revisora com os ilustres magistrados Vieira Braga, Nélson Hungria e Narcélio de Queiroz e com um ilustre representante do Ministério Público, o Dr. Roberto Lira.

Durante mais de um ano a Comissão dedicou-se quotidianamente ao trabalho de revisão, cujos primeiros resultados comuniquei ao eminente Dr. Alcântara Machado, que, diante deles, remodelou o seu projeto, dando-lhe uma nova edição. Não se achava, porém, ainda acabado o trabalho de revisão. Prosseguiram com a minha assistência e colaboração até que me parecesse o projeto em condições de ser submetido à apreciação de Vossa Excelência.

Dos trabalhos da Comissão revisora resultou este projeto. Embora da revisão houvessem advindo modificações à estrutura e ao plano sistemático, não há dúvida que o projeto Alcântara Machado representou, em relação aos anteriores, um grande passo no sentido da reforma da nossa legislação penal. Cumpre-me deixar aqui consignado o nosso louvor à obra do eminente patrício, cujo valioso subsídio ao atual projeto nem eu, nem os ilustres membros da Comissão revisora deixamos de reconhecer.

2. Ficou decidido, desde o início do trabalho de revisão, excluir do Código Penal as contravenções, que seriam objeto de lei à parte. Foi, assim, rejeitado o critério inicialmente proposto pelo Professor Alcântara Machado, de abolir-se qualquer distinção entre crimes e contravenções. Quando se misturam coisas de somenos importância com outras de maior valor, correm estas o risco de se verem amesquinhadas. Não é que exista diversidade ontológica entre crime e contravenção; embora sendo apenas de grau ou quantidade a diferença entre as duas espécies de ilícito penal, pareceu-nos de toda conveniência excluir do Código Penal a matéria tão miúda, tão vária e tão versátil das contravenções, dificilmente subordinável a um espírito de sistema e adstrita a critérios oportunísticos ou meramente convencionais e, assim, permitir que o Código Penal se furtasse, na medida do possível, pelo menos àquelas contingências do tempo a que não devem estar sujeitas as obras destinadas a maior duração.

A lei de coordenação, cujo projeto terei ocasião de submeter proximamente à apreciação de Vossa Excelência, dará o critério prático para distinguir-se entre crime e contravenção.

(...)

→ Suprimimos o texto referente à Parte Geral, tendo em vista que a Lei 7.209/1984 deu nova redação à Parte Geral do Código Penal.

Parte Especial
Dos crimes contra a pessoa

37. O Título I da "Parte Especial" ocupa-se dos crimes contra a pessoa, dividindo-se em seis capítulos, com as seguintes rubricas: "Dos crimes contra a vida", "Das lesões corporais", "Da periclitação da vida e da saúde", "Da rixa", "Dos crimes contra a honra" e "Dos crimes contra a liberdade individual". Não há razão para que continuem em setores autônomos os "crimes contra a honra" e os "crimes contra a liberdade individual" (que a lei atual denomina "crimes contra o livre gozo e exercício dos direitos individuais"): seu verdadeiro lugar é entre os crimes contra a pessoa, de que constituem subclasses. A *honra* e a *liberdade* são interesses, ou bens jurídicos inerentes à pessoa, tanto quanto o direito à vida ou à integridade física.

Dos crimes contra a vida

38. O projeto mantém a diferença entre uma forma *simples* e uma forma *qualificada* de "homicídio". As circunstâncias *qualificativas* estão enumeradas no § 2º do art. 121. Umas dizem com a *intensidade do dolo*, outras com o *modo* de ação ou com a *natureza dos meios empregados*; mas todas são especialmente destacadas pelo seu valor sintomático: são circunstâncias reveladoras de maior periculosidade ou extraordinário grau de perversidade do agente. Em primeiro lugar, vem o motivo *torpe* (isto é, o motivo que suscita a aversão ou repugnância geral, *v.g.*: a cupidez, a luxúria, o despeito da imoralidade contrariada, o prazer do mal etc.) ou *fútil* (isto é, que, pela sua mínima importância, não é causa suficiente para o crime). Vem a seguir o "emprego de veneno, fogo, explosivo, asfixia, tortura ou outro meio *insidioso* (isto é, dissimulado na sua eficiência e maléfica) ou *cruel* (isto é, que aumenta inutilmente o sofrimento da vítima, ou revela uma brutalidade fora do comum ou em contraste com o mais elementar sentimento de piedade) ou *de que possa resultar perigo comum*". Deve notar-se que, para a inclusão do *motivo fútil* e *emprego de meio cruel* entre as agravantes que *qualificam* o homicídio, há mesmo uma razão de ordem constitucional, pois o único crime comum, contra o qual a nossa vigente Carta Política permite que a sanção penal possa ir até à *pena de morte*, é o "homicídio cometido por motivo fútil e com extremos de perversidade" (art. 122, n. 13, *i*). São também qualificativas do homicídio as agravantes que traduzem um *modo* insidioso da atividade executiva do crime (não se confundindo, portanto, com o emprego de *meio* insidioso), impossilitando ou dificultando a defesa da vítima (como a *traição*, a *emboscada*, a *dissimulação* etc.). Finalmente, qualifica o homicídio a circunstância de ter sido cometido "para assegurar a execução, a ocultação, a impunidade ou vantagem de outro crime". É claro que esta *qualificação* não diz com os casos em que o homicídio é elemento de *crime complexo* (*in exemplis:* arts. 157, § 3º, *in fine*, e 159, §

3º), pois, em tais casos, a pena, quando não mais grave, é, pelo menos, igual à do homicídio qualificado.

39. Ao lado do homicídio com pena especialmente agravada, cuida o projeto do homicídio com pena especialmente atenuada, isto é, o homicídio praticado "por motivo de relevante valor social, ou moral", ou "sob o domínio de emoção violenta, logo em seguida a injusta provocação da vítima". Por "motivo de relevante valor social ou moral", o projeto entende significar o motivo que, em si mesmo, é aprovado pela moral prática, como, por exemplo, a compaixão ante o irremediável sofrimento da vítima (caso do homicídio eutanásico), a indignação contra um traidor da pátria etc.

No tratamento do *homicídio culposo*, o projeto atendeu à urgente necessidade de punição mais rigorosa do que a constante da lei penal atual, comprovadamente insuficiente. A pena cominada é a de detenção por 1 (um) a 3 (três) anos, e será especialmente aumentada se o evento "resulta da inobservância de regra técnica de profissão, arte, ofício ou atividade", ou quando "o agente deixa de prestar imediato socorro à vítima, não procura diminuir as consequências do seu ato, ou foge para evitar prisão em flagrante". Deve notar-se, além disso, que entre as *penas acessórias* (Capítulo V do Título V da Parte Geral), figura a de "incapacidade temporária para profissão ou atividade cujo exercício depende de licença, habilitação ou autorização do poder público", quando se trate de crime cometido com infração de dever inerente à profissão ou atividade. Com estes dispositivos, o projeto visa, principalmente, a *condução de automóveis*, que constitui, na atualidade, devido a um generalizado descaso pelas cautelas técnicas (notadamente quanto à velocidade), uma causa frequente de eventos lesivos contra a pessoa, agravando-se o mal com o procedimento *post factum* dos motoristas, que, tão somente com o fim egoístico de escapar à prisão em flagrante ou à ação da justiça penal, sistematicamente imprimem maior velocidade ao veículo, desinteressando-se por completo da vítima, ainda quando um socorro imediato talvez pudesse evitar-lhe a morte.

40. O *infanticídio* é considerado um *delictum exceptum* quando praticado pela parturiente *sob a influência do estado puerperal*. Esta cláusula, como é óbvio, não quer significar que o puerpério acarrete sempre uma perturbação psíquica: é preciso que fique averiguado ter esta realmente sobrevindo em consequência daquele, de modo a diminuir a capacidade de entendimento ou de autoinibição da parturiente. Fora daí, não há por que distinguir entre infanticídio e homicídio. Ainda quando ocorra a *honoris causa* (considerada pela lei vigente como razão de especial abrandamento da pena), a pena aplicável é a de homicídio.

41. Ao configurar o crime de *induzimento, instigação ou auxílio ao suicídio*, o projeto contém inovações: é punível o fato ainda quando se frustre o suicídio, desde que resulte lesão corporal grave ao que tentou matar-se; e a pena cominada será aplicada em dobro se o crime obedece a móvel egoístico ou é praticado contra menor ou pessoa que, por qualquer outra causa, tenha diminuída a capacidade de resistência.

Mantém o projeto a incriminação do *aborto*, mas declara penalmente lícito, quando praticado por médico habilitado, o aborto *necessário*, ou em caso de prenhez resultante de estupro. Militam em favor da exceção razões de ordem social e individual, a que o legislador penal não pode deixar de atender.

Das lesões corporais

42. O crime de *lesão corporal* é definido como ofensa à *integridade corporal* ou saúde, isto é, como todo e qualquer dano ocasionado à normalidade funcional do corpo humano, quer do ponto de vista anatômico, quer do ponto de vista fisiológico ou mental. Continua-se a discriminar, para diverso tratamento penal, entre a lesão de natureza leve e a de natureza grave. Tal como na lei vigente, a lesão corporal grave, por sua vez, é considerada, para o efeito de graduação da pena, segundo sua menor ou maior *gravidade* objetiva. Entre as lesões de *menor gravidade* figura (à semelhança do que ocorre na lei atual) a que produz "incapacidade para as ocupações habituais, por mais de 30 (trinta) dias"; mas, como uma lesão pode apresentar gravíssimo perigo (dado o ponto atingido) e, no entanto, ficar curada antes de 1 (um) mês, entendeu o projeto de incluir nessa mesma classe, sem referência à condição de *tempo* ou a qualquer outra, a lesão que produz "perigo de vida". Outra inovação é o reconhecimento da gravidade da lesão de que resulte "*debilitação* permanente de membro, sentido ou função", ou "aceleração de parto".

Quanto às lesões de *maior gravidade*, também não é o projeto coincidente com a lei atual, pois que: *a)* separa, como condições autônomas ou por si sós suficientes para o reconhecimento da *maior gravidade*, a "incapacidade permanente para o trabalho" ou "enfermidade certa ou provavelmente incurável"; *b)* delimita o conceito de *deformidade* (isto é, acentua que esta deve ser "permanente"); *c)* inclui entre elas a que ocasiona *aborto*. No § 3º do art. 129, é especialmente previsto e resolvido o caso em que sobrevém a morte do ofendido, mas evidenciando as circunstâncias que o evento letal não se compreendia no dolo do agente, isto é, o agente não queria esse resultado, nem assumira o risco de produzi-lo, tendo procedido apenas *vulnerandi animo*.

Costuma-se falar, na hipótese, em "homicídio preterintencional", para reconhecer-se um *grau* intermédio entre o homicídio doloso e o homicídio culposo; mas tal denominação, em face do conceito extensivo do dolo, acolhido pelo projeto, torna-se inadequada: ainda quando o evento "morte" não tenha sido, propriamente, abrangido pela *intenção* do agente, mas este assumiu o risco de produzi -lo, o homicídio é *doloso*.

A *lesão corporal culposa* é tratada no art. 129, § 6º. Em consonância com a lei vigente, não se distingue, aqui, entre a maior ou menor importância do dano material: leve ou grave a lesão, a pena é a mesma, isto é, detenção por 2 (dois) meses a 1 (um) ano (sanção mais severa do que a editada na lei atual). É especialmente agravada a pena nos mesmos casos em que o é a cominada ao *homicídio culposo*. Deve notar-se que o caso de multiplicidade do evento lesivo (várias *lesões corporais*, ou várias *mortes*, ou *lesão corporal* e *morte*), resultante de uma só ação ou omissão culposa, é resolvido segundo a norma genérica do § 1º do art. 51.

Ao crime de lesões corporais é aplicável o disposto no § 1º do art. 121 (facultativa diminuição da pena, quando o agente "comete o crime impelido por motivo de relevante valor social ou moral, ou sob a influência de violenta emoção, logo em seguida a injusta provocação da vítima"). Tratando-se de lesões leves, se ocorre qualquer das hipóteses do parágrafo citado, ou se as lesões são recíprocas, o juiz pode substituir a pena de detenção pela de multa (de duzentos mil-réis a dois contos de réis).

Da periclitação da vida e da saúde

43. Sob esta epígrafe, o projeto contempla uma série de *crimes de perigo* contra a pessoa, uns já constantes, outros desconhecidos da lei penal vigente. Pelo seu caráter especial, seja quanto ao elemento objetivo, seja quanto ao elemento subjetivo, tais crimes reclamam um capítulo próprio. Do ponto de vista material, reputam-se *consumados* ou *perfeitos* desde que a ação ou omissão cria uma situação objetiva de *possibilidade* de dano à vida ou saúde de alguém. O evento, aqui (como nos crimes de perigo em geral), é a simples *exposição a perigo de dano*. O *dano efetivo* pode ser uma *condição de maior punibilidade*, mas não condiciona o *momento consumativo* do crime. Por outro lado, o elemento subjetivo é a vontade consciente referida exclusivamente à produção do *perigo*. A ocorrência do dano não se compreende na volição ou dolo do agente, pois, do contrário, não haveria por que distinguir entre tais crimes e a *tentativa* de *crime de dano*.

44. Entre as novas entidades prefiguradas no capítulo em questão, depara-se, em primeiro lugar, com o "contágio venéreo". Já há mais de meio século, o médico francês Desprès postulava que se incluísse tal fato entre as *species* do ilícito penal, como já fazia, aliás, desde 1866, a lei dinamarquesa. Tendo o assunto provocado amplo debate, ninguém mais duvida, atualmente, da legitimidade dessa incriminação. A *doença venérea* é uma *lesão corporal* e de consequências gravíssimas, notadamente quando se trata da *sífilis*. O mal da contaminação (evento lesivo) não fica circunscrito a uma pessoa determinada. O indivíduo que, sabendo-se portador de moléstia venérea, não se priva do ato sexual, cria conscientemente a possibilidade de um contágio extensivo. Justifica-se, portanto, plenamente, não só a incriminação do fato, como o critério de declarar-se suficiente para a consumação do crime a produção do *perigo* de contaminação. Não há dizer-se que, em grande número de casos, será difícil, senão impossível, a prova da autoria. Quando esta não possa ser averiguada, não haverá ação penal (como acontece, aliás, em relação a qualquer crime); mas a dificuldade de prova não é razão para deixar-se de incriminar um fato gravemente atentatório de um relevante bem jurídico. Nem igualmente se objete que a incriminação legal pode dar ensejo, na prática, a *chantages* ou especulação extorsiva. A tal objeção responde cabalmente Jimenez de Asúa (*O delito de contágio venéreo*): "... não devemos esquecer que a *chantage* é possível em muitos outros crimes, que, nem por isso, deixam de figurar nos códigos. O melhor remédio é punir severamente os chantagistas, como propõem Le Foyer e Fiaux". Ao conceituar o crime de contágio venéreo, o projeto rejeitou a fórmula híbrida do Código italiano (seguida pelo projeto Alcântara), que configura, no caso, um "crime de dano com dolo de perigo". Foi preferida a fórmula do Código dinamarquês: o crime se consuma com o simples fato da exposição a perigo de contágio. O *eventus damni* não é elemento constitutivo do crime, nem é tomado em consideração para o efeito de *maior punibilidade*. O crime é punido não só a título de *dolo de perigo*, como a título de *culpa* (isto é, não só quando o agente sabia achar-se infeccionado, como quando devia sabê-lo pelas circunstâncias). Não se faz enumeração taxativa das *moléstias venéreas* (segundo a lição científica, são elas a *sífilis*, a *blenorragia*, o *ulcus molle* e o *linfogranuloma inguinal*), pois isso é mais próprio de regulamento sanitário. Segundo dispõe o projeto (que, neste ponto, diverge do seu modelo), a ação penal, na espécie, depende sempre de *representação* (e não apenas no caso em que o ofendido seja cônjuge do agente). Este critério é justificado pelo raciocínio de que, na repressão do crime de que se trata, o *strepitus judicii*, em certos casos, pode ter consequências gravíssimas, em desfavor da própria vítima e de sua família.

45. É especialmente prefigurado, para o efeito de majoração da pena, o caso em que o agente tenha procedido com *intenção de transmitir a moléstia venérea*. É possível que o rigor técnico exigisse a inclusão de tal hipótese no capítulo das *lesões corporais*, desde que seu elemento subjetivo é o *dolo de dano*, mas como se trata, ainda nessa modalidade, de um crime para cuja consumação basta o *dano potencial*, pareceu à Comissão revisora que não havia despropósito em classificar o fato entre os *crimes de perigo* contra a pessoa. No caso de dolo de dano, a incriminação é extensiva à criação do perigo de contágio de qualquer moléstia grave.

46. No art. 132, é igualmente prevista uma entidade criminal estranha à lei atual: "expor a vida ou saúde de outrem a perigo direto e iminente", não constituindo o fato crime mais grave. Trata-se de um crime de caráter eminentemente *subsidiário*. Não o informa o *animus necandi* ou o *animus laedendi*, mas apenas a consciência e vontade de expor a vítima a grave perigo. O *perigo concreto*, que constitui o seu elemento objetivo, é limitado a determinada pessoa, não se confundindo, portanto, o crime em questão com os de *perigo comum* ou *contra a incolumidade pública*. O exemplo frequente e típico dessa *species* criminal é o caso do empreiteiro que, para poupar-se ao dispêndio com medidas técnicas de prudência, na execução da obra, expõe o operário ao risco de grave acidente. Vem daí que Zürcher, ao defender, na espécie, quando da elaboração do Código Penal suíço um dispositivo incriminador, dizia que este seria um complemento da legislação trabalhista (*Wir haben geglaubt, dieser Artikel werde einen Teil der Arbeiterchutzgesetz-gebung bilden*). Este pensamento muito contribuiu para que se formulasse o art. 132; mas este não visa somente proteger a indenidade do operário, quando em trabalho, senão também a de qualquer outra pessoa. Assim, o crime de que ora se trata não pode deixar de ser reconhecido na ação, por exemplo, de quem dispara uma arma de fogo contra alguém, não sendo atingido o alvo, nem constituindo o fato tentativa de homicídio.

Ao definir os crimes de *abandono* (art. 133) e *omissão de socorro* (art. 135), o projeto, diversamente da lei atual, não limita a proteção penal aos *menores*, mas atendendo ao *ubi eadem ratio, ibi eadem dispositio*, amplia-a aos *incapazes* em geral, aos *enfermos*, *inválidos* e *feridos*.

47. Não contém o projeto dispositivo especial sobre o *duelo*. Sobre tratar-se de um fato inteiramente alheio aos nossos costumes, não há razão convincente para que se veja no homicídio ou ferimento causado em duelo um crime *privilegiado*: com ou sem as *regras cavalheirescas*, a destruição da vida ou lesão da integridade física de um homem não pode merecer transigência alguma do direito penal. Pouco importa o *consentimento recíproco* dos duelistas, pois, quando estão em jogo direitos *inalienáveis*, o *mutuus consensus* não é causa excludente ou sequer minorativa da pena. O desafio para o duelo e a aceitação dele são, em si mesmos, fatos penalmente indiferentes; mas, se não se exaurem como simples jatância, seguindo-se-lhes efetivamente o duelo, os contendores responderão, conforme o resultado, por *homicídio* (consumado ou tentado) ou *lesão corporal*.

Da rixa

48. Ainda outra inovação do projeto, em matéria de crimes contra a pessoa, é a incriminação da rixa, por si mesma, isto é, da luta corporal entre várias pessoas.

A *ratio essendi* da incriminação é dupla: a *rixa* concretiza um *perigo* à incolumidade pessoal (e nisto se assemelha aos "crimes de perigo contra a vida e a saúde") e é uma perturbação da ordem e disciplina da convivência civil. A *participação* na *rixa* é punida independentemente das consequências desta. Se ocorre a morte ou lesão corporal grave de algum dos contendores, dá-se uma *condição de maior punibilidade*, isto é, a pena cominada ao simples fato de participação na rixa é especialmente agravada. A pena cominada à rixa em si mesma é aplicável separadamente da pena correspondente ao resultado lesivo (homicídio ou lesão corporal), mas serão ambas aplicadas cumulativamente (como no caso de concurso material) em relação aos contendores que concorrerem para a produção desse resultado.

Segundo se vê do art. 137, *in fine*, a participação na rixa deixará de ser crime se o participante visa apenas separar os contendores. É claro que também não haverá crime se a intervenção constituir *legítima defesa*, própria ou de terceiro.

Dos crimes contra a honra

49. O projeto cuida dos *crimes contra a honra* somente quando não praticados pela *imprensa*, pois os chamados "delitos de imprensa" (isto é, os crimes contra a honra praticados por meio da imprensa) continuam a ser objeto de legislação especial.

→ *v.* ADPF 130 (*D.J.E.* 6.11.2009), o STF decidiu que todo o conjunto de dispositivos da Lei de Imprensa – Lei 5.250/1967, não foi recepcionado pela CF/1988.

São definidos como crimes contra a honra a "calúnia", a "injúria" (compreensiva da *injúria* "por violência ou vias de fato" ou com emprego de meios aviltantes, que a lei atual prevê parcialmente no capítulo das "lesões corporais") e a "difamação" (que, de modalidade da injúria, como na lei vigente, passa a constituir crime autônomo).

No tratamento do crime de *injúria*, foi adotado o critério de que a injusta provocação do ofendido ou a reciprocidade das injúrias, se não exclui a pena, autoriza, entretanto, o juiz, conforme as circunstâncias, a abster-se de aplicá-la, ou no caso de reciprocidade, a aplicá-la somente a um dos injuriadores.

A *fides veri* ou *exceptio veritatis* é admitida, para exclusão de crime ou de pena, tanto no caso de calúnia (salvo as exceções enumeradas no § 3º do art. 138), quanto no de difamação, mas, neste último caso, somente quando o ofendido é agente ou depositário da autoridade pública e a ofensa se refere ao exercício de suas funções, não se tratando do "Presidente da República, ou chefe de Governo estrangeiro em visita ao país".

Exceção feita da "*injúria por violência ou vias de fato*", quando dela resulte lesão corporal, a ação penal, na espécie, depende de *queixa*, bastando, porém, simples *representação*, quando o ofendido é qualquer das pessoas indicadas nos ns. I e II do art. 141.

Os demais dispositivos coincidem, mais ou menos, com os do direito vigente.

Dos crimes contra a liberdade individual

50. Os crimes contra a liberdade individual são objeto do Capítulo VI do título reservado aos crimes contra a pessoa. Subdividem-se em: *a)* crimes contra a liberdade pessoal; *b)* crimes contra a inviolabilidade do domicílio; *c)* crimes contra a inviolabilidade da correspondência; *d)* crimes contra a inviolabilidade de segredos.

O projeto não considera *contra a liberdade individual* os chamados crimes eleitorais: estes, por isso mesmo que afetam a *ordem política*, serão naturalmente insertos, de futuro, no catálogo dos *crimes políticos*, deixados à legislação especial (art. 360).

Dos crimes contra a liberdade pessoal

51. O crime de *constrangimento ilegal* é previsto no art. 146, com uma fórmula unitária. Não há indagar, para diverso tratamento penal, se a privação da liberdade de agir foi obtida mediante violência, física ou moral, ou com o emprego de outro qualquer meio, como, por exemplo, se o agente, insidiosamente, faz a vítima ingerir um narcótico. A pena relativa ao constrangimento ilegal, como crime *sui generis*, é sempre a mesma. Se há emprego da *vis corporalis*, com resultado lesivo à pessoa da vítima, dá-se um concurso material de crimes.

A pena é especialmente agravada (inovação do projeto), quando, para a execução do crime, se houverem reunido mais de três pessoas ou tiver havido emprego de armas. É expressamente declarado que não constituem o crime em questão o "tratamento médico arbitrário", se justificado por iminente perigo de vida, e a "coação exercida para impedir suicídio".

Na conceituação do *crime de ameaça* (art. 147), o projeto diverge, em mais de um ponto, da lei atual. Não é preciso que o "mal prometido" constitua crime, bastando que seja injusto e grave. Não se justifica o critério restritivo do direito vigente, pois a ameaça de um mal injusto e grave, embora penalmente indiferente, pode ser, às vezes, mais intimidante que a ameaça de um crime.

Não somente é incriminada a *ameaça verbal* ou por *escrito*, mas, também, a *ameaça real* (isto é, por gestos, v.g.: apontar uma arma de fogo contra alguém) ou *simbólica* (ex.: afixar à porta da casa de alguém o emblema ou sinal usado por uma associação de criminosos).

Os crimes de cárcere privado e sequestro, salvo sensível majoração da pena, são conceituados como na lei atual.

No art. 149, é prevista uma entidade criminal ignorada do Código vigente: o fato de reduzir alguém, por qualquer meio, à condição análoga à de escravo, isto é, suprimir-lhe, de fato, o *status libertatis*, sujeitando-o o agente ao seu completo e discricionário poder. É o crime que os antigos chamavam de *plagium*. Não é desconhecida a sua prática entre nós, notadamente em certos pontos remotos do nosso *hinterland*.

Dos crimes contra a inviolabilidade do domicílio

52. Com ligeiras diferenças, os dispositivos referentes ao crime de *violação de domicílio* repetem critérios da lei atual. Do texto do art. 150 se depreende, *a contrário*, que a *entrada na casa alheia ou suas dependências* deixa de constituir crime, não somente quando precede licença *expressa*, mas também quando haja consentimento *tácito* de quem de direito. É especialmente majorada a pena, se o crime é praticado: *a)* durante a noite; *b)* em lugar despovoado; *c)* com emprego de violência ou de armas; *d)* por duas ou mais pessoas.

Para maior elucidação do *conteúdo do crime*, é declarado que a expressão "casa" é compreensiva de "qualquer compartimento habitado", "aposento ocupado de uma habitação coletiva" e "qualquer compartimento, não aberto ao público, onde alguém exerce profissão ou atividade".

Dos crimes contra a inviolabilidade de correspondência

53. O projeto trata a *violação de correspondência* separadamente da *violação de segredos*, divergindo, assim, do Código atual, que as engloba num mesmo capítulo. A inviolabilidade da correspondência é um interesse que reclama a tutela penal independentemente dos *segredos* acaso confiados por esse meio. Na configuração das modalidades do crime de violação de correspondência, são reproduzidos os preceitos da legislação vigente e acrescentados outros, entre os quais o que incrimina especialmente o fato de abusar da condição de sócio, empregado ou preposto, em estabelecimento comercial ou industrial, desviando, sonegando, subtraindo, suprimindo, no todo ou em parte, correspondência, ou revelando a estranho o seu conteúdo. Salvo nos casos em que seja atingido interesse da administração pública, só se procederá, em relação a qualquer das modalidades do crime, mediante *representação*.

Dos crimes contra a inviolabilidade dos segredos

54. Ao incriminar a *violação arbitrária de segredos*, o projeto mantém-se fiel aos "moldes" do Código em vigor, salvo uma ou outra modificação. Deixa à margem da proteção penal somente os segredos obtidos por confidência *oral e não necessária*. Não foi seguido o exemplo do Código italiano, que exclui da órbita do ilícito penal até mesmo a violação do segredo obtido por confidência *escrita*. Não é convincente a argumentação de Rocco: "Entre o segredo confiado oralmente e o confiado por escrito não há diferença substancial, e como a violação do segredo oral não constitui crime, nem mesmo quando o confidente se tenha obrigado a não revelá-lo, não se compreende porque a diversidade do meio usado, isto é, o escrito, deva tornar punível o fato". Ora, é indisfarçável a diferença entre divulgar ou revelar a confidência que outrem nos faz verbalmente e a que recebemos por escrito: no primeiro caso, a veracidade da comunicação pode ser posta em dúvida, dada a ausência de comprovação material; ao passo que, no segundo, há um *corpus*, que se impõe à credulidade geral. A traição da confiança, no segundo caso, é evidentemente mais grave do que no primeiro.

Diversamente da lei atual, é incriminada tanto a publicação do conteúdo *secreto* de correspondência epistolar, por parte do destinatário, quanto o de qualquer outro *documento particular*, por parte do seu *detentor*, e não somente quando daí advenha efetivo dano a alguém (como na lei vigente), senão também quando haja simples *possibilidade de dano.*

55. Definindo o crime de "violação do segredo profissional", o projeto procura dirimir qualquer incerteza acerca do que sejam *confidentes necessários*. Incorrerá na sanção penal todo aquele que revelar segredo, de que tenha ciência em razão de "função, ministério, ofício ou profissão". Assim, já não poderá ser suscitada, como perante a lei vigente, a dúvida sobre se constitui ilícito penal a quebra do "sigilo do confessionário".

Dos crimes contra o patrimônio

56. Várias são as inovações introduzidas pelo projeto no setor dos *crimes patrimoniais*. Não se distingue, para diverso tratamento penal, entre o maior ou menor valor da lesão patrimonial; mas, tratando-se de *furto, apropriação indébita ou estelionato*, quando a coisa subtraída, desviada ou captada é de pequeno valor, e desde que o agente é criminoso primário, pode o juiz substituir a pena de reclusão pela de detenção, diminuí-la de um até dois terços, ou aplicar somente a de multa (arts. 155, § 2º, 170, 171, § 1º). Para afastar qualquer dúvida, é expressamente equiparada à *coisa móvel* e, consequentemente, reconhecida como possível objeto de *furto* a "energia elétrica ou qualquer outra que tenha valor econômico". Toda energia economicamente utilizável e suscetível de incidir no poder de disposição material e exclusiva de um indivíduo (como, por exemplo, a eletricidade, a radioatividade, a energia genética dos reprodutores etc.) pode ser incluída, mesmo do ponto de vista técnico, entre as *coisas móveis*, a cuja regulamentação jurídica, portanto, deve ficar sujeita.

Somente quando há emprego de *força*, *grave ameaça* ou outro meio tendente a suprimir a resistência pessoal da vítima, passa o furto a ser qualificado roubo. No caso de *violência contra a coisa*, bem como quando o crime é praticado com escalada ou emprego de chaves falsas, não perde o furto seu *nomen juris*, embora seja especialmente aumentada a pena. Também importa majoração de pena o furto com emprego de destreza ou de meio fraudulento, com abuso de confiança ou concurso de duas ou mais pessoas. O furto com abuso de confiança não deve ser confundido com a apropriação indébita, pois nesta a posse direta e desvigiada da coisa é precedentemente concedida ao agente pelo próprio *dominus*.

É prevista como agravante especial do furto a circunstância de ter sido o crime praticado "*durante o período do sossego noturno*".

A violência como elementar do roubo, segundo dispõe o projeto, não é somente a que se emprega para o efeito da *apprehensio* da coisa, mas também a exercida *post factum*, para assegurar ao agente, em seu proveito, ou de terceiro, a detenção da coisa subtraída ou a impunidade.

São declaradas agravantes especiais do roubo as seguintes circunstâncias: ter sido a violência ou ameaça exercida com armas, o concurso de mais de duas pessoas e achar-se a vítima em serviço de transporte de dinheiro, "conhecendo o agente tal circunstância".

57. A extorsão é definida numa fórmula unitária, suficientemente ampla para abranger todos os casos possíveis na prática. Seu tratamento penal é idêntico ao do roubo; mas, se é praticada mediante sequestro de pessoa, a pena é sensivelmente aumentada. Se do fato resulta a morte do sequestrado, é cominada a mais rigorosa sanção penal do projeto: reclusão por 20 (vinte) a 30 (trinta) anos e multa de vinte a cinquenta contos de réis. Esta excepcional severidade da pena é justificada pelo caráter brutal e alarmante dessa forma de criminalidade nos tempos atuais.

É prevista no art. 160, cominando-se-lhe pena de reclusão por 1 (um) a 3 (três) anos e multa de dois a cinco contos de réis, a *extorsão indireta*, isto é, o fato de "exigir ou receber, como garantia de dívida, abusando da situação de alguém, documento que pode dar causa a procedimento criminal contra a vítima ou contra terceiro". Destina-se o novo dispositivo a coibir os torpes e opressivos expedientes a que recorrem, por vezes, os agentes de usura, para garantir-se contra o risco do dinheiro mutuado. São bem conhecidos esses recursos como, por exemplo, o de induzir o necessitado cliente a assinar um contrato simulado de depósito ou a forjar no título de dívida a firma de algum parente abastado, de modo que, não resgatada a dívida no vencimento, ficará o mutuário sob a pressão da ameaça de um processo por apropriação indébita ou falsidade.

58. Sob a rubrica "Da usurpação", o projeto incrimina certos fatos que a lei penal vigente conhece sob diverso *nomen juris* ou ignora completamente, deixando-os na órbita dos delitos civis. Em quase todas as suas modalidades, a usurpação é uma lesão ao interesse jurídico da inviolabilidade da propriedade imóvel.

Assim, a "*alteração de limites*" (art. 161), a "*usurpação de águas*" (art. 161, § 1°, I) e o "*esbulho possessório*", quando praticados com violência à pessoa, ou mediante grave ameaça, ou concurso de mais de duas pessoas (art. 161, § 1°, II). O emprego de violência contra a pessoa, na modalidade da invasão possessória, é condição de punibilidade, mas, se dele resulta outro crime, haverá um concurso material de crimes, aplicando-se, somadas, as respectivas penas (art. 161, § 2º).

Também constitui crime de *usurpação* o fato de suprimir ou alterar marca ou qualquer sinal indicativo de propriedade em gado ou rebanho alheio, para dele se apropriar, no todo ou em parte. Não se confunde esta modalidade de usurpação com o *abigeato*, isto é, o furto de animais: o agente limita-se a empregar um meio fraudulento (supressão ou alteração de marca ou sinal) para irrogar-se a propriedade dos animais. Se esse meio fraudulento é usado para dissimular o anterior furto dos animais, já não se tratará de usurpação: o crime continuará com o seu *nomen juris*, isto é, furto.

59. Ao cuidar do *crime de dano*, o projeto adota uma fórmula genérica ("destruir, inutilizar ou deteriorar coisa alheia") e, a seguir, prevê agravantes e modalidades especiais do crime. Estas últimas, mais ou menos estranhas à lei vigente, são a "introdução ou abandono de animais em propriedade alheia", o "dano em coisa de valor artístico, arqueológico ou histórico" e a "alteração de local especialmente protegido".

Certos fatos que a lei atual considera *variantes* de dano não figuram, como tais, no projeto. Assim, a destruição de documentos públicos ou particulares (art. 326, e seu parágrafo único, da Consolidação das Leis Penais) passa a constituir crime de falsidade (art. 305 do projeto) ou contra a administração pública (arts. 314 e 356).

60. A *apropriação indébita* (*furtum improprium*) é conceituada, em suas modalidades, da mesma forma que na lei vigente; mas o projeto contém inovações no capítulo reservado a tal crime. A pena (que passa a ser reclusão por um a quatro anos e multa de quinhentos mil-réis a dez contos de réis) é aumentada de um terço, se ocorre infidelidade do agente como depositário necessário ou judicial, tutor, curador, síndico, liquidatário, inventariante ou testamenteiro, ou no desempenho de ofício, emprego ou profissão. Diversamente da lei atual, não figura entre as modalidades da apropriação indébita o *abigeato*, que é, indubitavelmente, um caso de *furtum proprium* e, por isso mesmo, não especialmente previsto no texto do projeto.

É especialmente equiparado à apropriação indébita o fato do inventor do tesouro em prédio alheio que retém para si a quota pertencente ao proprietário deste.

61. O *estelionato* é assim definido: "Obter, para si ou para outrem, vantagem ilícita, em prejuízo alheio, induzindo ou mantendo alguém em erro, mediante artifício, ardil ou outro meio fraudulento". Como se vê, o dispositivo corrige em três pontos a fórmula genérica do inciso 5 do art. 338 do Código atual: contempla a hipótese da captação de vantagem para terceiro, declara que a vantagem deve ser *ilícita* e acentua que a fraude elementar do estelionato não é somente a empregada para induzir alguém em erro, mas também a que serve para *manter* (fazer subsistir, entreter) um erro preexistente.

Com a fórmula do projeto, já não haverá dúvida que o próprio *silêncio*, quando malicioso ou intencional, acerca do preexistente erro da vítima, constitui meio *fraudulento* característico do estelionato.

Entre tais crimes, são incluídos alguns não contemplados na lei em vigor, como, *exempli gratia*, a fraude relativa a seguro contra acidentes (art. 171, § 2º, V) e a "frustração de pagamento de cheques" (art. 171, § 2º, VI).

A incriminação deste último fato, de par com a da emissão de cheque sem fundo, resulta do raciocínio de que não há distinguir entre um e outro caso: tão criminoso é aquele que emite cheque sem provisão como aquele que, embora dispondo de fundos em poder do sacado, maliciosamente os retira antes da apresentação do cheque ou, por outro modo, ilude o pagamento, em prejuízo do portador.

O "*abuso de papel em branco*", previsto atualmente como modalidade do estelionato, passa, no projeto, para o setor dos crimes contra a fé pública (art. 299).

62. A "*duplicata simulada*" e o "*abuso de incapazes*" são previstos em artigos distintos. Como forma especial de fraude patrimonial, é também previsto o fato de "abusar, em proveito próprio ou alheio, da inexperiência ou da simplicidade ou inferioridade mental de outrem, induzindo-o à prática de jogo ou aposta, ou à especulação com títulos ou mercadorias, sabendo ou devendo saber que a operação é ruinosa".

63. Com a rubrica de "fraude no comércio", são incriminados vários fatos que a lei atual não prevê especialmente. Entre eles figura o de "vender, como verdadeira ou perfeita, mercadoria falsificada ou deteriorada", devendo entender-se que tal crime constitui "fraude no comércio" quando não importe crime *contra a saúde pública*, mais severamente punido.

São destacadas, para o efeito de grande atenuação da pena, certas *fraudes de menor* gravidade, como sejam a "usurpação de alimentos" (*filouterie d'aliments* ou *grivèlerie*, dos franceses; *scrocco*, dos italianos, ou *Zechprellerei*, dos alemães), a pousada em hotel e a utilização de meio de transporte, sabendo o agente ser-lhe impossível efetuar o pagamento. É expressamente declarado que, em tais casos, dadas as circunstâncias, pode o juiz abster-se de aplicação da pena, ou substituí-la por *medida de segurança*. As "fraudes e abusos na fundação e administração das sociedades por ações" (não constituindo qualquer dos fatos crime contra a economia popular definido na legislação especial, que continua em vigor) são minuciosamente previstos, afeiçoando-se o projeto à recente lei sobre as ditas sociedades.

O projeto absteve-se de tratar dos *crimes de falência*, que deverão ser objeto de legislação especial, já em elaboração.

Na sanção relativa à fraudulenta insolvência civil é adotada a alternativa entre a pena privativa de liberdade (detenção) e a pecuniária (multa de quinhentos mil-réis a cinco contos de réis), e a ação penal dependerá de *queixa*.

64. Em capítulo especial, como crime *sui generis* contra o patrimônio, e com pena própria, é prevista a receptação (que o Código vigente, na sua parte geral, define como forma de cumplicidade *post factum* resultando daí, muitas vezes, a aplicação de penas desproporcionadas). O projeto distingue, entre a receptação dolosa e a culposa, que a lei atual injustificadamente equipara. É expressamente declarado que a receptação é punível ainda que não seja conhecido ou passível de pena o autor do crime de que proveio a coisa receptada. Tratando-se de criminoso primário, poderá o juiz, em face das circunstâncias, deixar de aplicar a pena, ou substituí-la por medida de segurança.

Os dispositivos do projeto em relação à circunstância de *parentesco* entre os sujeitos ativo e passivo, nos crimes patrimoniais, são mais amplos do que os do direito atual, ficando, porém, explícito que o efeito de tal circunstância não aproveita aos coparticipes do *parente*, assim como não se estende aos casos de *roubo*, *extorsão* e, em geral, aos crimes patrimoniais praticados mediante violência contra a pessoa.

Dos crimes contra a propriedade imaterial

65. Sob esta rubrica é que o projeto alinha os crimes que o direito atual denomina "crimes contra a propriedade literária, artística, industrial e comercial". São tratados como uma classe autônoma, que se reparte em quatro subclasses: "crimes contra a propriedade intelectual", "crimes contra o privilégio de invenção", "crimes contra as marcas de indústria e comércio" e "crimes de concorrência desleal". Tirante uma ou outra alteração ou divergência, são reproduzidos os critérios e fórmulas da legislação vigente.

→ *v.* Lei 9.279/1996 – Propiedade Industrial.

Dos crimes contra a organização do trabalho

66. O projeto consagra um título especial aos "crimes contra a organização do trabalho", que o Código atual, sob o rótulo de "crimes contra a liberdade do trabalho", classifica entre os "crimes contra o livre gozo e exercício dos direitos individuais" (isto é, contra a liberdade individual). Este critério de classificação, enjeitado pelo projeto, afeiçoa-se a um postulado da *economia liberal*, atualmente desacreditado, que Zanardelli, ao tempo da elaboração do Código Penal italiano de 1889, assim fixava: "A lei deve deixar que cada um proveja aos próprios interesses pelo modo que melhor lhe pareça, e não pode intervir senão quando a livre ação de uns seja lesiva do direito de outros. Não pode ela vedar aos operários a combinada abstenção de trabalho para atender a um objetivo econômico, e não pode impedir a um industrial que feche, quando lhe aprouver, a sua fábrica ou oficina. O trabalho é uma mercadoria, da qual, como de qualquer outra, se pode dispor à vontade, quando se faça uso do próprio direito sem prejudicar o direito de outrem". A tutela exclusivista da liberdade individual abstraía, assim, ou deixava em plano secundário o interesse da coletividade, o bem geral. A greve, o *lockout*, todos os meios incruentos e pacíficos na luta entre o proletariado e o capitalismo eram permitidos e constituíam mesmo o exercício de líquidos direitos individuais. O que cumpria assegurar, antes de tudo, na esfera econômica, era o livre jogo das iniciativas individuais. Ora, semelhante programa, que uma longa experiência demonstrou errôneo e desastroso, já não é mais viável em face da Constituição de 37. Proclamou esta a legitimidade da intervenção do Estado no domínio econômico, "para suprir as deficiências da iniciativa individual e coordenar os fatores da produção, de maneira a evitar ou resolver os seus conflitos e introduzir no jogo das competições individuais o pensamento do interesse da Nação". Para dirimir as contendas entre o trabalho e o capital, foi instituída a justiça do trabalho, tornando-se incompatível com a nova ordem política o *exercício arbitrário das próprias razões* por parte de empregados e empregadores.

67. A greve e o *lockout* (isto é, a paralisação ou suspensão arbitrária do trabalho pelos operários ou patrões) foram declarados "recursos antissociais, nocivos ao trabalho e ao capital e incompatíveis com os superiores interesses da produção nacional". Já não é admissível uma *liberdade de trabalho* entendida como liberdade de iniciativa de uns sem outro limite que igual liberdade de iniciativa de outros. A proteção jurídica já não é concedida à *liberdade do trabalho*, propriamente, mas à *organização do trabalho*, inspirada não somente na defesa e no ajustamento dos direitos e interesses individuais em jogo, mas também, e principalmente, no sentido superior do *bem comum de todos*. Atentatória, ou não, da liberdade individual, toda ação perturbadora da ordem jurídica, no que concerne ao trabalho, é ilícita e está sujeita a sanções repressivas, sejam de direito administrativo, sejam de direito penal. Daí, o novo critério adotado pelo projeto, isto é, a trasladação dos crimes contra o trabalho, do setor dos crimes contra a liberdade individual para uma classe autônoma, sob a já referida rubrica. Não foram, porém, trazidos para o campo do *ilícito penal* todos os fatos contrários à organização do trabalho: são incriminados, de regra, somente aqueles que se fazem acompanhar da violência ou da *fraude*. Se falta qualquer desses elementos, não passará o fato, salvo poucas exceções, de *ilícito administrativo*. É o ponto de vista já fixado em recente legislação trabalhista. Assim, incidirão em sanção penal o cerceamento do trabalho pela força ou intimidação (art. 197, I), a coação para o fim de greve ou de *lockout* (art. 197, II), a boicotagem violenta (art. 198), o atentado violento contra a liberdade de associação profissional (art. 199), a greve seguida de violência contra a pessoa ou contra a coisa (art. 200), a invasão e arbitrária posse de estabelecimento de trabalho (art. 202, 1ª parte), a sabotagem (art. 202, *in fine*), a frustração, mediante violência ou fraude, de direitos assegurados por lei trabalhista ou de nacionalização do trabalho (arts. 203 e 204). Os demais crimes contra o trabalho, previstos no projeto, dispensam o elemento *violência* ou *fraude* (arts. 201, 205, 206, 207), mas explica-se a exceção: é que eles, ou atentam *imediatamente* contra o interesse público, ou *imediatamente* ocasionam uma grave perturbação da ordem econômica. É de notar-se que a suspensão ou abandono coletivo de obra pública ou serviço de interesse coletivo somente constituirá o crime previsto no art. 201 quando praticado por "motivos pertinentes às condições do trabalho", pois, de outro modo, o fato importará o crime definido no art. 18 da Lei de Segurança, que continua em pleno vigor.

Dos crimes contra o sentimento religioso e contra o respeito aos mortos

68. São classificados como *species* do mesmo *genus* os "crimes contra o sentimento religioso" e os "crimes contra o respeito aos mortos". É incontestável a afinidade entre uns e outros. O *sentimento religioso* e o *respeito aos mortos* são valores ético-sociais que se assemelham. O tributo que se rende aos mortos tem um fundo religioso. Idêntica, em ambos os casos, é a *ratio essendi* da tutela penal.

O projeto divorcia-se da lei atual, não só quando deixa de considerar os crimes referentes aos cultos religiosos como subclasse dos crimes contra a liberdade individual (pois o que passa a ser, precipuamente, objeto da proteção penal é a religião como um bem em si mesmo), como quando traz para o catálogo dos crimes (lesivos do respeito aos mortos) certos fatos que o Código vigente considera simples *contravenções*, como a *violatio sepulchri* e a profanação de cadáver. Entidades criminais desconhecidas da lei vigente são as previstas nos arts. 209 e 211 do projeto: impedimento ou perturbação de enterro ou cerimônia fúnebre e supressão de cadáver ou de alguma de suas partes.

Dos crimes contra os costumes

→ Com o advento da Lei 11.106/2005, o Título VI da Parte Especial do Código Penal foi alterada, e sua rubrica passou a ser "Dos crimes contra a dignidade sexual.

69. Sob esta epígrafe, cuida o projeto dos crimes que, de modo geral, podem ser também denominados sexuais. São os mesmos crimes que a lei vigente conhece sob a extensa rubrica "Dos crimes contra a segurança da honra e honestidade das famílias e do ultraje público ao pudor". Figuram eles com cinco subclasses, assim intitulados: "Dos crimes contra a liberdade sexual", "Da sedução e da corrupção de menores", "Do rapto", "Do lenocínio e do tráfico de mulheres" e "Do ultraje público ao pudor".

O crime de *adultério*, que o Código em vigor contempla entre os crimes sexuais, passa a figurar no setor dos *crimes contra a família*.

→ O crime de adultério foi revogado pela Lei 11.106/2005.

70. Entre os crimes *contra a liberdade sexual*, de par com as figuras clássicas do *estupro* e do *atentado violento ao pudor*, são incluídas a "posse sexual mediante fraude" e o "atentado ao pudor mediante fraude". Estas duas entidades criminais, na amplitude com que as conceitua o projeto, são estranhas à lei atual. Perante esta, a *fraude* é um dos *meios morais* do crime de *defloramento*, de que só a mulher menor de 21 (vinte e um) anos e maior de 16 (dezesseis) pode ser sujeito passivo. Segundo o projeto, entretanto, existe crime sempre que, sendo a vítima mulher honesta, haja emprego de meio fraudulento (*v.g.:* simular casamento, substituir-se ao marido na escuridão da alcova). Não importa, para a existência do crime, que a ofendida seja, ou não, maior ou *virgo intacta*. Se da cópula resulta o desvirginamento da ofendida, e esta é menor de 18 (dezoito) anos e maior de 14 (quatorze), a pena é especialmente aumentada.

Na identificação dos crimes contra a liberdade sexual é presumida a violência (art. 224) quando a vítima: *a)* não é maior de 14 (quatorze) anos; *b)* é alienada ou débil mental, conhecendo o agente esta circunstância; ou *c)* acha-se em estado de inconsciência (provocado, ou não, pelo agente), ou, por doença ou outra causa, impossibilitada de oferecer resistência. Como se vê, o projeto diverge substancialmente da lei atual: reduz, para o efeito de presunção de violência, o limite de idade da vítima e amplia os casos de tal presunção (a lei vigente presume a violência no caso único de ser a vítima menor de dezesseis anos). Com a redução do limite de idade, o projeto atende à evidência de um fato social contemporâneo, qual seja a precocidade no conhecimento dos fatos sexuais. O fundamento da ficção legal de violência, no caso dos adolescentes, é a *innocentia consilii* do sujeito passivo, ou seja, a sua completa insciência em relação aos fatos sexuais de modo que não se pode dar valor algum ao seu consentimento. Ora, na época atual, seria abstrair hipocritamente a realidade o negar-se que uma pessoa de 14 (quatorze) anos completos já tem uma noção teórica, bastante exata, dos segredos da vida sexual e do risco que corre se se presta à lascívia de outrem. Estendendo a presunção de violência aos casos em que o sujeito passivo é alienado ou débil mental, o projeto obedece ao raciocínio de que, também aqui, há ausência de consentimento válido, e *ubi eadem ratio, ibi eadem* dispositio.

→ Referido art. 224 foi revogado pela Lei 12.015/2009.

Por outro lado, se a *incapacidade de consentimento* faz presumir a violência, com maioria de razão deve ter o mesmo efeito o estado de inconsciência da vítima ou sua *incapacidade de resistência*, seja esta resultante de causas mórbidas (enfermidade, grande debilidade orgânica, paralisia etc.), ou de especiais condições físicas (como quando o sujeito passivo é um indefeso aleijado, ou se encontra acidentalmente tolhido de movimentos).

71. Sedução é o *nomen juris* que o projeto dá ao crime atualmente denominado defloramento. Foi repudiado este título, porque faz supor como imprescindível condição material do crime a ruptura do hímen (*flos virgineum*), quando, na realidade, basta que a cópula seja realizada com mulher virgem, ainda que não resulte essa ruptura, como nos casos de complacência himenal.

O sujeito passivo da *sedução* é a mulher virgem, maior de 14 (quatorze) e menor de 18 (dezoito) anos. No sistema do projeto, a menoridade, do ponto de vista da proteção penal, termina aos 18 (dezoito) anos. Fica, assim, dirimido o ilogismo em que incide a legislação vigente, que, não obstante reconhecer a *maioridade política* e a *capacidade penal* aos 18 (dezoito) anos completos (Constituição, art. 117, e Código Penal, modificado pelo Código de Menores), continua a pressupor a imaturidade psíquica, em matéria de crimes sexuais, até os 21 (vinte e um) anos.

→ A referência é à Constituição de 1937.

→ O crime de sedução foi revogado pela Lei 11.106/2005.

→ *V.* Lei 8.069/1990 – Estatuto da Criança e do Adolescente.

Para que se identifique o crime de *sedução* é necessário que seja praticado "com abuso da inexperiência ou justificável confiança" da ofendida. O projeto não protege a moça que se convencionou chamar *emancipada*, nem tampouco aquela que, não sendo de todo ingênua, se deixa iludir por promessas evidentemente insinceras.

Ao ser fixada a fórmula relativa ao crime em questão, partiu-se do pressuposto de que os fatos relativos à vida sexual não constituem na nossa época matéria que esteja subtraída, como no passado, ao conhecimento dos adolescentes de 18 (dezoito) anos completos. A vida, no nosso tempo, pelos seus costumes e pelo seu estilo, permite aos indivíduos surpreender, ainda bem não atingida a maturidade, o que antes era o grande e insondável mistério, cujo conhecimento se reservava apenas aos adultos.

Certamente, o direito penal não pode abdicar de sua função ética, para acomodar-se ao afrouxamento dos costumes; mas, no caso de que ora se trata, muito mais eficiente que a ameaça da pena aos sedutores, será a retirada da tutela penal à moça maior de 18 (dezoito) anos, que, assim, se fará mais cautelosa ou menos acessível.

Em abono do critério do projeto, acresce que, hoje em dia, dados os nossos costumes e formas de vida, não são raros os casos em que a mulher não é a única vítima da *sedução*.

Já foi dito, com acerto, que "nos crimes sexuais, nunca o homem é tão algoz que não possa ser, também, um pouco vítima, e a mulher nem sempre é a maior e a única vítima dos seus pretendidos infortúnios sexuais" (Filipo Manci, Delitti sessuali).

72. Ao configurar o crime de *corrupção de menores*, o projeto não distingue, como faz a lei atual, entre corrupção efetiva e corrupção potencial: engloba as duas *species* e comina a mesma pena. O meio executivo do crime tanto pode ser a prática do ato *libidinoso* com a vítima (pessoa maior de quatorze e menor de dezoito anos), como o *induzimento* desta a praticar (ainda que com outrem, mas para a satisfação da lascívia do agente) ou a presenciar ato dessa natureza.

73. O *rapto* para fim libidinoso é conservado entre os crimes sexuais, rejeitado o critério do projeto Sá Pereira, que o trasladava para a classe dos *crimes contra a liberdade*. Nem sempre o meio executivo do rapto é a *violência*. Ainda mesmo se tratando de *rapto violento*, deve-se atender a que, segundo a melhor técnica, o que especializa um crime não é o *meio*, mas o *fim*. No rapto, seja violento, fraudulento ou consensual, o fim do agente é a posse da vítima para fim sexual ou libidinoso. Trata-se de um crime dirigido contra o interesse da organização ético-social da família – interesse que sobreleva o da liberdade pessoal. Seu justo lugar, portanto, é entre os crimes *contra os costumes*.

→ O crime de rapto foi revogado pela Lei 11.106/2005.

O projeto não se distancia muito da lei atual, no tocante aos dispositivos sobre o rapto. Ao rapto violento ou próprio (*vi aut minis*) é equiparado o rapto *per fraudem* (compreensivo do rapto *per insidias*). No rapto consensual (com ou sem sedução), menos severamente punido, a paciente só pode ser a mulher entre os 14 (quatorze) e 21 (vinte e um) anos (se a raptada é menor de quatorze anos, o rapto se presume violento), conservando-se, aqui, o limite da menoridade civil, de vez que essa modalidade do crime é, principalmente, uma ofensa ao pátrio poder ou autoridade tutelar (*in parentes vel tutores*).

A pena, em qualquer caso, é diminuída de um terço, se o crime é praticado para fim de casamento, e da metade, se se dá a *restitutio in integrum* da vítima e sua reposição *in loco tuto ac libero*.

Se ao rapto se segue outro crime contra a raptada, aplica-se a regra do concurso material. Fica, assim, modificada a lei vigente, segundo a qual, se o crime subsequente é o *defloramento* ou *estupro* (omitida referência a qualquer outro crime sexual), a pena do rapto é aumentada da sexta parte.

74. O projeto reserva um capítulo especial às disposições comuns aos crimes sexuais até aqui mencionados. A primeira delas se refere às formas qualificadas de tais crimes, isto é, aos casos em que, tendo havido *emprego de violência*, resulta lesão corporal grave ou a *morte da vítima*: no primeiro caso, a pena será reclusão por 4 (quatro) a 12 (doze) anos; no segundo, a mesma pena, de 8 (oito) a 20 (vinte) anos.

A seguir, vêm os preceitos sobre a *violência ficta*, de que acima já se tratou; sobre a disciplina da ação penal na espécie e sobre *agravantes especiais*. Cumpre notar que uma disposição comum aos crimes em questão não figura na "parte especial", pois se achou que ficaria melhor colocada no título sobre a *extinção da punibilidade*, da "parte geral": é o que diz respeito ao *subsequens matrimonium* (art. 108, VIII), que, antes ou depois da condenação, exclui a imposição da pena.

75. Ao definir as diversas modalidades do *lenocínio*, o projeto não faz depender o crime de especial *meio executivo*, nem da *habitualidade*, nem do *fim de lucro*. Se há emprego de violência, intimidação ou fraude, ou se o agente procede *lucri faciendi causa*, a pena é especialmente agravada. Tal como na lei atual, o lenocínio *qualificado* ou *familiar* é mais severamente punido que o lenocínio *simples*. Na *prestação de local* a encontros para fim libidinoso, é taxativamente declarado que o crime existe independentemente de *mediação direta* do agente para esses encontros ou de *fim de lucro*.

São especialmente previstos o *rufianismo* (*alphonsisme*, dos franceses; *mantenutismo*, dos italianos; *Zuhalterei*, dos alemães) e o tráfico de mulheres.

Na configuração do *ultraje público ao pudor*, o projeto excede de muito em previdência à lei atual.

Dos crimes contra a família

76. O título consagrado aos *crimes contra a família* divide-se em quatro capítulos, que correspondem, respectivamente, aos "crimes contra o casamento", "crimes contra o estado de filiação", "crimes contra a assistência familiar" e "crimes contra o pátrio poder, tutela ou curatela". O primeiro entre os *crimes contra o casamento* é a *bigamia – nomen juris* que o projeto substitui ao de *poligamia*, usado pela lei atual. Seguindo-se o mesmo critério desta, distingue-se, para o efeito de pena, entre aquele que, sendo casado, contrai novo casamento e aquele que, sendo solteiro, se casa com pessoa que sabe casada. Conforme expressamente dispõe o projeto, o crime de bigamia existe desde que, ao tempo do segundo casamento, estava vigente o primeiro; mas, se este, a seguir, é judicialmente declarado nulo, o crime se extingue, pois que a declaração de nulidade retroage *ex tunc*. Igualmente *não* subsistirá o crime se vier a ser anulado o segundo casamento, por motivo outro que não o próprio impedimento do matrimônio anterior (pois a bigamia não pode excluir-se a si mesma). Releva advertir que na "parte geral" (art. 111, *e*) se determina, com inovação da lei atual, que, no crime de bigamia, o prazo de prescrição da ação penal se conta da *data em que o fato se tornou conhecido*.

77. O projeto mantém a incriminação do *adultério*, que passa, porém, a figurar entre os crimes contra a família, na subclasse dos crimes contra o casamento. Não há razão convincente para que se deixe tal fato à margem da lei penal. É incontestável que o adultério ofende um indeclinável interesse de ordem social, qual seja o que diz com a organização ético-jurídica da vida familiar. O exclusivismo da recíproca posse sexual dos cônjuges é condição de disciplina, harmonia e continuidade do núcleo familiar. Se deixasse impune o adultério, o projeto teria mesmo contrariado o preceito constitucional que coloca a família "sob a proteção especial do Estado". Uma notável inovação contém o projeto: para que se configure o adultério do marido, não é necessário que este *tenha* e *mantenha* concubina, bastando, tal como no adultério da mulher, a simples infidelidade conjugal.

→ O crime de adultério foi revogado pela Lei 11.106/2005.

Outra inovação apresenta o projeto, no tocante ao crime em questão: a pena é sensivelmente diminuída, passando a ser de detenção por 15 (quinze) dias a 6 (seis) meses; é de 1 (um) mês, apenas, o prazo de decadência do direito de queixa (e não prescrição da ação penal), e este não pode ser exercido pelo cônjuge desquitado ou que consentiu no adultério ou o perdoou expressa ou tacitamente. Além disso, o juiz pode deixar de aplicar a pena, se havia cessado a vida em comum dos cônjuges ou se o querelante havia praticado qualquer dos atos previstos no art. 317 do Código Civil. De par com a bigamia e o adultério, são previstas, no mesmo capítulo, entidades criminais que a lei atual ignora. Passam a constituir ilícito penal os seguintes fatos, até agora deixados impunes ou sujeitos a meras sanções civis: contrair casamento, induzindo em erro essencial o outro contraente, ou ocultando-lhe impedimento que não seja o resultante de casamento anterior (pois, neste caso, o crime será o de bigamia); contrair casamento, conhecendo a existência de impedimento que acarrete sua nulidade absoluta; fingir de autoridade para celebração do casamento e simular casamento. Nestas duas últimas hipóteses, trata-se de crimes subsidiários: só serão punidos por si mesmos quando não constituam participação em crime mais grave ou elemento de outro crime.

→ A referência é ao CC/1916.

78. Ao definir os crimes *contra o estado de filiação*, adota o projeto fórmulas substancialmente idênticas às do Código atual, que os conhece sob a rubrica de "parto suposto e outros fingimentos".

79. É reservado um capítulo especial aos "crimes contra a assistência familiar", quase totalmente ignorados da legislação vigente. Seguindo o exemplo dos códigos e projetos de codificação mais recentes, o projeto faz incidir sob a sanção penal o *abandono de família*. O reconhecimento desta nova *species* criminal é, atualmente, ponto incontroverso. Na "Semana Internacional de Direito", realizada em Paris, no ano de 1937, Ionesco-Doly, o representante da Romênia, fixou, na espécie, com acerto e precisão, a *ratio* da incriminação: "A instituição essencial que é a família atravessa atualmente uma crise bastante grave. Daí, a firme, embora recente, tendência no sentido de uma intervenção do legislador, para substituir as sanções civis, reconhecidamente ineficazes, por sanções penais contra a violação dos deveres jurídicos de *assistência* que a consciência jurídica universal considera como o assento básico do *status familiae*. Virá isso contribuir para, em complemento de medidas que se revelaram insuficientes para a proteção da família, conjurar um dos aspectos dolorosos da crise por que passa essa instituição. É, de todo em todo, necessário que desapareçam certos fatos profundamente lamentáveis, e desgraçadamente cada vez mais frequentes, como seja o dos maridos que abandonam suas esposas e filhos, deixando-os sem meios de subsistência, ou o dos filhos que desamparam na miséria seus velhos pais enfermos ou inválidos".

É certo que a vida social no Brasil não oferece, tão assustadoramente como em outros países, o fenômeno da desintegração e desprestígio da família; mas a sanção penal contra o "abandono de família", inscrita no futuro Código, virá contribuir, entre nós, para atalhar ou prevenir o mal incipiente.

Para a conceituação do novo crime, a legislação comparada oferece dois modelos: o francês, demasiadamente restrito, e o italiano, excessivamente amplo. Segundo a lei francesa, o crime de abandono de família é constituído pelo fato de, durante um certo período (três meses consecutivos), deixar o agente de pagar a pensão alimentar decretada por uma decisão judicial passada em julgado. É o chamado *abandono pecuniário*. Muito mais extensa, entretanto, é a fórmula do Código Penal italiano, que foi até a incriminação do *abandono moral*, sem critérios objetivos na delimitação deste. O projeto preferiu a fórmula transacional do chamado *abandono material*. Dois são os métodos adotados na incriminação: um *direto*, isto é, o crime pode ser identificado *diretamente* pelo juiz penal que deverá verificar, ele próprio, se o agente deixou de prestar os recursos necessários; outro *indireto*, isto é, o crime existirá automaticamente se, reconhecida pelo juiz do cível a obrigação de alimentos e fixado o seu *quantum* na sentença, deixar o agente de cumpri-la durante 3 (três) meses consecutivos. Não foi, porém, deixado inteiramente à margem o *abandono moral*. Deste cuida o projeto em casos especiais, precisamente definidos, como, aliás, já faz o atual Código de Menores. É até mesmo incriminado o *abandono intelectual*, embora num caso único e restritíssimo (art. 246): deixar, sem justa causa, de ministrar ou fazer ministrar instrução primária a filho em idade escolar.

Segundo o projeto, só é punível o *abandono intencional* ou *doloso*, embora não se indague do motivo determinante: se por egoísmo, cupidez, avareza, ódio etc. Foi rejeitado o critério de fazer depender a ação penal de prévia queixa da vítima, pois isso valeria, na prática, por tornar letra morta o preceito penal. Raro seria o caso de queixa de um cônjuge contra o outro, de um filho contra o pai ou de um pai contra o filho. Não se pode deixar de ter em atenção o que Marc Ancel chama pudor familial, isto é, o *sentimento* que inibe o membro de uma família de revelar as faltas de outro, que, apesar dos pesares, continua a merecer o seu respeito e talvez o seu afeto. A pena cominada na espécie é alternativa: detenção ou multa. Além disso, ficará o agente sujeito, na conformidade da regra geral sobre as "penas acessórias" (Capítulo V do Título V da Parte Geral), à privação definitiva ou temporária de poderes que, em relação à vítima ou vítimas, lhe sejam atribuídos pela lei civil, em consequência do *status familiae*.

Cuidando dos crimes contra o pátrio poder, tutela ou curatela, o projeto limita-se a reivindicar para o futuro Código Penal certos preceitos do atual Código de Menores, apenas ampliados no sentido de abranger na proteção penal, além dos menores de 18 (dezoito) anos, os interditos.

Dos crimes contra a incolumidade pública

80. Sob este título, são catalogados, no projeto, os crimes que a lei atual denomina contra a *tranquilidade pública*. Estão eles distribuídos em três subclasses: *crimes de perigo comum* (isto é, aqueles que, mais nítida ou imediatamente que os das outras subclasses, criam uma situação de perigo de dano a um indefinido número de pessoas), *crimes contra a segurança dos meios de comunicação e transporte e outros serviços públicos* e *crimes contra a saúde pública*. Além de reproduzir, com ligeiras modificações, a lei vigente, o projeto supre omissões desta, configurando novas entidades criminais, tais como: "uso perigoso de gases tóxicos", o "desabamento ou desmoronamento" (isto é, o fato de causar, em prédio próprio ou alheio, desabamento total ou parcial de alguma construção, ou qualquer desmoronamento, expondo a perigo a vida, integridade física ou patrimônio de outrem), "subtração, ocultação ou inutilização de material de salvamento", "difusão de doença ou praga", "periclitação de qualquer meio de transporte público" (a lei atual somente cuida da periclitação de transportes ferroviários ou marítimos, não se referindo, sequer, à do transporte aéreo, que o projeto equipara àqueles), "atentado contra a segurança de serviços de utilidade pública", "provocação de epidemia", "violação de medidas preventivas contra doenças contagiosas" etc.

Relativamente às *formas qualificadas* dos crimes em questão, é adotada a seguinte regra geral (art. 258): no caso de dolo, se resulta a alguém lesão corporal de natureza grave, a pena privativa da liberdade é aumentada de metade, e, se resulta morte, é aplicada em dobro; no caso de culpa, se resulta lesão corporal (leve ou grave), as penas são aumentadas de metade e, se resulta morte, é aplicada a de homicídio culposo, aumentada de um terço.

Dos crimes contra a paz pública

81. É esta a denominação que o projeto atribui ao seguinte grupo de crimes: "incitação de crime", "apologia de crime ou criminoso" e "quadrilha ou bando" (isto é, associação de mais de três pessoas para o fim de prática de crimes comuns). É bem de ver que os dispositivos sobre as duas primeiras entidades criminais citadas não abrangem a provocação ou apologia de crimes político-sociais, que continuarão sendo objeto de legislação especial, segundo dispõe o art. 360.

Dos crimes contra a fé pública

82. O título reservado aos *crimes contra a fé pública* divide-se em quatro capítulos, com as seguintes epígrafes: "Da moeda falsa", "Da falsidade de títulos e outros papéis públicos", "Da falsidade documental" e "De outras falsidades". Os crimes de *testemunho falso* e *denunciação caluniosa*, que, no Código atual, figuram entre os crimes lesivos da fé pública, passam para o seu verdadeiro lugar, isto é, para o setor dos *crimes contra a administração da justiça* (subclasse dos *crimes contra a administração pública*).

83. Ao configurar as modalidades do *crimen falsi*, o projeto procurou simplificar a lei penal vigente, evitando superfluidades ou redundâncias, e, no mesmo passo, suprir lacunas de que se ressente a mesma lei. À casuística do *falsum* são acrescentados os seguintes fatos: emissão de moeda com título ou peso inferior ao determinado em lei; desvio e antecipada circulação de moeda; reprodução ou adulteração de selos destinados à filatelia; supressão ou ocultação de documentos (que a lei atual prevê como modalidade de *dano*); falsificação do sinal empregado no contraste de metal precioso ou na fiscalização aduaneira ou sanitária, ou para autenticação ou encerramento de determinados objetos, ou comprovação do cumprimento de formalidades legais; substituição de pessoa e falsa identidade (não constituindo tais fatos elemento de crime mais grave).

Para dirimir as incertezas que atualmente oferece a identificação da *falsidade ideológica*, foi adotada uma fórmula suficientemente ampla e explícita: "Omitir, em documento público ou particular, declarações que dele deviam constar, ou inserir ou fazer inserir nele declarações falsas ou diversas das que deviam ser escritas, com o fim de prejudicar um direito, criar uma obrigação, ou alterar a verdade de fatos juridicamente relevantes".

Dos crimes contra a administração pública

84. Em último lugar, cuida o projeto dos *crimes contra a administração pública*, repartidos em três subclasses: "crimes praticados por funcionário público contra a administração em geral", "crimes praticados por particular contra a administração em geral" e "crimes contra a administração da justiça". Várias são as inovações introduzidas, no sentido de suprir omissões ou retificar fórmulas da legislação vigente. Entre os fatos incriminados como lesivos do interesse da administração pública, figuram os seguintes, até agora, injustificadamente, deixados à margem da nossa lei penal: emprego irregular de verbas e rendas públicas; advocacia administrativa (isto é, "patrocinar, direta ou indiretamente, interesse privado junto à administração pública, valendo-se da qualidade de funcionário"); violação do sigilo funcional; violação do sigilo de proposta em concorrência pública; exploração de prestígio junto à autoridade administrativa ou judiciária (*venditio fumi*); obstáculo ou fraude contra concorrência ou hasta pública; inutilização de editais ou sinais oficiais de identificação de objetos; motim de presos; falsos avisos de crime ou contravenção; autoacusação falsa; coação no curso de processo judicial; fraude processual; exercício arbitrário das próprias razões; favorecimento *post factum* a criminosos (o que a lei atual só parcialmente incrimina como forma de cumplicidade); tergiversação do procurador judicial; reingresso de estrangeiro expulso.

85. O art. 327 do projeto fixa, para os efeitos penais, a noção de funcionário público: "Considera-se funcionário público, para os efeitos penais, quem, embora transitoriamente ou sem remuneração, exerce cargo, emprego ou função pública". Ao funcionário público é equiparado o empregado de entidades paraestatais. Os conceitos da *concussão*, da *corrupção* (que a lei atual chama *peita* ou *suborno*), da *resistência* e do *desacato* são ampliados. A *concussão* não se limita, como na lei vigente, ao *crimen super exactionis* (de que o projeto cuida em artigo especial), pois consiste, segundo o projeto, em "exigir, para si ou para outrem, direta ou indiretamente, mesmo fora das funções, ou antes de assumi-las, mas em razão delas, qualquer retribuição indevida".

A *corrupção* é reconhecível mesmo quando o funcionário não tenha ainda assumido o cargo. Na *resistência*, o sujeito passivo não é exclusivamente o *funcionário público*, mas também qualquer pessoa que lhe esteja, eventualmente, prestando *assistência*.

O desacato se verifica não só quando o funcionário se acha no exercício da função (seja, ou não, o ultraje infligido *propter officium*), senão também quando se acha *extra officium*, desde que a ofensa seja *propter officium*.

Conclusão

86. É este o projeto que tenho a satisfação e a honra de submeter à apreciação de Vossa Excelência.

O trabalho de revisão do projeto Alcântara Machado durou justamente 2 (dois) anos. Houve tempo suficiente para exame e meditação da matéria em todas as suas minúcias e complexidades. Da revisão resultou um novo projeto. Não foi este o propósito inicial. O novo projeto não resultou de plano preconcebido; nasceu, naturalmente, à medida que foi progredindo o trabalho de revisão. Isto em nada diminui o valor do projeto revisto. Este constituiu uma etapa útil e necessária à construção do projeto definitivo.

A obra legislativa do Governo de Vossa Excelência é, assim, enriquecida com uma nova codificação, que nada fica a dever aos grandes monumentos legislativos promulgados recentemente em outros países. A Nação ficará a dever a Vossa Excelência, dentre tantos que já lhe deve, mais este inestimável serviço à sua cultura.

Acredito que, na perspectiva do tempo, a obra de codificação do Governo de Vossa Excelência há de ser lembrada como um dos mais importantes subsídios trazidos pelo seu Governo, que tem sido um governo de unificação nacional, à obra de unidade política e cultural do Brasil.

Não devo encerrar esta exposição sem recomendar especialmente a Vossa Excelência todos quantos contribuíram para que pudesse realizar-se a nova codificação penal no Brasil: Dr. Alcântara Machado, Ministro A. J. da Costa e Silva, Dr. Vieira Braga, Dr. Nelson Hungria, Dr. Roberto Lyra, Dr. Narcélio de Queiroz. Não estaria, porém, completa a lista se não acrescentasse o nome do Dr. Abgar Renault, que me prestou os mais valiosos serviços na redação final do projeto.

Aproveito o ensejo, Senhor Presidente, para renovar a Vossa Excelência os protestos do meu mais profundo respeito.

Francisco Campos

(Publicação no *D.O.U.* de 31.12.1940)

DECRETO-LEI 2.848,

DE 7 DE DEZEMBRO DE 1940

Código Penal.

O Presidente da República, usando da atribuição que lhe confere o art. 180 da Constituição, decreta a seguinte Lei:

Parte Geral

→ Parte Geral com redação alterada pela Lei 7.209/1984.

→ *v.* Exposição de Motivos da Nova Parte Geral do Código Penal.

→ *v.* Arts. 12, VIII, 161, parágrafo único, 315, § 1º, 515, VI, 516, III e 718, do CPC/2015.

Título I
Da aplicação da lei penal

Anterioridade da lei

Art. 1º Não há crime sem lei anterior que o defina. Não há pena sem prévia cominação legal.

→ *v.* Súmula 722 do STF.

→ *v.* Art. 5º, XXXIX, da CF/1988.

→ *v.* Art. 9º da Convenção Americana sobre Direitos Humanos.

Lei penal no tempo

Art. 2º Ninguém pode ser punido por fato que lei posterior deixa de considerar crime, cessando em virtude dela a execução e os efeitos penais da sentença condenatória.

→ *v.* Art. 5º, XL, da CF/1988.

→ *v.* Art. 107, III, do CP.

→ *v.* Art. 90 da Lei 9.099/1995.

Parágrafo único. A lei posterior, que de qualquer modo favorecer o agente, aplica-se aos fatos anteriores, ainda que decididos por sentença condenatória transitada em julgado.

→ *v.* Súmulas 611 e 711 do STF.

→ *v.* Súmula 471 do STJ.

Lei excepcional ou temporária

Art. 3º A lei excepcional ou temporária, embora decorrido o período de sua duração ou cessadas as circunstâncias que a determinaram, aplica-se ao fato praticado durante a sua vigência.

→ *v.* Art. 2º, § 1º, da LINDB.

→ *v.* Art. 36 da Lei 12.663/2012.

Tempo do crime

Art. 4º Considera-se praticado o crime no momento da ação ou omissão, ainda que outro seja o momento do resultado.

→ *v.* Arts. 111, I, e 115, primeira parte, do CP.

→ *v.* Art. 104, parágrafo único, do ECA.

Territorialidade

Art. 5º Aplica-se a lei brasileira, sem prejuízo de convenções, tratados e regras de direito internacional, ao crime cometido no território nacional.

→ *v.* Arts. 5º, §§ 2º a 4º, 27, § 1º, 29, VIII, e 53 da CF/1988.

→ *v.* Art. 2º do Dec.-lei 3.688/1941.

→ *v.* Decreto 61.078/1967 – Promulga a Convenção de Viena sobre Relações Consulares.

→ *v.* Decreto 56.435/1965 – Promulga a Convenção de Viena sobre Relações Diplomáticas.

§ 1º Para os efeitos penais, consideram-se como extensão do território nacional as embarcações e aeronaves brasileiras, de natureza pública ou a serviço do governo brasileiro onde quer que se encontrem, bem como as aeronaves e as embarcações brasileiras, mercantes ou de propriedade privada, que se achem, respectivamente, no espaço aéreo correspondente ou em alto-mar.

→ *v.* Art. 109, IX, da CF/1988.

→ *v.* Art. 90 do CPP.

→ *v.* Arts. 11, 14, §§ 1º e 2º, e 107, § 3º, da Lei 7.565/1986.

§ 2º É também aplicável a lei brasileira aos crimes praticados a bordo de aeronaves ou embarcações estrangeiras de propriedade privada, achando-se aquelas em pouso no território nacional ou em voo no espaço aéreo correspondente, e estas em porto ou mar territorial do Brasil.

→ *v.* Lei 8.617/1993 – Mar territorial, a zona contígua, a zona econômica exclusiva e a plataforma continental brasileiros.

Lugar do crime

Art. 6º Considera-se praticado o crime no lugar em que ocorreu a ação ou omissão, no todo ou em parte, bem como onde se produziu ou deveria produzir-se o resultado.

→ *v.* Art. 70 do CPP.

→ *v.* Art. 63 da Lei 9.099/1995.

Extraterritorialidade

Art. 7º Ficam sujeitos à lei brasileira, embora cometidos no estrangeiro:

I – os crimes:

a) contra a vida ou a liberdade do Presidente da República;

b) contra o patrimônio ou a fé pública da União, do Distrito Federal, de Estado, de Território, de Município, de empresa pública, sociedade de economia mista, autarquia ou fundação instituída pelo Poder Público;

c) contra a administração pública, por quem está a seu serviço;

d) de genocídio, quando o agente for brasileiro ou domiciliado no Brasil;

→ *v.* Art. 1º da Lei 2.889/1956.

II – os crimes:

a) que, por tratado ou convenção, o Brasil se obrigou a reprimir;

→ *v.* Art. 2º da Lei 9.455/1997.

b) praticados por brasileiro;

→ *v.* Art. 5º, LI, da CF/1988.

→ *v.* Art. 88 do CPP.

c) praticados em aeronaves ou embarcações brasileiras, mercantes ou de propriedade privada, quando em território estrangeiro e aí não sejam julgados.

§ 1º Nos casos do inciso I, o agente é punido segundo a lei brasileira, ainda que absolvido ou condenado no estrangeiro.

§ 2º Nos casos do inciso II, a aplicação da lei brasileira depende do concurso das seguintes condições:

a) entrar o agente no território nacional;

b) ser o fato punível também no país em que foi praticado;

c) estar o crime incluído entre aqueles pelos quais a lei brasileira autoriza a extradição;

→ *v.* Art. 54 e ss. da Lei 13.445/2017.

→ *v.* Art. 338 do CP.

d) não ter sido o agente absolvido no estrangeiro ou não ter aí cumprido a pena;

e) não ter sido o agente perdoado no estrangeiro ou, por outro motivo, não estar extinta a punibilidade, segundo a lei mais favorável.

→ *v.* Art. 107 do CP.

§ 3º A lei brasileira aplica-se também ao crime cometido por estrangeiro contra brasileiro fora do Brasil, se, reunidas as condições previstas no parágrafo anterior:

a) não foi pedida ou foi negada a extradição;

b) houve requisição do Ministro da Justiça.

→ *v.* Arts. 22, XV, 49, I, 84, VIII, e 102, I, *g*, da CF/1988.

→ *v.* Art. 81 e ss. da Lei 13.445/2017.

Pena cumprida no estrangeiro

Art. 8º A pena cumprida no estrangeiro atenua a pena imposta no Brasil pelo mesmo crime, quando diversas, ou nela é computada, quando idênticas.

Eficácia de sentença estrangeira

Art. 9º A sentença estrangeira, quando a aplicação da lei brasileira produz na espécie as mesmas consequências, pode ser homologada no Brasil para:

→ *v.* Art. 105, I, *i*, da CF/1988.

→ *v.* Arts. 787 a 790 do CPP.

→ *v.* Arts. 515, VI e 516, III, do CPC/2015.

I – obrigar o condenado à reparação do dano, a restituições e a outros efeitos civis;

II – sujeitá-lo a medida de segurança.

→ *v.* Art. 97 do CP.

→ *v.* Art. 8º da Lei 9.613/1998.

Parágrafo único. A homologação depende:

a) para os efeitos previstos no inciso I, de pedido da parte interessada;

b) para os outros efeitos, da existência de tratado de extradição com o país de cuja autoridade judiciária emanou a sentença, ou, na falta de tratado, de requisição do Ministro da Justiça.

Contagem de prazo

Art. 10. O dia do começo inclui-se no cômputo do prazo. Contam-se os dias, os meses e os anos pelo calendário comum.

→ *V.* Art. 798, § 1º, do CPP.

Frações não computáveis da pena

Art. 11. Desprezam-se, nas penas privativas de liberdade e nas restritivas de direitos, as frações de dia, e, na pena de multa, as frações de cruzeiro.

Legislação especial

Art. 12. As regras gerais deste Código aplicam-se aos fatos incriminados por lei especial, se esta não dispuser de modo diverso.

→ *V.* Súmula 171 do STJ.

Título II
Do crime

Relação de causalidade

Art. 13. O resultado, de que depende a existência do crime, somente é imputável a quem lhe deu causa. Considera-se causa a ação ou omissão sem a qual o resultado não teria ocorrido.

Superveniência de causa independente

§ 1º A superveniência de causa relativamente independente exclui a imputação quando, por si só, produziu o resultado; os fatos anteriores, entretanto, imputam-se a quem os praticou.

Relevância da omissão

§ 2º A omissão é penalmente relevante quando o omitente devia e podia agir para evitar o resultado. O dever de agir incumbe a quem:

→ *V.* Arts. 1.566, IV e 1.634 do CC.

→ *V.* Art. 135 do CP.

a) tenha por lei obrigação de cuidado, proteção ou vigilância;

b) de outra forma, assumiu a responsabilidade de impedir o resultado;

c) com seu comportamento anterior, criou o risco da ocorrência do resultado.

Art. 14. Diz-se o crime:

→ *V.* Súmula 145 do STF.

Crime consumado

I – consumado, quando nele se reúnem todos os elementos de sua definição legal;

→ *V.* Súmula Vinculante 24 do STF.

→ *V.* Art. 111, I, do CP.

Tentativa

II – tentado, quando, iniciada a execução, não se consuma por circunstâncias alheias à vontade do agente.

→ *V.* Arts. 31, 122 e 352 do CP.

→ *V.* Art. 4º do Dec.-lei 3.688/1941.

→ *V.* Súmula 567 do STJ.

Pena de tentativa

Parágrafo único. Salvo disposição em contrário, pune-se a tentativa com a pena correspondente ao crime consumado, diminuída de 1 (um) a 2/3 (dois terços).

Desistência voluntária e arrependimento eficaz

Art. 15. O agente que, voluntariamente, desiste de prosseguir na execução ou impede que o resultado se produza, só responde pelos atos já praticados.

Arrependimento posterior

Art. 16. Nos crimes cometidos sem violência ou grave ameaça à pessoa, reparado o dano ou restituída a coisa, até o recebimento da denúncia ou da queixa, por ato voluntário do agente, a pena será reduzida de 1 (um) a 2/3 (dois terços).

→ *V.* Súmulas 246 e 554 do STF.

→ *V.* Arts. 65, III, *b*, 168-A, § 2º, 312, § 3º, do CP.

→ *V.* Art. 74, parágrafo único, da Lei 9.099/1995.

Crime impossível

Art. 17. Não se pune a tentativa quando, por ineficácia absoluta do meio ou por absoluta impropriedade do objeto, é impossível consumar-se o crime.

→ *V.* Súmula 145 do STF.

→ *V.* Súmula 567 do STJ.

Art. 18. Diz-se o crime:

Crime doloso

I – doloso, quando o agente quis o resultado ou assumiu o risco de produzi-lo;

→ *V.* Art. 5º, XXXVIII, da CF/1988.

→ *V.* Art. 3º do Dec.-lei 3.688/1941.

Crime culposo

II – culposo, quando o agente deu causa ao resultado por imprudência, negligência ou imperícia.

Parágrafo único. Salvo os casos expressos em lei, ninguém pode ser punido por fato previsto como crime, senão quando o pratica dolosamente.

Agravação pelo resultado

Art. 19. Pelo resultado que agrava especialmente a pena, só responde o agente que o houver causado ao menos culposamente.

Erro sobre elementos do tipo

Art. 20. O erro sobre elemento constitutivo do tipo legal de crime exclui o dolo, mas permite a punição por crime culposo, se previsto em lei.

Descriminantes putativas

§ 1º É isento de pena quem, por erro plenamente justificado pelas circunstâncias, supõe situação de fato que, se existisse, tornaria a ação legítima. Não há isenção de pena quando o erro deriva de culpa e o fato é punível como crime culposo.

Erro determinado por terceiro

§ 2º Responde pelo crime o terceiro que determina o erro.

Erro sobre a pessoa

§ 3º O erro quanto à pessoa contra a qual o crime é praticado não isenta de pena. Não se consideram, neste caso, as condições ou qualidades da vítima, senão as da pessoa contra quem o agente queria praticar o crime.

→ *v.* Arts. 73 e 74 do CP.

Erro sobre a ilicitude do fato

Art. 21. O desconhecimento da lei é inescusável. O erro sobre a ilicitude do fato, se inevitável, isenta de pena; se evitável, poderá diminuí-la de 1/6 (um sexto) a 1/3 (um terço).

→ *v.* Art. 65, II, do CP.

→ *v.* Art. 3º da LINDB.

Parágrafo único. Considera-se evitável o erro se o agente atua ou se omite sem a consciência da ilicitude do fato, quando lhe era possível, nas circunstâncias, ter ou atingir essa consciência.

Coação irresistível e obediência hierárquica

Art. 22. Se o fato é cometido sob coação irresistível ou em estrita obediência a ordem, não manifestamente ilegal, de superior hierárquico, só é punível o autor da coação ou da ordem.

→ *v.* Arts. 38, § 2º, e 163 do CPM.

→ *v.* Arts. 62, II, e 65, III, *c*, do CP.

Exclusão da ilicitude

→ *v.* Art. 1.210, § 1º, do CC.

→ *v.* Arts. 245, §§ 2º e 3º, e 292 do CPP.

Art. 23. Não há crime quando o agente pratica o fato:

→ *v.* Art. 188 do CC.

→ *v.* Arts. 386 e 415 do CPP.

I – em estado de necessidade;

II – em legítima defesa;

III – em estrito cumprimento de dever legal ou no exercício regular de direito.

→ *v.* Arts. 128, I e II, 142, I a III, 146, § 3º, I e II, do CP.

→ *v.* Art. 2º da Lei 8.501/1992.

Excesso punível

Parágrafo único. O agente, em qualquer das hipóteses deste artigo, responderá pelo excesso doloso ou culposo.

→ *v.* Arts. 292 e 474, § 3º, do CPP.

Estado de necessidade

Art. 24. Considera-se em estado de necessidade quem pratica o fato para salvar de perigo atual, que não provocou por sua vontade, nem podia de outro modo evitar, direito próprio ou alheio, cujo sacrifício, nas circunstâncias, não era razoável exigir-se.

§ 1º Não pode alegar estado de necessidade quem tinha o dever legal de enfrentar o perigo.

→ *v.* Art. 13, § 2º, do CP.

§ 2º Embora seja razoável exigir-se o sacrifício do direito ameaçado, a pena poderá ser reduzida de 1 (um) a 2/3 (dois terços).

Legítima defesa

Art. 25. Entende-se em legítima defesa quem, usando moderadamente dos meios necessários, repele injusta agressão, atual ou iminente, a direito seu ou de outrem.

Título III
Da imputabilidade penal

Inimputáveis

Art. 26. É isento de pena o agente que, por doença mental ou desenvolvimento mental incompleto ou retardado, era, ao tempo da ação ou da omissão, inteiramente incapaz de entender o caráter ilícito do fato ou de determinar-se de acordo com esse entendimento.

→ *v.* Arts. 96 a 99 do CP.

→ *v.* Art. 319, VII, do CPP.

Redução de pena

Parágrafo único. A pena pode ser reduzida de 1 (um) a 2/3 (dois terços), se o agente, em virtude de perturbação de saúde mental ou por desenvolvimento mental incompleto ou retardado, não era inteiramente capaz de entender o caráter ilícito do fato ou de determinar-se de acordo com esse entendimento.

→ *v.* Arts. 41, 96 e 97 do CP.

→ *v.* Art. 149 a 154 do CPP.

→ *v.* Art. 56 da Lei 6.001/1973.

Menores de dezoito anos

Art. 27. Os menores de 18 (dezoito) anos são penalmente inimputáveis, ficando sujeitos às normas estabelecidas na legislação especial.

→ *v.* Art. 228 da CF/1988.

→ *v.* Art. 5º do CC.

→ *v.* Arts. 65, I, e 115 do CP.

→ *v.* Lei 8.069/1990 – Estatuto da Criança e do Adolescente.

Emoção e paixão

Art. 28. Não excluem a imputabilidade penal:

I – a emoção ou a paixão;

→ *v.* Arts. 65, III, *c*, 121, § 1º, e 129, § 4º, do CP.

Embriaguez

II – a embriaguez, voluntária ou culposa, pelo álcool ou substância de efeitos análogos.

→ *v.* Art. 306 do CTB.

§ 1º É isento de pena o agente que, por embriaguez completa, proveniente de caso fortuito ou força maior, era, ao tempo da ação ou da omissão, inteiramente incapaz de entender o caráter ilícito do fato ou de determinar-se de acordo com esse entendimento.

→ *v.* Arts. 26, 61, II, *l*, e 96 do CP.

§ 2º A pena pode ser reduzida de 1 (um) a 2/3 (dois terços), se o agente, por embriaguez, proveniente de caso fortuito ou força maior, não possuía, ao tempo da ação ou da omissão, a plena capacidade de entender o caráter ilícito do fato ou de determinar-se de acordo com esse entendimento.

Título IV
Do concurso de pessoas

Art. 29. Quem, de qualquer modo, concorre para o crime incide nas penas a este cominadas, na medida de sua culpabilidade.

→ *v.* Art. 106, I, do CP.

→ *v.* Arts. 77, I, 270 e 580 do CPP.

→ *v.* Art. 75 do CDC.

→ *v.* Lei 9.263/1996 – Lei do planejamento familiar (Art. 226, § 7º, da CF/1988).

§ 1º Se a participação for de menor importância, a pena pode ser diminuída de 1/6 (um sexto) a 1/3 (um terço).

§ 2º Se algum dos concorrentes quis participar de crime menos grave, ser-lhe-á aplicada a pena deste; essa pena será aumentada até a 1/2 (metade), na hipótese de ter sido previsível o resultado mais grave.

Circunstâncias incomunicáveis

Art. 30. Não se comunicam as circunstâncias e as condições de caráter pessoal, salvo quando elementares do crime.

→ *v.* Súmula 245 do STF.

Casos de impunibilidade

Art. 31. O ajuste, a determinação ou instigação e o auxílio, salvo disposição expressa em contrário, não são puníveis, se o crime não chega, pelo menos, a ser tentado.

→ *v.* Arts. 14, II, 122, 286, 288 e 291 do CP.

→ *v.* Art. 15, § 2º, da Lei 7.170/1983.

Título V
Das penas

→ *v.* Súmula 611 do STF.

→ *v.* Art. 121, § 5º, do CP.

→ *v.* Arts. 10 e 22 da Lei 7.210/1984.

→ *v.* Art. 5º, item 6, da Convenção Americana de Direitos Humanos.

Capítulo I
DAS ESPÉCIES DE PENA

Art. 32. As penas são:

→ *v.* Art. 5º, XXXIX, XLV a XLIX, da CF/1988.

→ *v.* Art. 101 do ECA.

→ *v.* Art. 21 da Lei 9.605/1998.

→ *v.* Art. 57 da Lei 6.001/1973.

I – privativas de liberdade;

→ *v.* Art. 33 do CP.

→ *v.* Art. 6º do Dec.-lei 3.688/1941.

II – restritivas de direitos;

→ *v.* Art. 43 do CP.

→ *v.* Arts. 7º, 8º e 22 da Lei 9.605/1998.

III – de multa.

→ *v.* Art. 49 do CP.

→ *v.* Art. 76 da Lei 9.099/1995.

Seção I
Das penas privativas de liberdade
Reclusão e detenção

Art. 33. A pena de reclusão deve ser cumprida em regime fechado, semiaberto ou aberto. A de detenção, em regime semiaberto, ou aberto, salvo necessidade de transferência a regime fechado.

→ *v.* Art. 1º, § 2º, da Lei 9.455/1997.

→ *v.* Art. 110 da Lei 7.210/1984.

§ 1º Considera-se:

a) regime fechado a execução da pena em estabelecimento de segurança máxima ou média;

b) regime semiaberto a execução da pena em colônia agrícola, industrial ou estabelecimento similar;

→ *v.* Art. 56, parágrafo único da Lei 6.001/1973.

c) regime aberto a execução da pena em casa de albergado ou estabelecimento adequado.

§ 2º As penas privativas de liberdade deverão ser executadas em forma progressiva, segundo o mérito do condenado, observados os seguintes critérios e ressalvadas as hipóteses de transferência a regime mais rigoroso:

→ *v.* Súmulas 716 a 718 do STF.

→ *v.* Súmulas 192, 269 e 440 e 562 do STJ.

→ *v.* Arts. 6º a 8º, 50, 111 e 112 da Lei 7.210/1984.

→ *v.* Art. 2º, §§ 1º e 2º, da Lei 8.072/1990.

→ *v.* Recursos repetitivos: tese 917

a) o condenado a pena superior a 8 (oito) anos deverá começar a cumpri-la em regime fechado;

b) o condenado não reincidente, cuja pena seja superior a 4 (quatro) anos e não exceda a 8 (oito), poderá, desde o princípio, cumpri-la em regime semiaberto;

c) o condenado não reincidente, cuja pena seja igual ou inferior a 4 (quatro) anos, poderá, desde o início, cumpri-la em regime aberto.

→ Súmula 719 do STF.

§ 3º A determinação do regime inicial de cumprimento da pena far-se-á com observância dos critérios previstos no art. 59 deste Código.

→ *v.* Súmula Vinculante 26 do STF.

→ *v.* Súmula 440 do STJ.

→ *v.* Art. 2º da Lei 8.072/1990.

§ 4º O condenado por crime contra a administração pública terá a progressão de regime do cumprimento da pena condicionada à reparação do dano que causou, ou à devolução do produto do ilícito praticado, com os acréscimos legais.

→ § 4º acrescentado pela Lei 10.763/2003.

Regras do regime fechado

→ *v.* Arts. 1º, III, e 5º, XLVII, da CF/1988.

→ *v.* Arts. 6º a 8º 44, parágrafo único, 52, 86, 87, 88 e 102 da Lei 7.210/1984.

Art. 34. O condenado será submetido, no início do cumprimento da pena, a exame criminológico de classificação para individualização da execução.

→ *v.* Arts. 39, V, 50, VI, e 200 da Lei 7.210/1984.

§ 1º O condenado fica sujeito a trabalho no período diurno e a isolamento durante o repouso noturno.

§ 2º O trabalho será em comum dentro do estabelecimento, na conformidade das aptidões ou ocupações anteriores do condenado, desde que compatíveis com a execução da pena.

§ 3º O trabalho externo é admissível, no regime fechado, em serviços ou obras públicas.

→ *v.* Arts. 36, 37, 120, da Lei 7.210/1984.

Regras do regime semiaberto

→ *v.* Súmula 520 do STJ.

→ *v.* Recursos Repetitivos: tese 445 do STJ.

→ *v.* Arts. 91 e 92 da Lei 7.210/1984.

Art. 35. Aplica-se a norma do art. 34 deste Código, *caput*, ao condenado que inicie o cumprimento da pena em regime semiaberto.

→ *v.* Art. 8º, parágrafo único, da Lei 7.210/1984.

§ 1º O condenado fica sujeito a trabalho em comum durante o período diurno, em colônia agrícola, industrial ou estabelecimento similar.

§ 2º O trabalho externo é admissível, bem como a frequência a cursos supletivos profissionalizantes, de instrução de segundo grau ou superior.

→ v. Súmula 40 do STJ.

→ v. Arts. 114, 122, II, e 123 da Lei 7.210/1984.

Regras do regime aberto

→ v. Arts. 93 a 95 e 115 da Lei 7.210/1984.

Art. 36. O regime aberto baseia-se na autodisciplina e senso de responsabilidade do condenado.

§ 1º O condenado deverá, fora do estabelecimento e sem vigilância, trabalhar, frequentar curso ou exercer outra atividade autorizada, permanecendo recolhido durante o período noturno e nos dias de folga.

→ v. Arts. 118 e 146-B, da Lei 7.210/1984.

§ 2º O condenado será transferido do regime aberto, se praticar fato definido como crime doloso, se frustrar os fins da execução ou se, podendo, não pagar a multa cumulativamente aplicada.

Regime especial

Art. 37. As mulheres cumprem pena em estabelecimento próprio, observando-se os deveres e direitos inerentes à sua condição pessoal, bem como, no que couber, o disposto neste Capítulo.

→ v. Art. 5º, XLVIII, e L da CF/1988.

→ v. Arts. 14, § 3º, 82, § 1º, 83, § 2º, 88 e 89 da Lei 7.210/1984.

Direitos do preso

Art. 38. O preso conserva todos os direitos não atingidos pela perda da liberdade, impondo-se a todas as autoridades o respeito à sua integridade física e moral.

→ v. Art. 5º, XLIX, da CF/1988.

→ v. Arts. 40, 41, 86, § 3º, da Lei 7.210/1984.

→ v. Decreto 6.049/2007 – Regulamento Penitenciário Nacional.

Trabalho do preso

Art. 39. O trabalho do preso será sempre remunerado, sendo-lhe garantidos os benefícios da Previdência Social.

→ v. Arts. 5º, XLVII, *c*, 201, IV, da CF/1988.

→ v. Art. 80 da Lei 8.213/1991.

→ v. Art. 229 da Lei 8.112/1991.

→ v. Arts. 2º, parágrafo único, 31, 35, 39, V, 51, III, 126, 127, da Lei 7.210/1984.

→ v. Arts. 116 a 119 do Decreto 3.048/1999.

Legislação especial

Art. 40. A legislação especial regulará a matéria prevista nos arts. 38 e 39 deste Código, bem como especificará os deveres e direitos do preso, os critérios para revogação e transferência dos regimes e estabelecerá as infrações disciplinares e correspondentes sanções.

→ v. Lei 7.210/1984 – Lei de Execução Penal.

Superveniência de doença mental

Art. 41. O condenado a quem sobrevém doença mental deve ser recolhido a hospital de custódia e tratamento psiquiátrico ou, à falta, a outro estabelecimento adequado.

→ v. Arts. 96 a 99 do CP.

→ v. Lei 10.216/2001 – Proteção e os direitos das pessoas portadoras de transtornos mentais.

→ v. Arts. 10, 108, 171 a 179 e 183 da Lei 7.210/1984.

Detração

Art. 42. Computam-se, na pena privativa de liberdade e na medida de segurança, o tempo de prisão provisória, no Brasil ou no estrangeiro, o de prisão administrativa e o de internação em qualquer dos estabelecimentos referidos no artigo anterior.

→ v. Art. 8º do CP.

→ v. Art. 319 do CPP.

→ v. Arts. 66, III, *c*, e 111 da Lei 7.210/1984.

→ v. Art. 96, II da Lei 13.445/2017.

Seção II

Das penas restritivas de direitos

Penas restritivas de direitos

→ v. Art. 5º, XLVI, da CF/1988.

→ v. Art. 55 do CP.

→ v. Art. 28 da Lei 11.343/2006.

→ v. Art. 292 do CTB.

Art. 43. As penas restritivas de direitos são:

→ Artigo com redação alterada pela Lei 9.714/1998.

I – prestação pecuniária;

II – perda de bens e valores;

III – *(Vetado)*;

IV – prestação de serviço à comunidade ou a entidades públicas;

V – interdição temporária de direitos;

VI – limitação de fim de semana.

Art. 44. As penas restritivas de direitos são autônomas e substituem as privativas de liberdade, quando:

→ Artigo com redação alterada pela Lei 9.714/1998.

→ *v.* Súmula 493 do STJ.

→ *v.* Recurso repetitivo: tese 20.

→ *v.* Art. 78 do CDC.

I – aplicada pena privativa de liberdade não superior a 4 (quatro) anos e o crime não for cometido com violência ou grave ameaça à pessoa ou, qualquer que seja a pena aplicada, se o crime for culposo;

→ *v.* Art. 17 da Lei 11.340/2006.

II – o réu não for reincidente em crime doloso;

III – a culpabilidade, os antecedentes, a conduta social e a personalidade do condenado, bem como os motivos e as circunstâncias indicarem que essa substituição seja suficiente.

→ *v.* Art. 59 do CP.

→ *v.* Art. 180 da Lei 7.210/1984.

§ 1º *(Vetado).*

§ 2º Na condenação igual ou inferior a 1 (um) ano, a substituição pode ser feita por multa ou por uma pena restritiva de direitos; se superior a 1 (um) ano, a pena privativa de liberdade pode ser substituída por uma pena restritiva de direitos e multa ou por duas restritivas de direitos.

→ *v.* Art. 60, § 2º do CP.

→ *v.* Art. 7º, I, da Lei 9.605/1998.

§ 3º Se o condenado for reincidente, o juiz poderá aplicar a substituição, desde que, em face de condenação anterior, a medida seja socialmente recomendável e a reincidência não se tenha operado em virtude da prática do mesmo crime.

§ 4º A pena restritiva de direitos converte-se em privativa de liberdade quando ocorrer o descumprimento injustificado da restrição imposta. No cálculo da pena privativa de liberdade a executar será deduzido o tempo cumprido da pena restritiva de direitos, respeitado o saldo mínimo de 30 (trinta) dias de detenção ou reclusão.

→ *v.* Arts.148 e 181, § 1º, da Lei 7.210/1984.

§ 5º Sobrevindo condenação a pena privativa de liberdade, por outro crime, o juiz da execução penal decidirá sobre a conversão, podendo deixar de aplicá-la se for possível ao condenado cumprir a pena substitutiva anterior.

Conversão das penas restritivas de direitos

Art. 45. Na aplicação da substituição prevista no artigo anterior, proceder-se-á na forma deste e dos arts. 46, 47 e 48.

→ Artigo com redação alterada pela Lei 9.714/1998.

§ 1º A prestação pecuniária consiste no pagamento em dinheiro à vítima, a seus dependentes ou a entidade pública ou privada com destinação social, de importância fixada pelo juiz, não inferior a 1 (um) salário mínimo nem superior a 360 (trezentos e sessenta) salários mínimos. O valor pago será deduzido do montante de eventual condenação em ação de reparação civil, se coincidentes os beneficiários.

→ *v.* LC 79/1994 – Fundo Penitenciário Nacional – FUNPEN.

§ 2º No caso do parágrafo anterior, se houver aceitação do beneficiário, a prestação pecuniária pode consistir em prestação de outra natureza.

§ 3º A perda de bens e valores pertencentes aos condenados dar-se-á, ressalvada a legislação especial, em favor do Fundo Penitenciário Nacional, e seu valor terá como teto – o que for maior – o montante do prejuízo causado ou do provento obtido pelo agente ou por terceiro, em consequência da prática do crime.

→ *v.* Art. 5º, XLVI, *b*, da CF/1988.

→ *v.* Art. 91, II, *a* e *b* do CP.

§ 4º *(Vetado).*

Prestação de serviços à comunidade ou a entidades públicas

Art. 46. A prestação de serviços à comunidade ou a entidades públicas é aplicável às condenações superiores a 6 (seis) meses de privação da liberdade.

→ Artigo com redação alterada pela Lei 9.714/1998.

→ *v.* Art. 28, II, da Lei 11.343/2006.

→ *v.* Art. 9º da Lei 9.605/1998.

§ 1º A prestação de serviços à comunidade ou a entidades públicas consiste na atribuição de tarefas gratuitas ao condenado.

→ *v.* Art. 30 da Lei 7.210/1984.

§ 2º A prestação de serviço à comunidade dar-se-á em entidades assistenciais, hospitais, escolas, orfanatos e outros estabelecimentos congêneres, em programas comunitários ou estatais.

§ 3º As tarefas a que se refere o § 1º serão atribuídas conforme as aptidões do condenado, devendo ser cumpridas à razão de 1 (uma) hora de tarefa por dia de condenação, fixadas de modo a não prejudicar a jornada normal de trabalho.

→ *v.* Art. 10 do CP.

→ *V.* Arts. 148 a 150 da Lei 7.210/1984.

§ 4º Se a pena substituída for superior a 1 (um) ano, é facultado ao condenado cumprir a pena substitutiva em menor tempo (art. 55), nunca inferior à 1/2 (metade) da pena privativa de liberdade fixada.

→ *V.* Arts. 117, V, e 112, I, do CP.

Interdição temporária de direitos

→ *V.* Arts. 8º e 22 da Lei 9.605/1998.

Art. 47. As penas de interdição temporária de direitos são:

→ *V.* Art. 10 da Lei 9.605/1998.

I – proibição do exercício de cargo, função ou atividade pública, bem como de mandato eletivo;

→ *V.* Art. 56 do CP.

→ *V.* Arts. 154, § 1º e 155 da Lei 7.210/1984.

II – proibição do exercício de profissão, atividade ou ofício que dependam de habilitação especial, de licença ou autorização do poder público;

→ *V.* Art. 56 do CP.

→ *V.* Arts. 154, § 2º e 155 da Lei 7.210/1984.

III – suspensão de autorização ou de habilitação para dirigir veículo;

→ *V.* Arts. 292 e 293 do CTB.

→ *V.* Arts. 154, § 2º e 155 da Lei 7.210/1984.

IV – proibição de frequentar determinados lugares.

→ Inciso IV acrescentado pela Lei 9.714/1998.

→ *V.* Art. 132, § 2º, *c*, da Lei 7.210/1984.

V – proibição de inscrever-se em concurso, avaliação ou exame públicos.

→ Inciso V acrescentado pela Lei 12.550/2011.

→ *V.* Art. 311-A do CP.

Limitação de fim de semana

Art. 48. A limitação de fim de semana consiste na obrigação de permanecer, aos sábados e domingos, por 5 (cinco) horas diárias, em casa de albergado ou outro estabelecimento adequado.

→ *V.* Art. 120 do ECA.

→ *V.* Arts. 93 a 95 da Lei 7.210/1984.

Parágrafo único. Durante a permanência poderão ser ministrados ao condenado cursos e palestras ou atribuídas atividades educativas.

→ *V.* Art. 152 da Lei 7.210/1984.

Seção III
Da pena de multa

Multa

Art. 49. A pena de multa consiste no pagamento ao fundo penitenciário da quantia fixada na sentença e calculada em dias-multa. Será, no mínimo, de 10 (dez) e, no máximo, de 360 (trezentos e sessenta) dias-multa.

→ *V.* Súmula 171 do STJ.

→ *V.* Arts. 5º, XLV, e 7º, IV, da CF/1988.

→ *V.* Art. 51 do CP.

§ 1º O valor do dia-multa será fixado pelo juiz não podendo ser inferior a um trigésimo do maior salário mínimo mensal vigente ao tempo do fato, nem superior a 5 (cinco) vezes esse salário.

§ 2º O valor da multa será atualizado, quando da execução, pelos índices de correção monetária.

→ *V.* Art. 18 da Lei 9.605/1998.

→ *V.* Art. 43 da Lei 11.343/2006.

→ *V.* Art. 33 da Lei 7.492/1986.

Pagamento da multa

Art. 50. A multa deve ser paga dentro de 10 (dez) dias depois de transitada em julgado a sentença. A requerimento do condenado e conforme as circunstâncias, o juiz pode permitir que o pagamento se realize em parcelas mensais.

→ *V.* Arts. 164 a 170 da Lei 7.210/1984.

§ 1º A cobrança da multa pode efetuar-se mediante desconto no vencimento ou salário do condenado quando:

a) aplicada isoladamente;

b) aplicada cumulativamente com pena restritiva de direitos;

c) concedida a suspensão condicional da pena.

§ 2º O desconto não deve incidir sobre os recursos indispensáveis ao sustento do condenado e de sua família.

Conversão da multa e revogação

Art. 51. Transitada em julgado a sentença condenatória, a multa será considerada dívida de valor, aplicando-se-lhe as normas da legislação relativa à dívida ativa da Fazenda Pública, inclusive no que concerne às causas interruptivas e suspensivas da prescrição.

→ Artigo com redação alterada pela Lei 9.268/1996.

→ v. Súmula 693 do STF.

→ v. Art. 114 do CP.

→ v. Arts. 515, VI e 516, III, do CPC/2015.

→ v. Art. 174, parágrafo único, do CTN.

→ v. Lei 6.830/1980 – Cobrança Judicial da Dívida Ativa da Fazenda Pública.

Modo de conversão

§ 1º (*Revogado pela Lei 9.268/1996*).

Revogação da conversão

§ 2º (*Revogado pela Lei 9.268/1996*).

Suspensão da execução da multa

Art. 52. É suspensa a execução da pena de multa, se sobrevém ao condenado doença mental.

→ v. Art. 114 do CP.

→ v. Art. 167 da Lei 7.210/1984.

Capítulo II
DA COMINAÇÃO DAS PENAS

Penas privativas de liberdade

Art. 53. As penas privativas de liberdade têm seus limites estabelecidos na sanção correspondente a cada tipo legal de crime.

Penas restritivas de direitos

Art. 54. As penas restritivas de direitos são aplicáveis, independentemente de cominação na parte especial, em substituição à pena privativa de liberdade, fixada em quantidade inferior a 1 (um) ano, ou nos crimes culposos.

→ v. Arts. 44 e 59, IV, do CP.

Art. 55. As penas restritivas de direitos referidas nos incisos III, IV, V e VI do art. 43 terão a mesma duração da pena privativa de liberdade substituída, ressalvado o disposto no § 4º do art. 46.

→ Artigo com redação alterada pela Lei 9.714/1998.

→ Referido inciso III do art. 43 foi vetado.

Art. 56. As penas de interdição, previstas nos incisos I e II do art. 47 deste Código, aplicam-se para todo o crime cometido no exercício de profissão, atividade, ofício, cargo ou função, sempre que houver violação dos deveres que lhes são inerentes.

Art. 57. A pena de interdição, prevista no inciso III do art. 47 deste Código, aplica-se aos crimes culposos de trânsito.

→ v. Lei 9.503/1997 – Código de Trânsito Brasileiro.

Pena de multa

Art. 58. A multa, prevista em cada tipo legal de crime, tem os limites fixados no art. 49 e seus parágrafos deste Código.

→ v. Art. 44 do CP.

Parágrafo único. A multa prevista no parágrafo único do art. 44 e no § 2º do art. 60 deste Código aplica-se independentemente de cominação na parte especial.

→ v. Súmula 693 do STF.

→ v. Súmula 171 do STJ.

→ v. Art. 44, § 2º, do CP.

Capítulo III
DA APLICAÇÃO DA PENA

Fixação da pena

Art. 59. O juiz, atendendo à culpabilidade, aos antecedentes, à conduta social, à personalidade do agente, aos motivos, às circunstâncias e consequências do crime, bem como ao comportamento da vítima, estabelecerá, conforme seja necessário e suficiente para reprovação e prevenção do crime:

→ v. Súmula Vinculante 26 do STF.

→ v. Súmulas 718 e 719 do STF.

→ v. Súmulas 231, 241, 269, 440 e 444 do STJ.

→ v. Arts. 5º, XLVI, e 93, IX, da CF/1988.

→ v. Arts. 22 e 27 do CP.

→ v. Art. 42 da Lei 11.343/2006.

→ v. Art. 6º da Lei 9.605/1998.

→ v. Arts. 5º, 9º, 106, IV, 114, II, e 180, III, da Lei 7.210/1984.

I – as penas aplicáveis dentre as cominadas;

II – a quantidade de pena aplicável, dentro dos limites previstos;

III – o regime inicial de cumprimento da pena privativa de liberdade;

→ v. Art. 33, § 3º, do CP.

→ v. Art. 2º, § 1º, da Lei 8.072/1990.

IV – a substituição da pena privativa da liberdade aplicada, por outra espécie de pena, se cabível.

→ v. Art. 68 do CP.

Critérios especiais da pena de multa

Art. 60. Na fixação da pena de multa o juiz deve atender, principalmente, à situação econômica do réu.

→ v. Art. 49 do CP.

→ v. Art. 18 da Lei 9.605/1998.

§ 1º A multa pode ser aumentada até o triplo, se o juiz considerar que, em virtude da situação econômica do réu, é ineficaz, embora aplicada no máximo.

Multa substitutiva

§ 2º A pena privativa de liberdade aplicada, não superior a 6 (seis) meses, pode ser substituída pela de multa, observados os critérios dos incisos II e III do art. 44 deste Código.

→ *v.* Súmula 171 do STJ.

Circunstâncias agravantes

→ *v.* Art. 59, II, do CP.
→ *v.* Art. 15 da Lei 9.605/1998.
→ *v.* Art. 4º da Lei 7.170/1983.

Art. 61. São circunstâncias que sempre agravam a pena, quando não constituem ou qualificam o crime:

→ *v.* Lei 13.239/2015 – Cirurgia plástica reparadora causadas por atos de violência contra a mulher pelo SUS.

I – a reincidência;

→ *v.* Art. 63 do CP.
→ *v.* Súmula 241 do STJ.

II – ter o agente cometido o crime:

a) por motivo fútil ou torpe;

→ *v.* Art. 121, § 2º, II, do CP.

b) para facilitar ou assegurar a execução, a ocultação, a impunidade ou vantagem de outro crime;

c) à traição, de emboscada, ou mediante dissimulação, ou outro recurso que dificultou ou tornou impossível a defesa do ofendido;

d) com emprego de veneno, fogo, explosivo, tortura ou outro meio insidioso ou cruel, ou de que podia resultar perigo comum;

→ *v.* Lei 9.455/1997 – Crimes de tortura.

e) contra ascendente, descendente, irmão ou cônjuge;

f) com abuso de autoridade ou prevalecendo-se de relações domésticas, de coabitação ou de hospitalidade, ou com violência contra a mulher na forma da lei específica;

→ Alínea f com redação alterada pela Lei 11.340/2006.

g) com abuso de poder ou violação de dever inerente a cargo, ofício, ministério ou profissão;

h) contra criança, maior de 60 (sessenta) anos, enfermo ou mulher grávida;

→ Alínea h com redação alterada pela Lei 10.741/2003.
→ *v.* Art. 27 do CP.
→ *v.* Art. 2º do ECA.
→ *v.* Art. 1º da Lei 10.741/2003.

i) quando o ofendido estava sob a imediata proteção da autoridade;

j) em ocasião de incêndio, naufrágio, inundação ou qualquer calamidade pública, ou de desgraça particular do ofendido;

l) em estado de embriaguez preordenada.

→ *v.* Art. 28, II, do CP.

Agravantes no caso de concurso de pessoas

→ *v.* Art. 29 do CP.

Art. 62. A pena será ainda agravada em relação ao agente que:

I – promove, ou organiza a cooperação no crime ou dirige a atividade dos demais agentes;

II – coage ou induz outrem à execução material do crime;

III – instiga ou determina a cometer o crime alguém sujeito à sua autoridade ou não punível em virtude de condição ou qualidade pessoal;

IV – executa o crime, ou nele participa, mediante paga ou promessa de recompensa.

→ *v.* Art. 121, § 2º, I, primeira parte, do CP.

Reincidência

Art. 63. Verifica-se a reincidência quando o agente comete novo crime, depois de transitar em julgado a sentença que, no País ou no estrangeiro, o tenha condenado por crime anterior.

→ v. Súmula 611 do STF.
→ *v.* Súmulas 220 e 241 do STJ.
→ *v.* Arts. 9º, 64, I, e 120 do CP.
→ *v.* Art. 15, I, da Lei 9.605/1998.
→ *v.* Art. 296 do CTB.
→ *v.* Art. 76, §§ 4º e 6º da Lei 9.099/1995.
→ *v.* Art. 7º do Dec.-lei 3.688/1941.

Art. 64. Para efeito de reincidência:

→ *v.* Arts. 33, § 2º, *b* e *c*, 44, II, § 3º, 60, § 2º, 67, 77, I, § 1º, 83, II e V, 81, I, § 1º, 86, I, 87, 95, 110, 117, VI, 155, § 2º, 171, § 1º, do CP.
→ *v.* Art. 313, II, do CPP.
→ *v.* Art. 59 da Lei 11.343/2006.
→ *v.* Arts. 76, § 2º, I e 89 da Lei 9.099/1995.
→ *v.* Art. 19, § 1º, do Dec.lei 3.688/1941.

I – não prevalece a condenação anterior, se entre a data do cumprimento ou extinção da pena e a infração posterior tiver decorrido período de tempo superior a 5 (cinco) anos, computado o período de prova da suspensão ou do livramento condicional, se não ocorrer revogação;

II – não se consideram os crimes militares próprios e políticos.

→ *V.* Lei 7.170/1983 – Crimes contra a segurança nacional e a ordem política e social.

→ *V.* Dec.-lei 1.001/1969 – Código Penal Militar.

Circunstâncias atenuantes

Art. 65. São circunstâncias que sempre atenuam a pena:

→ *V.* Súmula 231 do STJ.

→ *V.* Recursos repetitivos: tese 585 do STJ.

I – ser o agente menor de 21 (vinte e um), na data do fato, ou maior de 70 (setenta) anos, na data da sentença;

→ *V.* Arts. 4º e 115 do CP.

II – o desconhecimento da lei;

→ *V.* Art. 21 do CP.

→ *V.* Art. 8º do Dec.-lei 3.688/1941.

III – ter o agente:

a) cometido o crime por motivo de relevante valor social ou moral;

→ *V.* Arts. 121, § 1º, e 129, § 4º, do CP.

b) procurado, por sua espontânea vontade e com eficiência, logo após o crime, evitar-lhe ou minorar-lhe as consequências, ou ter, antes do julgamento, reparado o dano;

→ *V.* Arts. 15, 16, 312, § 3º, do CP.

c) cometido o crime sob coação a que podia resistir, ou em cumprimento de ordem de autoridade superior, ou sob a influência de violenta emoção, provocada por ato injusto da vítima;

→ *V.* Arts. 22, 121, § 1º e 129, § 4º, do CP.

d) confessado espontaneamente, perante a autoridade, a autoria do crime;

→ *V.* Art. 41 da Lei 11.343/2006.

→ *V.* Art. 1º, § 5º, da Lei 9.613/1998.

→ *V.* Art. 16, parágrafo único, da Lei 8.137/1990.

→ *V.* Art. 25, § 2º, da Lei 7.492/1986.

→ *V.* Súmula 630 do STJ.

e) cometido o crime sob a influência de multidão em tumulto, se não o provocou.

Art. 66. A pena poderá ser ainda atenuada em razão de circunstância relevante, anterior ou posterior ao crime, embora não prevista expressamente em lei.

Concurso de circunstâncias agravantes e atenuantes

Art. 67. No concurso de agravantes e atenuantes, a pena deve aproximar-se do limite indicado pelas circunstâncias preponderantes, entendendo-se como tais as que resultam dos motivos determinantes do crime, da personalidade do agente e da reincidência.

→ *V.* Art. 42 da Lei 11.343/2006.

Cálculo da pena

Art. 68. A pena-base será fixada atendendo-se ao critério do art. 59 deste Código; em seguida serão consideradas as circunstâncias atenuantes e agravantes; por último, as causas de diminuição e de aumento.

→ *V.* Súmulas 231 e 444 do STJ.

→ *V.* Recursos repetitivos: tese 190.

→ *V.* Arts. 14, parágrafo único, 16, 21, 26, parágrafo único, 29, § 1º, 70 e 71, *caput* e parágrafo único do CP.

Parágrafo único. No concurso de causas de aumento ou de diminuição previstas na parte especial, pode o juiz limitar-se a um só aumento ou a uma só diminuição, prevalecendo, todavia, a causa que mais aumente ou diminua.

Concurso material

Art. 69. Quando o agente, mediante mais de uma ação ou omissão, pratica dois ou mais crimes, idênticos ou não, aplicam-se cumulativamente as penas privativas de liberdade em que haja incorrido. No caso de aplicação cumulativa de penas de reclusão e de detenção, executa-se primeiro aquela.

→ *V.* Súmula 497 do STF.

→ *V.* Súmula 243 do STJ.

→ *V.* Arts. 44, 75, 77 e 119 do CP.

→ *V.* Art. 66, III, *a*, da Lei 7.210/1984.

§ 1º Na hipótese deste artigo, quando ao agente tiver sido aplicada pena privativa de liberdade, não suspensa, por um dos crimes, para os demais será incabível a substituição de que trata o art. 44 deste Código.

§ 2º Quando forem aplicadas penas restritivas de direitos, o condenado cumprirá simultaneamente as que forem compatíveis entre si e sucessivamente as demais.

Concurso formal

Art. 70. Quando o agente, mediante uma só ação ou omissão, pratica dois ou mais crimes, idênticos ou não, aplica-se-lhe a mais grave das penas cabíveis ou, se iguais, somente uma delas, mas aumentada, em qualquer caso, de 1/6 (um sexto) até 1/2 (metade). As penas aplicam-se, entretanto, cumulativamente, se a ação ou omissão é dolosa e os crimes concorrentes resultam de desígnios autônomos, consoante o disposto no artigo anterior.

→ *v.* Súmulas 17 e 243 do STJ.

→ *v.* Art. 119 do CP.

Parágrafo único. Não poderá a pena exceder a que seria cabível pela regra do art. 69 deste Código.

Crime continuado

Art. 71. Quando o agente, mediante mais de uma ação ou omissão, pratica dois ou mais crimes da mesma espécie e, pelas condições de tempo, lugar, maneira de execução e outras semelhantes, devem os subsequentes ser havidos como continuação do primeiro, aplica-se-lhe a pena de um só dos crimes, se idênticas, ou a mais grave, se diversas, aumentada, em qualquer caso, de 1/6 (um sexto) a 2/3 (dois terços).

→ *v.* Súmulas 497, 605 e 711 do STF.

→ *v.* Súmula 243 do STJ.

→ *v.* Art. 71 do CPP.

Parágrafo único. Nos crimes dolosos, contra vítimas diferentes, cometidos com violência ou grave ameaça à pessoa, poderá o juiz, considerando a culpabilidade, os antecedentes, a conduta social e a personalidade do agente, bem como os motivos e as circunstâncias, aumentar a pena de um só dos crimes, se idênticas, ou a mais grave, se diversas, até o triplo, observadas as regras do parágrafo único do art. 70 e do art. 75 deste Código.

→ *v.* Art. 18, I, do CP.

Multas no concurso de crimes

Art. 72. No concurso de crimes, as penas de multa são aplicadas distinta e integralmente.

→ *v.* Arts. 49 a 52 do CP.

Erro na execução

Art. 73. Quando, por acidente ou erro no uso dos meios de execução, o agente, ao invés de atingir a pessoa que pretendia ofender, atinge pessoa diversa, responde como se tivesse praticado o crime contra aquela, atendendo-se ao disposto no § 3º do art. 20 deste Código. No caso de ser também atingida a pessoa que o agente pretendia ofender, aplica-se a regra do art. 70 deste Código.

Resultado diverso do pretendido

Art. 74. Fora dos casos do artigo anterior, quando, por acidente ou erro na execução do crime, sobrevém resultado diverso do pretendido, o agente responde por culpa, se o fato é previsto como crime culposo; se ocorre também o resultado pretendido, aplica-se a regra do art. 70 deste Código.

Limite das penas

Art. 75. O tempo de cumprimento das penas privativas de liberdade não pode ser superior a 30 (trinta) anos.

→ *v.* Súmula 527 do STJ.

→ *v.* Art. 5º, XLVII, da CF/1988.

→ *v.* Arts. 49 e 97, § 1º, do CP.

§ 1º Quando o agente for condenado a penas privativas de liberdade cuja soma seja superior a 30 (trinta) anos, devem elas ser unificadas para atender ao limite máximo deste artigo.

→ *v.* Súmula 715 do STF.

→ *v.* Art. 10 do Dec.-lei 3.688/1941.

§ 2º Sobrevindo condenação por fato posterior ao início do cumprimento da pena, far-se-á nova unificação, desprezando-se, para esse fim, o período de pena já cumprido.

→ *v.* Art. 66, III, *a*, da Lei 7.210/1984.

Concurso de infrações

Art. 76. No concurso de infrações, executar-se-á primeiramente a pena mais grave.

Capítulo IV
DA SUSPENSÃO CONDICIONAL DA PENA

Requisitos da suspensão da pena

→ *v.* Art. 44 da Lei 11.343/2006.

→ *v.* Arts. 156 a 183 da Lei 7.210/1984.

→ *v.* Art. 11 do Dec.-lei 3.688/1941.

Art. 77. A execução da pena privativa de liberdade, não superior a 2 (dois) anos, poderá ser suspensa, por 2 (dois) a 4 (quatro) anos, desde que:

I – o condenado não seja reincidente em crime doloso;

II – a culpabilidade, os antecedentes, a conduta social e personalidade do agente, bem como os motivos e as circunstâncias autorizem a concessão do benefício;

→ *v.* Art. 59 do CP.

III – não seja indicada ou cabível a substituição prevista no art. 44 deste Código.

§ 1º A condenação anterior a pena de multa não impede a concessão do benefício.

→ *v.* Súmula 499 do STF.

→ *v.* Art. 63 do CP.

§ 2º A execução da pena privativa de liberdade, não superior a 4 (quatro) anos, poderá ser suspensa, por 4 (quatro) a 6 (seis) anos, desde que o condenado seja maior de 70 (setenta) anos de idade, ou razões de saúde justifiquem a suspensão.

→ § 2º com redação alterada pela Lei 9.714/1998.

→ *v.* Art. 16 da Lei 9.605/1998.

Art. 78. Durante o prazo da suspensão, o condenado ficará sujeito à observação e ao cumprimento das condições estabelecidas pelo juiz.

→ *v.* Arts. 33, § 3º e 59, III, do CP.

→ *v.* Art. 110 da Lei 7.210/1984.

§ 1º No primeiro ano do prazo, deverá o condenado prestar serviços à comunidade (art. 46) ou submeter-se à limitação de fim de semana (art. 48).

§ 2º Se o condenado houver reparado o dano, salvo impossibilidade de fazê-lo, e se as circunstâncias do art. 59 deste Código lhe forem inteiramente favoráveis, o juiz poderá substituir a exigência do parágrafo anterior pelas seguintes condições, aplicadas cumulativamente:

→ § 2º com redação alterada pela Lei 9.268/1996.

→ *v.* Art. 81, II, do CP.

→ *v.* Art. 17 da Lei 9.605/1998.

a) proibição de frequentar determinados lugares;

b) proibição de ausentar-se da comarca onde reside, sem autorização do juiz;

c) comparecimento pessoal e obrigatório a juízo, mensalmente, para informar e justificar suas atividades.

Art. 79. A sentença poderá especificar outras condições a que fica subordinada a suspensão, desde que adequadas ao fato e à situação pessoal do condenado.

→ *v.* Arts. 158, § 2º e 159, § 1º, da Lei 7.210/1984.

Art. 80. A suspensão não se estende às penas restritivas de direito nem à multa.

→ *v.* Art. 77 do CP.

Revogação obrigatória

Art. 81. A suspensão será revogada se, no curso do prazo, o beneficiário:

I – é condenado, em sentença irrecorrível, por crime doloso;

II – frustra, embora solvente, a execução de pena de multa ou não efetua, sem motivo justificado, a reparação do dano;

→ *v.* Arts. 51 e 77, § 1º, do CP.

→ *v.* Lei 6.830/1980 – Cobrança judicial da Dívida Ativa da Fazenda Pública.

III – descumpre a condição do § 1º do art. 78 deste Código.

→ *v.* Arts. 46 e 48 do CP.

→ *v.* Arts. 161 e 162 da Lei 7.210/1984.

Revogação facultativa

§ 1º A suspensão poderá ser revogada se o condenado descumpre qualquer outra condição imposta ou é irrecorrivelmente condenado, por crime culposo ou por contravenção, a pena privativa de liberdade ou restritiva de direitos.

→ *v.* Arts. 78, § 1º, e 79 do CP.

Prorrogação do período de prova

§ 2º Se o beneficiário está sendo processado por outro crime ou contravenção, considera-se prorrogado o prazo da suspensão até o julgamento definitivo.

§ 3º Quando facultativa a revogação, o juiz pode, ao invés de decretá-la, prorrogar o período de prova até o máximo, se este não foi o fixado.

Cumprimento das condições

Art. 82. Expirado o prazo sem que tenha havido revogação, considera-se extinta a pena privativa de liberdade.

Capítulo V
DO LIVRAMENTO CONDICIONAL

Requisitos do livramento condicional

→ v. Art. 712 do CPP.

→ v. Arts. 131 a 146 da Lei 7.210/1984.

→ v. Recursos repetitivos: tese 931.

Art. 83. O juiz poderá conceder livramento condicional ao condenado a pena privativa de liberdade igual ou superior a 2 (dois) anos, desde que:

I – cumprida mais de 1/3 (um terço) da pena se o condenado não for reincidente em crime doloso e tiver bons antecedentes;

II – cumprida mais da 1/2 (metade) se o condenado for reincidente em crime doloso;

→ v. Súmula 441 do STJ.

→ v. Recursos repetitivos: tese 709 do STJ.

III – comprovado comportamento satisfatório durante a execução da pena, bom desempenho no trabalho que lhe foi atribuído e aptidão para prover à própria subsistência mediante trabalho honesto;

IV – tenha reparado, salvo efetiva impossibilidade de fazê-lo, o dano causado pela infração;

V – cumpridos mais de dois terços da pena, nos casos de condenação por crime hediondo, prática de tortura, tráfico ilícito de entorpecentes e drogas afins, tráfico de pessoas e terrorismo, se o apenado não for reincidente específico em crimes dessa natureza.

→ Inciso V com redação alterada pela Lei 13.344/2016.

→ v. Lei 13.260/2016 (Lei Antiterrorismo).

→ v. Recursos repetitivos: tese 600 do STJ.

Parágrafo único. Para o condenado por crime doloso, cometido com violência ou grave ameaça à pessoa, a concessão do livramento ficará também subordinada à constatação de condições pessoais que façam presumir que o liberado não voltará a delinquir.

→ v. Art. 131 da Lei 7.210/1984.

Soma de penas

Art. 84. As penas que correspondem a infrações diversas devem somar-se para efeito do livramento.

Especificações das condições

Art. 85. A sentença especificará as condições a que fica subordinado o livramento.

→ v. Arts. 132, 137 e 144 da Lei 7.210/1984.

Revogação do livramento

Art. 86. Revoga-se o livramento, se o liberado vem a ser condenado a pena privativa de liberdade, em sentença irrecorrível:

→ v. Arts. 140, 143, 145 da Lei 7.210/1984.

I – por crime cometido durante a vigência do benefício;

→ v. Art. 145 da Lei 7.210/1984.

II – por crime anterior, observado o disposto no art. 84 deste Código.

Revogação facultativa

Art. 87. O juiz poderá, também, revogar o livramento, se o liberado deixar de cumprir qualquer das obrigações constantes da sentença, ou for irrecorrivelmente condenado, por crime ou contravenção, a pena que não seja privativa de liberdade.

→ v. Arts. 132 e 140, parágrafo único, da Lei 7.210/1984.

Efeitos da revogação

Art. 88. Revogado o livramento, não poderá ser novamente concedido, e, salvo quando a revogação resulta de condenação por outro crime anterior àquele benefício, não se desconta na pena o tempo em que esteve solto o condenado.

→ v. Arts. 141 e 142 da Lei 7.210/1984.

Extinção

Art. 89. O juiz não poderá declarar extinta a pena, enquanto não passar em julgado a sentença em processo a que responde o liberado, por crime cometido na vigência do livramento.

→ v. Art. 728 do CPP.

Art. 90. Se até o seu término o livramento não é revogado, considera-se extinta a pena privativa de liberdade.

Capítulo VI
DOS EFEITOS DA CONDENAÇÃO

Efeitos genéricos e específicos

Art. 91. São efeitos da condenação:

→ v. Arts. 60 a 64 da Lei 11.343/2006.

→ v. Art. 25 da Lei 10.826/2003.

I – tornar certa a obrigação de indenizar o dano causado pelo crime;

→ v. Arts. 929 e 930 do CC.

→ *v.* Arts. 63 a 68 e 387, IV, do CPP.

II – a perda em favor da União, ressalvado o direito do lesado ou de terceiro de boa-fé:

a) dos instrumentos do crime, desde que consistam em coisas cujo fabrico, alienação, uso, porte ou detenção constitua fato ilícito;

b) do produto do crime ou de qualquer bem ou valor que constitua proveito auferido pelo agente com a prática do fato criminoso.

→ *v.* Art. 243, paragrafo único, da CF/1988.

→ *v.* Arts. 125 a 144-A do CPP.

§ 1º Poderá ser decretada a perda de bens ou valores equivalentes ao produto ou proveito do crime quando estes não forem encontrados ou quando se localizarem no exterior.

→ § 1º acrescentado pela Lei 12.694/2012.

→ *v.* Art. 25 da Lei 9.605/1998.

§ 2º Na hipótese do § 1º, as medidas assecuratórias previstas na legislação processual poderão abranger bens ou valores equivalentes do investigado ou acusado para posterior decretação de perda.

→ § 2º acrescentado pela Lei 12.694/2012.

Art. 92. São também efeitos da condenação:

→ *v.* Art. 7º da Lei 9.613/1998.

I – a perda de cargo, função pública ou mandato eletivo:

→ Inciso I com redação alterada pela Lei 9.268/1996.

→ *v.* Art. 1º, § 5º, da Lei 9.455/1997.

→ *v.* Art. 16 da Lei 7.716/1989.

a) quando aplicada pena privativa de liberdade por tempo igual ou superior a 1 (um) ano, nos crimes praticados com abuso de poder ou violação de dever para com a administração pública;

b) quando for aplicada pena privativa de liberdade por tempo superior a 4 (quatro) anos nos demais casos;

II – a incapacidade para o exercício do poder familiar, da tutela ou da curatela nos crimes dolosos sujeitos à pena de reclusão cometidos contra outrem igualmente titular do mesmo poder familiar, contra filho, filha ou outro descendente ou contra tutelado ou curatelado;

→ Inciso II com redação alterada pela Lei 13.715/2018.

→ *v.* Art. 1.637, parágrafo único, do CC.

III – a inabilitação para dirigir veículo, quando utilizado como meio para a prática de crime doloso.

Parágrafo único. Os efeitos de que trata este artigo não são automáticos, devendo ser motivadamente declarados na sentença.

→ *v.* Art. 93, IX, da CF/1988.

Capítulo VII
DA REABILITAÇÃO

Reabilitação

Art. 93. A reabilitação alcança quaisquer penas aplicadas em sentença definitiva, assegurando ao condenado o sigilo dos registros sobre seu processo e condenação.

→ *v.* Art. 748 do CPP.

→ *v.* Art. 10 da Lei 7.210/1984.

Parágrafo único. A reabilitação poderá, também, atingir os efeitos da condenação, previstos no art. 92 deste Código, vedada reintegração na situação anterior, nos casos dos incisos I e II do mesmo artigo.

Art. 94. A reabilitação poderá ser requerida, decorridos 2 (dois) anos do dia em que for extinta, de qualquer modo, a pena ou terminar sua execução, computando-se o período de prova da suspensão e o do livramento condicional, se não sobrevier revogação, desde que o condenado:

→ *v.* Art. 744 do CPP.

I – tenha tido domicílio no País no prazo acima referido;

II – tenha dado, durante esse tempo, demonstração efetiva e constante de bom comportamento público e privado;

III – tenha ressarcido o dano causado pelo crime ou demonstre a absoluta impossibilidade de o fazer, até o dia do pedido, ou exiba documento que comprove a renúncia da vítima ou novação da dívida.

Parágrafo único. Negada a reabilitação, poderá ser requerida, a qualquer tempo, desde que o pedido seja instruído com novos elementos comprobatórios dos requisitos necessários.

Art. 95. A reabilitação será revogada, de ofício ou a requerimento do Ministério Público, se o reabilitado for condenado, como reincidente, por decisão definitiva, a pena que não seja de multa.

Título VI
Das medidas de segurança

Espécies de medidas de segurança

Art. 96. As medidas de segurança são:

→ *v.* Art. 26 do CP.

→ *v.* Arts. 99 a 101 da Lei 7.210/1984.

I – internação em hospital de custódia e tratamento psiquiátrico ou, à falta, em outro estabelecimento adequado;

II – sujeição a tratamento ambulatorial.

Parágrafo único. Extinta a punibilidade, não se impõe medida de segurança nem subsiste a que tenha sido imposta.

→ *v.* Art. 107 do CP.

Imposição da medida de segurança para inimputável

→ *v.* Art. 386, parágrafo único, III, do CPP.

Art. 97. Se o agente for inimputável, o juiz determinará sua internação (art. 26). Se, todavia, o fato previsto como crime for punível com detenção, poderá o juiz submetê-lo a tratamento ambulatorial.

→ *v.* Arts. 41 e 42 do CP.

→ *v.* Arts. 171 a 179 da Lei 7.210/1984.

Prazo

§ 1º A internação, ou tratamento ambulatorial, será por tempo indeterminado, perdurando enquanto não for averiguada, mediante perícia médica, a cessação de periculosidade. O prazo mínimo deverá ser de 1 (um) a 3 (três) anos.

→ *v.* Súmula 527 do STJ.

→ *v.* Arts. 42 e 75 do CP.

→ *v.* Art. 183 da Lei 7.210/1984.

Perícia médica

§ 2º A perícia médica realizar-se-á ao termo do prazo mínimo fixado e deverá ser repetida de ano em ano, ou a qualquer tempo, se o determinar o juiz da execução.

→ *v.* Arts. 43, 175 e 176 da Lei 7.210/1984.

Desinternação ou liberação condicional

§ 3º A desinternação, ou a liberação, será sempre condicional, devendo ser restabelecida a situação anterior se o agente, antes do decurso de 1 (um) ano, pratica fato indicativo de persistência de sua periculosidade.

→ *v.* Arts. 26, I, e 178 da Lei 7.210/1984.

§ 4º Em qualquer fase do tratamento ambulatorial, poderá o juiz determinar a internação do agente, se essa providência for necessária para fins curativos.

→ *v.* Art. 41 do CP.

→ *v.* Art. 682, § 2º, do CPP.

→ *v.* Arts. 104, 184 da Lei 7.210/1984.

Substituição da pena por medida de segurança para o semi-imputável

Art. 98. Na hipótese do parágrafo único do art. 26 deste Código e necessitando o condenado de especial tratamento curativo, a pena privativa de liberdade pode ser substituída pela internação, ou tratamento ambulatorial, pelo prazo mínimo de 1 (um) a 3 (três) anos, nos termos do artigo anterior e respectivos §§ 1º a 4º.

→ *v.* Súmula 525 do STF.

→ *v.* Art. 45, parágrafo único, da Lei 11.343/2006.

Direitos do internado

Art. 99. O internado será recolhido a estabelecimento dotado de características hospitalares e será submetido a tratamento.

Título VII
Da ação penal

Ação pública e de iniciativa privada

Art. 100. A ação penal é pública, salvo quando a lei expressamente a declara privativa do ofendido.

→ *v.* Súmula 608 do STF.

→ *v.* Art. 5º, XXXV, da CF/1988.

→ *v.* Arts. 42 e 576 do CPP.

→ *v.* Art. 76 da Lei 9.099/1995.

§ 1º A ação pública é promovida pelo Ministério Público, dependendo, quando a lei o exige, de representação do ofendido ou de requisição do Ministro da Justiça.

→ *v.* Súmula 608 do STF.

→ *v.* Arts. 5º, 129, I, da CF/1988.

→ *v.* Arts. 7º, § 3º, *b*, e 145, parágrafo único, do CP.

→ *v.* Arts. 5º, § 4º, 24, 584, § 1º, e 598 do CPP.

→ *v.* Art. 25, III, da Lei 8.625/1993.

§ 2º A ação de iniciativa privada é promovida mediante queixa do ofendido ou de quem tenha qualidade para representá-lo.

→ *v.* Arts. 30 e 33 do CPP.

§ 3º A ação de iniciativa privada pode intentar-se nos crimes de ação pública, se o Ministério Público não oferece denúncia no prazo legal.

→ *V.* Art. 5º, LIX, da CF/1988.

→ *V.* Arts. 29 e 38 do CPP.

§ 4º No caso de morte do ofendido ou de ter sido declarado ausente por decisão judicial, o direito de oferecer queixa ou de prosseguir na ação passa ao cônjuge, ascendente, descendente ou irmão.

→ *V.* Art. 31 do CPP.

Ação penal no crime complexo

Art. 101. Quando a lei considera como elemento ou circunstâncias do tipo legal fatos que, por si mesmos, constituem crimes, cabe ação pública em relação àquele, desde que, em relação a qualquer destes, se deva proceder por iniciativa do Ministério Público.

Irretratabilidade da representação

Art. 102. A representação será irretratável depois de oferecida a denúncia.

→ *V.* Art. 25 do CPP.

Decadência do direito de queixa ou de representação

Art. 103. Salvo disposição expressa em contrário, o ofendido decai do direito de queixa ou de representação se não o exerce dentro do prazo de 6 (seis) meses, contado do dia em que veio a saber quem é o autor do crime, ou, no caso do § 3º do art. 100 deste Código, do dia em que se esgota o prazo para oferecimento da denúncia.

→ *V.* Arts. 10, 107, IV, e 236, parágrafo único, do CP.

→ *V.* Arts. 38, 529 e 798, § 3º, do CPP.

Renúncia expressa ou tácita do direito de queixa

Art. 104. O direito de queixa não pode ser exercido quando renunciado expressa ou tacitamente.

→ *V.* Arts. 48 a 50 do CPP.

→ *V.* Art. 107, V, do CP.

→ *V.* Art. 74, parágrafo único, da Lei 9.099/1995.

Parágrafo único. Importa renúncia tácita ao direito de queixa a prática de ato incompatível com a vontade de exercê-lo; não a implica, todavia, o fato de receber o ofendido a indenização do dano causado pelo crime.

Perdão do ofendido

Art. 105. O perdão do ofendido, nos crimes em que somente se procede mediante queixa, obsta ao prosseguimento da ação.

Art. 106. O perdão, no processo ou fora dele, expresso ou tácito:

I – se concedido a qualquer dos querelados, a todos aproveita;

II – se concedido por um dos ofendidos, não prejudica o direito dos outros;

III – se o querelado o recusa, não produz efeito.

§ 1º Perdão tácito é o que resulta da prática de ato incompatível com a vontade de prosseguir na ação.

§ 2º Não é admissível o perdão depois que passa em julgado a sentença condenatória.

→ *V.* Arts. 51 a 59 do CPP.

Título VIII
Da extinção da punibilidade

Extinção da punibilidade

Art. 107. Extingue-se a punibilidade:

→ *V.* Arts. 168-A, § 2º, 312, § 3º, 337-A, § 1º, do CP.

→ *V.* Art. 61 do CPP.

→ *V.* Art. 61, II, da Lei 7.210/1984.

I – pela morte do agente;

→ *V.* Art. 5º, XLV, da CF/1988.

→ *V.* Arts. 62 e 155, parágafo único, do CPP.

→ *V.* Art. 88 da Lei 6.015/1973.

→ *V.* Art. 6º, I, da Lei 7.170/1983.

II – pela anistia, graça ou indulto;

→ *V.* Arts. 5º, XLIII, 21, XVII, 48, VIII, 84, XII e parágrafo único da CF/1988.

→ *V.* Arts. 734 a 742 do CPP.

→ *V.* Art. 44 da Lei 11.343/2006.

→ *V.* Art. 2º, I, da Lei 8.072/1990.

→ *V.* Arts. 187 a 193 da Lei 7.210/1984.

→ *V.* Decreto 5.295/2004 – Indulto condicional.

→ *V.* Art. 6º, I, da Lei 7.170/1983.

III – pela retroatividade de lei que não mais considera o fato como criminoso;

→ *V.* Art. 5º, XL, da CF/1988.

→ *V.* Art. 2º e parágrafo único do CP.

→ *V.* Art. 6º, I, da Lei 7.170/1983.

IV – pela prescrição, decadência ou perempção;

→ *V.* Arts. 109 a 118 do CP.

→ *V.* Art. 60 do CPP.

→ *V.* Art. 6º, I, da Lei 7.170/1983.

V – pela renúncia do direito de queixa ou pelo perdão aceito, nos crimes de ação privada;

→ *V.* Arts. 104 a 106 do CP.

VI – pela retratação do agente, nos casos em que a lei a admite;

→ *V.* Arts. 143 e 342, § 2º, do CP.

VII – (*Revogado pela Lei 11.106/2005*).

VIII – (*Revogado pela Lei 11.106/2005*).

IX – pelo perdão judicial, nos casos previstos em lei.

→ *V.* Súmula 18 do STJ.

→ *V.* Arts. 121, § 5º, 129, § 8º, 140, § 1º, I e II, 168-A, § 3º, 176, parágrafo único, 180, § 5º, 249, § 2º, 337-A, § 2º, do CP.

→ *V.* Art. 13 da Lei 9.807/1999.

→ *V.* Art. 326, § 1º, da Lei 4.737/1965.

→ *V.* Art. 8º do Dec.-lei 3.688/1941.

Art. 108. A extinção da punibilidade de crime que é pressuposto, elemento constitutivo ou circunstância agravante de outro não se estende a este. Nos crimes conexos, a extinção da punibilidade de um deles não impede, quanto aos outros, a agravação da pena resultante da conexão.

Prescrição antes de transitar em julgado a sentença

Art. 109. A prescrição, antes de transitar em julgado a sentença final, salvo o disposto no § 1º do art. 110 deste Código, regula-se pelo máximo da pena privativa de liberdade cominada ao crime, verificando-se:

→ *Caput* com redação alterada pela Lei 12.234/2010.

→ *V.* Súmulas 338, 415 e 438 do STJ.

→ *V.* Art. 5º, XLII e XLIV, da CF/1988.

→ *V.* Arts. 10 e 107, IV, do CP.

→ *V.* Art. 125 do CPM.

→ *V.* Art. 366 do CPP.

→ *V.* Art. 182 da Lei 11.101/2005.

→ *V.* Art. 6º, IV, da Lei 7.170/1983.

I – em 20 (vinte) anos, se o máximo da pena é superior a 12 (doze);

II – em 16 (dezesseis) anos, se o máximo da pena é superior a 8 (oito) anos e não excede a 12 (doze);

III – em 12 (doze) anos, se o máximo da pena é superior a 4 (quatro) anos e não excede a 8 (oito);

IV – em 8 (oito) anos, se o máximo da pena é superior a 2 (dois) anos e não excede a 4 (quatro);

V – em 4 (quatro) anos, se o máximo da pena é igual a 1 (um) ano, ou, sendo superior não excede a 2 (dois);

VI – em 3 (três) anos, se o máximo da pena é inferior a 1 (um) ano.

→ Inciso VI com redação alterada pela Lei 12.234/2010.

Prescrição das penas restritivas de direito

Parágrafo único. Aplicam-se às penas restritivas de direito os mesmos prazos previstos para as privativas de liberdade.

Prescrição depois de transitar em julgado sentença final condenatória

Art. 110. A prescrição depois de transitar em julgado a sentença condenatória regula-se pela pena aplicada e verifica-se nos prazos fixados no artigo anterior, os quais se aumentam de 1/3 (um terço), se o condenado é reincidente.

→ *V.* Súmulas 220 e 438 do STJ.

§ 1º A prescrição, depois da sentença condenatória com trânsito em julgado para a acusação ou depois de improvido seu recurso, regula-se pela pena aplicada, não podendo, em nenhuma hipótese, ter por termo inicial data anterior à da denúncia ou queixa.

→ § 1º com redação alterada pela Lei 12.234/2010.

→ *V.* Súmulas 146 e 604 do STF.

§ 2º (*Revogado pela Lei 12.234/2010*).

Termo inicial da prescrição antes de transitar em julgado a sentença final

Art. 111. A prescrição, antes de transitar em julgado a sentença final, começa a correr:

I – do dia em que o crime se consumou;

→ *V.* Art. 4º do CP.

II – no caso de tentativa, do dia em que cessou a atividade criminosa;

→ *V.* Art. 14, II, do CP.

III – nos crimes permanentes, do dia em que cessou a permanência;

IV – nos de bigamia e nos de falsificação ou alteração de assentamento do registro civil, da data em que o fato se tornou conhecido;

→ v. Arts. 235 e 272 do CP.

V – nos crimes contra a dignidade sexual de crianças e adolescentes, previstos neste Código ou em legislação especial, da data em que a vítima completar 18 (dezoito) anos, salvo se a esse tempo já houver sido proposta a ação penal.

→ Inciso V com redação alterada pela Lei 12.650/2012.

→ v. Arts. 213 a 234-B do CP.

Termo inicial da prescrição após a sentença condenatória irrecorrível

Art. 112. No caso do art. 110 deste Código, a prescrição começa a correr:

I – do dia em que transita em julgado a sentença condenatória, para a acusação, ou a que revoga a suspensão condicional da pena ou o livramento condicional;

→ v. Arts. 158 e 160 da Lei 7.210/1984.

II – do dia em que se interrompe a execução, salvo quando o tempo da interrupção deva computar-se na pena.

→ v. Art. 41 do CP.

Prescrição no caso de evasão do condenado ou de revogação do livramento condicional

Art. 113. No caso de evadir-se o condenado ou de revogar-se o livramento condicional, a prescrição é regulada pelo tempo que resta da pena.

Prescrição da multa

→ v. Art. 51 do CP.

Art. 114. A prescrição da pena de multa ocorrerá:

→ Artigo com redação alterada pela Lei 9.268/1996.

I – em 2 (dois) anos, quando a multa for a única cominada ou aplicada;

II – no mesmo prazo estabelecido para a prescrição da pena privativa de liberdade, quando a multa for alternativa ou cumulativamente cominada ou cumulativamente aplicada.

Redução dos prazos de prescrição

Art. 115. São reduzidos de 1/2 (metade) os prazos de prescrição quando o criminoso era, ao tempo do crime, menor de 21 (vinte e um) anos, ou, na data da sentença, maior de 70 (setenta) anos.

→ v. Súmula 74 do STJ.

Causas impeditivas da prescrição

Art. 116. Antes de passar em julgado a sentença final, a prescrição não corre:

→ v. Art. 53, §§ 3º a 5º, da CF/1988.

→ v. Arts. 92 a 94, 149 a 154, 366 e 368 do CPP.

→ v. Art. 89, § 6º, da Lei 9.099/1995.

I – enquanto não resolvida, em outro processo, questão de que dependa o reconhecimento da existência do crime;

II – enquanto o agente cumpre pena no estrangeiro.

Parágrafo único. Depois de passada em julgado a sentença condenatória, a prescrição não corre durante o tempo em que o condenado está preso por outro motivo.

Causas interruptivas da prescrição

Art. 117. O curso da prescrição interrompe-se:

→ v. Súmula 592 do STF.

I – pelo recebimento da denúncia ou da queixa;

→ v. Arts. 396 e 399 do CPP.

II – pela pronúncia;

→ v. Súmula 191 do STJ.

→ v. Art. 413 do CPP.

III – pela decisão confirmatória da pronúncia;

IV – pela publicação da sentença ou acórdão condenatórios recorríveis;

→ Inciso IV com redação alterada pela Lei 11.596/2007.

→ v. Art. 389 do CPP.

V – pelo início ou continuação do cumprimento da pena;

→ Inciso V com redação alterada pela Lei 9.268/1996, que não alterou a redação original.

VI – pela reincidência.

→ Inciso VI com redação alterada pela Lei 9.268/1996, que não alterou a redação original.

→ v. Art. 63 do CP.

§ 1º Excetuados os casos dos incisos V e VI deste artigo, a interrupção da prescrição produz efeitos relativamente a todos os autores do crime. Nos crimes conexos, que sejam objeto do mesmo processo, estende-se aos demais a interrupção relativa a qualquer deles.

§ 2º Interrompida a prescrição, salvo a hipótese do inciso V deste artigo, todo o prazo começa a correr, novamente, do dia da interrupção.

Art. 118. As penas mais leves prescrevem com as mais graves.

Art. 119. No caso de concurso de crimes, a extinção da punibilidade incidirá sobre a pena de cada um, isoladamente.

→ *v.* Arts. 69, 70, 109, parágrafo único, e 114, II, do CP.

Perdão judicial

Art. 120. A sentença que conceder perdão judicial não será considerada para efeitos de reincidência.

→ *v.* Súmula 18 do STJ.

→ *v.* Art. 107, IX, do CP.

PARTE ESPECIAL

→ *v.* Exposição de Motivos da Parte Especial do Código Penal.

Título I

Dos crimes contra a pessoa

→ *v.* Lei 13.185/2015 – Lei do *Bullying*.

Capítulo I

DOS CRIMES CONTRA A VIDA

→ *v.* Súmula 605 do STF.

→ *v.* Arts. 5º, *caput*, XXXVIII, *d*, XLVII, *a*, 227 e 230 da CF/1988.

→ *v.* Arts. 55, *a*, e 355 a 362, 366 a 364, *caput*, 368, 371, 372, 375, parágrafo único, 378, 379, § 1º, 383, *caput*, 384, 385, *caput*, 386, 387, 389, 390, 392, 394 a 396, 400, III, 401, 405, 406 e 408, parágrafo único, *b*, do CPM.

→ *v.* Art. 74, § 1º, do CPP.

→ *v.* Art. 4º, item 1, da Convenção Americana sobre Direitos Humanos.

Homicídio simples

→ *v.* Art. 13, § 2º, do CP.

→ *v.* Art. 1º da Lei 2.889/1956.

Art. 121. Matar alguém:

Pena – reclusão, de 6 (seis) a 20 (vinte) anos.

Caso de diminuição de pena

§ 1º Se o agente comete o crime impelido por motivo de relevante valor social ou moral, ou sob o domínio de violenta emoção, logo em seguida a injusta provocação da vítima, o juiz pode reduzir a pena de 1/6 (um sexto) a 1/3 (um terço).

→ *v.* Art. 5º, XXXVIII, *c*, da CF/1988.

→ *v.* Arts. 28, I, 65, III, *c*,do CP.

→ *v.* Art. 483, § 3º, I, do CPP.

Homicídio qualificado

§ 2º Se o homicídio é cometido:

→ *v.* Art. 1º, I, da Lei 8.072/1990.

I – mediante paga ou promessa de recompensa, ou por outro motivo torpe;

→ *v.* Art. 30 do CP.

II – por motivo fútil;

III – com emprego de veneno, fogo, explosivo, asfixia, tortura ou outro meio insidioso ou cruel, ou de que possa resultar perigo comum;

→ *v.* Art. 1º, § 3º, da Lei 9.455/1997.

IV – à traição, de emboscada, ou mediante dissimulação ou outro recurso que dificulte ou torne impossível a defesa do ofendido;

V – para assegurar a execução, a ocultação, a impunidade ou vantagem de outro crime:

→ *v.* Art. 76 do CPP.

Feminicídio

→ Rubrica acrescentada pela Lei 13.104/2015.

→ *v.* Lei 13.239/2015 – Cirurgia plástica reparadora causadas por atos de violência contra a mulher pelo SUS.

VI – contra a mulher por razões da condição de sexo feminino:

→ Inciso VI acrescentado pela Lei 13.104/2015.

VII – contra autoridade ou agente descrito nos arts. 142 e 144 da Constituição Federal, integrantes do sistema prisional e da Força Nacional de Segurança Pública, no exercício da função ou em decorrência dela, ou contra seu cônjuge, companheiro ou parente consanguíneo até terceiro grau, em razão dessa condição:

→ Inciso VII acrescentado pela Lei 13.142/2015.

→ Consta conforme a publicação oficial.

Pena – reclusão, de 12 (doze) a 30 (trinta) anos.

§ 2º-A Considera-se que há razões de condição de sexo feminino quando o crime envolve:

→ § 2º-A acrescentado pela Lei 13.104/2015.

I – violência doméstica e familiar;

II – menosprezo ou discriminação à condição de mulher.

Homicídio culposo

→ *v.* Art. 18, II, do CP.

§ 3º Se o homicídio é culposo:

→ *v.* Art. 302 do CTB.

→ *v.* Art. 89 da Lei 9.099/1995.

Pena – detenção, de 1 (um) a 3 (três) anos.

Aumento de pena

§ 4º No homicídio culposo, a pena é aumentada de 1/3 (um terço), se o crime resulta de inobservância de regra técnica de profissão, arte ou ofício, ou se o agente deixa de prestar imediato socorro à vítima, não procura diminuir as consequências do seu ato, ou foge para evitar prisão em flagrante. Sendo doloso o homicídio, a pena é aumentada de 1/3 (um terço) se o crime é praticado contra pessoa menor de 14 (quatorze) ou maior de 60 (sessenta) anos.

→ § 4º com redação alterada pela Lei 10.741/2003.

→ *v.* Art. 227, § 4º, da CF/1988.

→ *v.* Lei 8.069/1990 – Estatuto da Criança e do Adolescente.

→ *v.* Art. 302, parágrafo único, do CTB.

→ *v.* Lei 10.741/2003 – Estatuto do Idoso.

§ 5º Na hipótese de homicídio culposo, o juiz poderá deixar de aplicar a pena, se as consequências da infração atingirem o próprio agente de forma tão grave que a sanção penal se torne desnecessária.

→ § 5º acrescentado pela Lei 6.416/1977.

→ *v.* Súmula 18 do STJ.

→ *v.* Art. 107, IX, do CP.

§ 6º A pena é aumentada de 1/3 (um terço) até a metade se o crime for praticado por milícia privada, sob o pretexto de prestação de serviço de segurança, ou por grupo de extermínio.

→ § 6º acrescentado pela Lei 12.720/2012.

§ 7º A pena do feminicídio é aumentada de 1/3 (um terço) até a metade se o crime for praticado:

→ § 7º acrescentado pela Lei 13.104/2015.

I – durante a gestação ou nos 3 (três) meses posteriores ao parto;

→ Inciso I acrescentado pela Lei 13.104/2015.

II – contra pessoa menor de 14 (catorze) anos, maior de 60 (sessenta) anos, com deficiência ou portadora de doenças degenerativas que acarretem condição limitante ou de vulnerabilidade física ou mental;

→ Inciso II com redação alterada pela Lei 13.771/2018.

→ **Anterior redação:** II – contra pessoa menor de 14 (catorze) anos, maior de 60 (sessenta) anos ou com deficiência;

III – na presença física ou virtual de descendente ou de ascendente da vítima;

→ Inciso III com redação alterada pela Lei 13.771/2018.

→ **Anterior redação:** III – na presença de descendente ou de ascendente da vítima.

IV – em descumprimento das medidas protetivas de urgência previstas nos incisos I, II e III do *caput* do art. 22 da Lei nº 11.340, de 7 de agosto de 2006.

→ Inciso IV acrescentado pela Lei 13.771/2018.

Induzimento, instigação ou auxílio a suicídio

Art. 122. Induzir ou instigar alguém a suicidar-se ou prestar-lhe auxílio para que o faça:

→ *v.* Art. 146, § 3º, II, do CP.

Pena – reclusão, de 2 (dois) a 6 (seis) anos, se o suicídio se consuma; ou reclusão, de 1 (um) a 3 (três) anos, se da tentativa de suicídio resulta lesão corporal de natureza grave.

Parágrafo único. A pena é duplicada:

Aumento de pena

I – se o crime é praticado por motivo egoístico;

II – se a vítima é menor ou tem diminuída, por qualquer causa, a capacidade de resistência.

Infanticídio

Art. 123. Matar, sob a influência do estado puerperal, o próprio filho, durante o parto ou logo após:

→ *v.* Arts. 29 e 30 do CP.

Pena – detenção, de 2 (dois) a 6 (seis) anos.

Aborto provocado pela gestante ou com seu consentimento

Art. 124. Provocar aborto em si mesma ou consentir que outrem lho provoque:

→ *v.* ADPF (Med. Liminar) 54 do STF (Plenário, 12.04.2012; Acórdão, DJ 30.04.2013): "O Tribunal, por maioria e nos termos do voto do Relator, julgou procedente a ação para declarar a inconstitucionalidade da interpretação segundo a qual a interrupção da gravidez de feto anencéfalo é conduta tipificada nos artigos 124, 126, 128, incisos I e II, todos do Código Penal (...)."

→ *v.* Art. 2º do CC.

→ *v.* Art. 20 do Dec.-lei 3.688/1941.

Pena – detenção, de 1 (um) a 3 (três) anos.

Aborto provocado por terceiro

Art. 125. Provocar aborto, sem o consentimento da gestante:

Pena – reclusão, de 3 (três) a 10 (dez) anos.

Art. 126. Provocar aborto com o consentimento da gestante:

→ *V.* ADPF (Med. Liminar) 54 do STF (Plenário, 12.04.2012; Acórdão, DJ 30.04.2013): "O Tribunal, por maioria e nos termos do voto do Relator, julgou procedente a ação para declarar a inconstitucionalidade da interpretação segundo a qual a interrupção da gravidez de feto anencéfalo é conduta tipificada nos artigos 124, 126, 128, incisos I e II, todos do Código Penal (...)."

→ *V.* Art. 89 da Lei 9.099/1995.

Pena – reclusão, de 1 (um) a 4 (quatro) anos.

Parágrafo único. Aplica-se a pena do artigo anterior, se a gestante não é maior de 14 (quatorze) anos, ou é alienada ou débil mental, ou se o consentimento é obtido mediante fraude, grave ameaça ou violência.

Forma qualificada

Art. 127. As penas cominadas nos dois artigos anteriores são aumentadas de 1/3 (um terço), se, em consequência do aborto ou dos meios empregados para provocá-lo, a gestante sofre lesão corporal de natureza grave; e são duplicadas, se, por qualquer dessas causas, lhe sobrevém a morte.

Art. 128. Não se pune o aborto praticado por médico:

→ *V.* ADPF (Med. Liminar) 54 do STF (Plenário, 12.04.2012; Acórdão, DJ 30.04.2013): "O Tribunal, por maioria e nos termos do voto do Relator, julgou procedente a ação para declarar a inconstitucionalidade da interpretação segundo a qual a interrupção da gravidez de feto anencéfalo é conduta tipificada nos artigos 124, 126, 128, incisos I e II, todos do Código Penal (...)."

Aborto necessário

I – se não há outro meio de salvar a vida da gestante;

→ *V.* Art. 146, § 3º, I, do CP.

Aborto no caso de gravidez resultante de estupro

II – se a gravidez resulta de estupro e o aborto é precedido de consentimento da gestante ou, quando incapaz, de seu representante legal.

Capítulo II
DAS LESÕES CORPORAIS

→ *V.* Lei 13.185/2015 – Lei do *Bullying*.

Lesão corporal

→ *V.* Lei 13.010/2014 – Lei da Palmada (Lei Menino Bernardo).

→ *V.* Art. 184 do CPM.

→ *V.* Art. 171, § 2º, V, do CP.

Art. 129. Ofender a integridade corporal ou a saúde de outrem:

→ *V.* Art. 88 da Lei 9.099/1995.

Pena – detenção, de 3 (três) meses a 1 (um) ano.

Lesão corporal de natureza grave

§ 1º Se resulta:

I – incapacidade para as ocupações habituais, por mais de 30 (trinta) dias;

→ *V.* Art. 168, § 2º, do CPP.

II – perigo de vida;

III – debilidade permanente de membro, sentido ou função;

IV – aceleração de parto:

Pena – reclusão, de 1 (um) a 5 (cinco) anos.

§ 2º Se resulta:

I – incapacidade permanente para o trabalho;

II – enfermidade incurável;

III – perda ou inutilização de membro, sentido ou função;

IV – deformidade permanente;

V – aborto:

Pena – reclusão, de 2 (dois) a 8 (oito) anos.

Lesão corporal seguida de morte

§ 3º Se resulta morte e as circunstâncias evidenciam que o agente não quis o resultado, nem assumiu o risco de produzi-lo:

Pena – reclusão, de 4 (quatro) a 12 (doze) anos.

Diminuição de pena

§ 4º Se o agente comete o crime impelido por motivo de relevante valor social ou moral ou sob o domínio de violenta emoção, logo em seguida a injusta provocação da vítima, o juiz pode reduzir a pena de 1/6 (um sexto) a 1/3 (um terço).

→ *V.* Arts. 30 e 65, III, *c*, do CP.

Substituição da pena

§ 5º O juiz, não sendo graves as lesões, pode ainda substituir a pena de detenção pela de multa:

I – se ocorre qualquer das hipóteses do parágrafo anterior;

II – se as lesões são recíprocas.

Lesão corporal culposa

§ 6º Se a lesão é culposa:

→ *v.* Art. 18, II, do CP.

→ *v.* Art. 38 do CPP.

→ *v.* Art. 303 do CTB.

→ *v.* Art. 88 da Lei 9.099/1995.

Pena – detenção, de 2 (dois) meses a 1 (um) ano.

Aumento de pena

§ 7º Aumenta-se a pena de 1/3 (um terço) se ocorrer qualquer das hipóteses dos §§ 4º e 6º do art. 121 deste Código.

→ § 7º com redação alterada pela Lei 12.720/2012.

§ 8º Aplica-se à lesão culposa o disposto no § 5º do art. 121.

→ § 8º com redação alterada pela Lei 8.069/1990.

Violência Doméstica

→ *v.* Lei 11.340/2006 – Lei Maria da Penha.

§ 9º Se a lesão for praticada contra ascendente, descendente, irmão, cônjuge ou companheiro, ou com quem conviva ou tenha convivido, ou, ainda, prevalecendo-se o agente das relações domésticas, de coabitação ou de hospitalidade:

Pena – detenção, de 3 (três) meses a 3 (três) anos.

→ § 9º com redação alterada pela Lei 11.340/2006.

→ *v.* Art. 226, § 8º, da CF/1988.

→ *v.* Art. 313, III, do CPP.

→ *v.* Art. 41 da Lei 11.340/2006.

§ 10. Nos casos previstos nos §§ 1º a 3º deste artigo, se as circunstâncias são as indicadas no § 9º deste artigo, aumenta-se a pena em 1/3 (um terço).

→ § 10 acrescentado pela Lei 10.886/2004.

§ 11. Na hipótese do § 9º deste artigo, a pena será aumentada de 1/3 (um terço) se o crime for cometido contra pessoa portadora de deficiência.

→ § 11 acrescentado pela Lei 11.340/2006.

§ 12. Se a lesão for praticada contra autoridade ou agente descrito nos arts. 142 e 144 da Constituição Federal, integrantes do sistema prisional e da Força Nacional de Segurança Pública, no exercício da função ou em decorrência dela, ou contra seu cônjuge, companheiro ou parente consanguíneo até terceiro grau, em razão dessa condição, a pena é aumentada de um a dois terços.

→ § 12 acrescentado pela Lei 13.142/015.

Capítulo III
DA PERICLITAÇÃO DA VIDA E DA SAÚDE

Perigo de contágio venéreo

Art. 130. Expor alguém, por meio de relações sexuais ou qualquer ato libidinoso, a contágio de moléstia venérea, de que sabe ou deve saber que está contaminado:

→ *v.* Arts. 60 e 61 da Lei 9.099/1995.

Pena – detenção, de 3 (três) meses a 1 (um) ano, ou multa.

§ 1º Se é intenção do agente transmitir a moléstia:

→ *v.* Art. 89 da Lei 9.099/1995.

Pena – reclusão, de 1 (um) a 4 (quatro) anos, e multa.

§ 2º Somente se procede mediante representação.

→ *v.* Art. 24 do CPP.

Perigo de contágio de moléstia grave

Art. 131. Praticar, com o fim de transmitir a outrem moléstia grave de que está contaminado, ato capaz de produzir o contágio:

Pena – reclusão, de 1 (um) a 4 (quatro) anos, e multa.

→ *v.* Art. 89 da Lei 9.099/1995.

Perigo para a vida ou saúde de outrem

Art. 132. Expor a vida ou a saúde de outrem a perigo direto e iminente:

→ *v.* Arts. 64 e 65 do CDC.

→ *v.* Arts. 306, 308 a 311 do CTB.

→ *v.* Art. 15 da Lei 10.826/2003.

→ *v.* Art. 54 da Lei 9.605/1998.

Pena – detenção, de 3 (três) meses a 1 (um) ano, se o fato não constitui crime mais grave.

Parágrafo único. A pena é aumentada de 1/6 (um sexto) a 1/3 (um terço) se a exposição da vida ou da saúde de outrem a perigo decorre do transporte de pessoas para a prestação de serviços em estabelecimentos de qualquer natureza, em desacordo com as normas legais.

→ Parágrafo único acrescentado pela Lei 9.777/1998.

Abandono de incapaz

Art. 133. Abandonar pessoa que está sob seu cuidado, guarda, vigilância ou autoridade, e, por qualquer motivo, incapaz de defender-se dos riscos resultantes do abandono:

Pena – detenção, de 6 (seis) meses a 3 (três) anos.

§ 1º Se do abandono resulta lesão corporal de natureza grave:

Pena – reclusão, de 1 (um) a 5 (cinco) anos.

§ 2º Se resulta a morte:

Pena – reclusão, de 4 (quatro) a 12 (doze) anos.

Aumento de pena

§ 3º As penas cominadas neste artigo aumentam-se de 1/3 (um terço):

I – se o abandono ocorre em lugar ermo;

II – se o agente é ascendente ou descendente, cônjuge, irmão, tutor ou curador da vítima;

III – se a vítima é maior de 60 (sessenta) anos.

→ Inciso III acrescentado pela Lei 10.741/2003.

→ *V.* Arts. 95 e 98 da Lei 10.741/2003.

Exposição ou abandono de recém-nascido

Art. 134. Expor ou abandonar recém-nascido, para ocultar desonra própria:

Pena – detenção, de 6 (seis) meses a 2 (dois) anos.

§ 1º Se do fato resulta lesão corporal de natureza grave:

Pena – detenção, de 1 (um) a 3 (três) anos.

§ 2º Se resulta a morte:

Pena – detenção, de 2 (dois) a 6 (seis) anos.

Omissão de socorro

Art. 135. Deixar de prestar assistência, quando possível fazê-lo sem risco pessoal, à criança abandonada ou extraviada, ou à pessoa inválida ou ferida, ao desamparo ou em grave e iminente perigo; ou não pedir, nesses casos, o socorro da autoridade pública:

→ *V.* Art. 24 do CP.

→ *V.* Art. 304 do CTB.

→ *V.* Arts. 95 e 97 da Lei 10.741/2003.

Pena – detenção, de 1 (um) a 6 (seis) meses, ou multa.

Parágrafo único. A pena é aumentada de 1/2 (metade), se da omissão resulta lesão corporal de natureza grave, e triplicada, se resulta a morte.

Condicionamento de atendimento médico-hospitalar emergencial

→ Rubrica acrescentada pela Lei 12.653/2012.

Art. 135-A Exigir cheque-caução, nota promissória ou qualquer garantia, bem como o preenchimento prévio de formulários administrativos, como condição para o atendimento médico-hospitalar emergencial:

→ *V.* Art. 171, II, do CC.

→ *V.* Art. 39 do CDC.

→ *V.* Art. 61 da Lei 9.099/1995.

Pena – detenção de 3 (três) meses a 1 (um) ano, e multa.

→ Artigo acrescentado pela Lei 12.653/2012.

Parágrafo único. A pena é aumentada até o dobro se da negativa de atendimento resulta lesão corporal de natureza grave, e até o triplo se resulta a morte.

Maus-tratos

Art. 136. Expor a perigo a vida ou a saúde de pessoa sob sua autoridade, guarda ou vigilância, para fim de educação, ensino, tratamento ou custódia, quer privando-a de alimentação ou cuidados indispensáveis, quer sujeitando-a a trabalho excessivo ou inadequado, quer abusando de meios de correção ou disciplina:

→ *V.* Art. 5º, III, XLVIII e LXIX, da CF/1988.

→ *V.* Art. 232 do ECA.

→ *V.* Arts. 95 e 99 da Lei 10.741/2003.

→ *V.* Art. 1º da Lei 9.455/1997.

Pena – detenção, de 2 (dois) meses a 1 (um) ano, ou multa.

§ 1º Se do fato resulta lesão corporal de natureza grave:

Pena – reclusão, de 1 (um) a 4 (quatro) anos.

§ 2º Se resulta a morte:

Pena – reclusão, de 4 (quatro) a 12 (doze) anos.

§ 3º Aumenta-se a pena de 1/3 (um terço), se o crime é praticado contra pessoa menor de 14 (catorze) anos.

→ § 3º acrescentado pela Lei 8.069/1990.

Capítulo IV
DA RIXA

Rixa

Art. 137. Participar de rixa, salvo para separar os contendores:

Pena – detenção, de 15 (quinze) dias a 2 (dois) meses, ou multa.

Parágrafo único. Se ocorre morte ou lesão corporal de natureza grave, aplica-se, pelo fato da participação na rixa, a pena de detenção, de 6 (seis) meses a 2 (dois) anos.

Capítulo V
DOS CRIMES CONTRA A HONRA

→ *v.* Art. 5º, X, da CF/1988.

→ v. Lei 13.185/2015 – Lei do *Bullying*.

Calúnia

Art. 138. Caluniar alguém, imputando-lhe falsamente fato definido como crime:

→ *v.* Art. 214 do CPM.

→ *v.* Art. 61 da Lei 9.099/1995.

Pena – detenção, de 6 (seis) meses a 2 (dois) anos, e multa.

§ 1º Na mesma pena incorre quem, sabendo falsa a imputação, a propala ou divulga.

→ *v.* Art. 19 da Lei 8.429/1992.

§ 2º É punível a calúnia contra os mortos.

Exceção da verdade

§ 3º Admite-se a prova da verdade, salvo:

→ *v.* Arts. 29, VIII, e 53 da CF/1988.

→ *v.* Arts. 85 e 523 do CPP.

I – se, constituindo o fato imputado crime de ação privada, o ofendido não foi condenado por sentença irrecorrível;

II – se o fato é imputado a qualquer das pessoas indicadas no n. I do art. 141;

III – se do crime imputado, embora de ação pública, o ofendido foi absolvido por sentença irrecorrível.

Difamação

Art. 139. Difamar alguém, imputando-lhe fato ofensivo à sua reputação:

→ *v.* Súmula 227 do STJ.

→ *v.* Art. 61 da Lei 9.099/1995.

Pena – detenção, de 3 (três) meses a 1 (um) ano, e multa.

Exceção da verdade

Parágrafo único. A exceção da verdade somente se admite se o ofendido é funcionário público e a ofensa é relativa ao exercício de suas funções.

Injúria

Art. 140. Injuriar alguém, ofendendo-lhe a dignidade ou o decoro:

→ *v.* Art. 61 da Lei 9.099/1995.

Pena – detenção, de 1 (um) a 6 (seis) meses, ou multa.

§ 1º O juiz pode deixar de aplicar a pena:

I – quando o ofendido, de forma reprovável, provocou diretamente a injúria;

II – no caso de retorsão imediata, que consista em outra injúria.

§ 2º Se a injúria consiste em violência ou vias de fato, que, por sua natureza ou pelo meio empregado, se considerem aviltantes:

→ *v.* Art. 61 da Lei 9.099/1995.

Pena – detenção, de 3 (três) meses a 1 (um) ano, e multa, além da pena correspondente à violência.

§ 3º Se a injúria consiste na utilização de elementos referentes a raça, cor, etnia, religião, origem ou a condição de pessoa idosa ou portadora de deficiência:

→ *v.* Art. 5º, XLI e XLII, da CF/1988.

→ *v.* Arts. 519 a 523 do CPP.

→ *v.* Arts. 37, § 2º, e 67 do CDC.

→ *v.* Art. 96, § 1º, da Lei 10.741/2003.

→ *v.* Art. 2º da Lei 9.029/1995.

→ *v.* Art. 20 da Lei 7.716/1989.

→ *v.* Art. 22, II, da Lei 7.170/1983.

Pena – reclusão, de 1 (um) a 3 (três) anos, e multa.

→ § 3º com redação alterada pela Lei 10.741/2003.

Disposições comuns

Art. 141. As penas cominadas neste Capítulo aumentam-se de 1/3 (um terço), se qualquer dos crimes é cometido:

→ *v.* Arts. 519 a 523 do CPP.

I – contra o Presidente da República, ou contra chefe de governo estrangeiro;

→ *v.* Art. 26 da Lei 7.170/1983.

II – contra funcionário público, em razão de suas funções;

III – na presença de várias pessoas, ou por meio que facilite a divulgação da calúnia, da difamação ou da injúria;

IV – contra pessoa maior de 60 (sessenta) anos ou portadora de deficiência, exceto no caso de injúria.

→ Inciso IV acrescentado pela Lei 10.741/2003.

Parágrafo único. Se o crime é cometido mediante paga ou promessa de recompensa, aplica-se a pena em dobro.

Exclusão do crime

Art. 142. Não constituem injúria ou difamação punível:

I – a ofensa irrogada em juízo, na discussão da causa, pela parte ou por seu procurador;

→ *V.* Art. 133 da CF/1988.

→ *V.* Art. 7º, § 2º, da Lei 8.906/1994.

→ *V.* Art. 41, V, da Lei 8.625/1993.

II – a opinião desfavorável da crítica literária, artística ou científica, salvo quando inequívoca a intenção de injuriar ou difamar;

III – o conceito desfavorável emitido por funcionário público, em apreciação ou informação que preste no cumprimento de dever do ofício.

Parágrafo único. Nos casos dos ns. I e III, responde pela injúria ou pela difamação quem lhe dá publicidade.

Retratação

Art. 143. O querelado que, antes da sentença, se retrata cabalmente da calúnia ou da difamação, fica isento de pena.

Parágrafo único. Nos casos em que o querelado tenha praticado a calúnia ou a difamação utilizando-se de meios de comunicação, a retratação dar-se-á, se assim desejar o ofendido, pelos mesmos meios em que se praticou a ofensa.

→ Parágrafo único acrescentado pela Lei 13.188/2015.

→ *V.* Arts. 30 e 107, VI, do CP.

Art. 144. Se, de referências, alusões ou frases, se infere calúnia, difamação ou injúria, quem se julga ofendido pode pedir explicações em juízo. Aquele que se recusa a dá-las ou, a critério do juiz, não as dá satisfatórias, responde pela ofensa.

→ *V.* Arts. 301 e 726, do CPC/2015.

→ *V.* Art. 38 do CPP.

Art. 145. Nos crimes previstos neste Capítulo somente se procede mediante queixa, salvo quando, no caso do art. 140, § 2º, da violência resulta lesão corporal.

Parágrafo único. Procede-se mediante requisição do Ministro da Justiça, no caso do inciso I do *caput* do art. 141 deste Código, e mediante representação do ofendido, no caso do inciso II do mesmo artigo, bem como no caso do § 3º do art. 140 deste Código.

→ Parágrafo único com redação alterada pela Lei 12.033/2009.

→ *V.* Súmula 714 do STF.

Capítulo VI
DOS CRIMES CONTRA A LIBERDADE INDIVIDUAL

Seção I
Dos crimes contra a liberdade pessoal

Constrangimento ilegal

→ *V.* Lei 13.185/2015 – Lei do *Bullying*.

Art. 146. Constranger alguém, mediante violência ou grave ameaça, ou depois de lhe haver reduzido, por qualquer outro meio, a capacidade de resistência, a não fazer o que a lei permite, ou a fazer o que ela não manda:

→ *V.* Art. 5º, II, da CF/1988.

→ *V.* Art. 232 do ECA.

→ *V.* Art. 1º, I, da Lei 9.455/1997.

→ *V.* Art. 28 da Lei 7.170/1983.

Pena – detenção, de 3 (três) meses a 1 (um) ano, ou multa.

Aumento de pena

§ 1º As penas aplicam-se cumulativamente e em dobro, quando, para a execução do crime, se reúnem mais de três pessoas, ou há emprego de armas.

→ *V.* Lei 10.826/2003 – Estatuto do Desarmamento.

§ 2º Além das penas cominadas, aplicam-se as correspondentes à violência.

§ 3º Não se compreendem na disposição deste artigo:

I – a intervenção médica ou cirúrgica, sem o consentimento do paciente ou de seu representante legal, se justificada por iminente perigo de vida;

II – a coação exercida para impedir suicídio.

Ameaça

Art. 147. Ameaçar alguém, por palavra, escrito ou gesto, ou qualquer outro meio simbólico, de causar-lhe mal injusto e grave:

Pena – detenção, de 1 (um) a 6 (seis) meses, ou multa.

Parágrafo único. Somente se procede mediante representação.

Sequestro e cárcere privado

Art. 148. Privar alguém de sua liberdade, mediante sequestro ou cárcere privado:

→ *v.* Art. 111, III, do CP.

→ *v.* Arts. 13-A e 303 do CPP.

→ *v.* Lei 10.446/2002 – Infrações penais de repercussão interestadual ou internacional que exigem repressão uniforme.

→ *v.* Art. 230 do ECA.

→ *v.* Arts. 3º, *a*, 4º, *a* e *i*, da Lei 4.898/1965.

Pena – reclusão, de 1 (um) a 3 (três) anos.

§ 1º A pena é de reclusão, de 2 (dois) a 5 (cinco) anos:

I – se a vítima é ascendente, descendente, cônjuge ou companheiro do agente ou maior de 60 (sessenta) anos;

→ Inciso I com redação alterada pela Lei 11.106/2005.

II – se o crime é praticado mediante internação da vítima em casa de saúde ou hospital;

III – se a privação da liberdade dura mais de 15 (quinze) dias.

→ *v.* Art. 10 do CP.

IV – se o crime é praticado contra menor de 18 (dezoito) anos;

→ Inciso IV acrescentado pela Lei 11.106/2005.

→ *v.* Art. 4º do CP.

V – se o crime é praticado com fins libidinosos.

→ Inciso V acrescentado pela Lei 11.106/2005.

§ 2º Se resulta à vítima, em razão de maus-tratos ou da natureza da detenção, grave sofrimento físico ou moral:

→ *v.* Art. 1º, § 4º, III, da Lei 9.455/1997.

Pena – reclusão, de 2 (dois) a 8 (oito) anos.

Redução a condição análoga à de escravo

Art. 149. Reduzir alguém a condição análoga à de escravo, quer submetendo-o a trabalhos forçados ou a jornada exaustiva, quer sujeitando-o a condições degradantes de trabalho, quer restringindo, por qualquer meio, sua locomoção em razão de dívida contraída com o empregador ou preposto:

→ *v.* Arts. 1º, III, 3º, I, 4º, II, 5º, II e XLVII, *c*, 6º e 7º, da CF/1988.

→ *v.* Art. 4º, XI da Lei 13.445/2017.

Pena – reclusão, de 2 (dois) a 8 (oito) anos, e multa, além da pena correspondente à violência.

→ Artigo com redação alterada pela Lei 10.803/2003.

→ *v.* Arts. 13-A e 303 do CPP.

§ 1º Nas mesmas penas incorre quem:

I – cerceia o uso de qualquer meio de transporte por parte do trabalhador, com o fim de retê-lo no local de trabalho;

II – mantém vigilância ostensiva no local de trabalho ou se apodera de documentos ou objetos pessoais do trabalhador, com o fim de retê-lo no local de trabalho.

§ 2º A pena é aumentada de 1/2 (metade) , se o crime é cometido:

I – contra criança ou adolescente;

II – por motivo de preconceito de raça, cor, etnia, religião ou origem.

Tráfico de Pessoas

Rubrica acrescentada pela Lei 13.344/2016.

Art. 149-A. Agenciar, aliciar, recrutar, transportar, transferir, comprar, alojar ou acolher pessoa, mediante grave ameaça, violência, coação, fraude ou abuso, com a finalidade de:

Artigo acrescentado pela Lei 13.344/2016.

v. Art. 13-A do CPP.

I – remover-lhe órgãos, tecidos ou partes do corpo;

II – submetê-la a trabalho em condições análogas à de escravo;

III – submetê-la a qualquer tipo de servidão;

IV – adoção ilegal; ou

V – exploração sexual.

Pena – reclusão, de 4 (quatro) a 8 (oito) anos, e multa.

§ 1° A pena é aumentada de um terço até a metade se:

I – o crime for cometido por funcionário público no exercício de suas funções ou a pretexto de exercê-las;

II – o crime for cometido contra criança, adolescente ou pessoa idosa ou com deficiência;

III – o agente se prevalecer de relações de parentesco, domésticas, de coabitação, de hospitalidade, de dependência econômica, de autoridade ou de superioridade hierárquica inerente ao exercício de emprego, cargo ou função; ou

IV – a vítima do tráfico de pessoas for retirada do território nacional.

§ 2° A pena é reduzida de um a dois terços se o agente for primário e não integrar organização criminosa.

Tráfico de Pessoas

→ Rubrica acrescentada pela Lei 13.344/2016.

Art. 149-A. Agenciar, aliciar, recrutar, transportar, transferir, comprar, alojar ou acolher pessoa, mediante grave ameaça, violência, coação, fraude ou abuso, com a finalidade de:

→ Artigo acrescentado pela Lei 13.344/2016.

→ *v.* Art. 13-A do CPP.

I – remover-lhe órgãos, tecidos ou partes do corpo;

II – submetê-la a trabalho em condições análogas à de escravo;

III – submetê-la a qualquer tipo de servidão;

IV – adoção ilegal; ou

V – exploração sexual.

Pena – reclusão, de 4 (quatro) a 8 (oito) anos, e multa.

§ 1° A pena é aumentada de um terço até a metade se:

I – o crime for cometido por funcionário público no exercício de suas funções ou a pretexto de exercê-las;

II – o crime for cometido contra criança, adolescente ou pessoa idosa ou com deficiência;

III – o agente se prevalecer de relações de parentesco, domésticas, de coabitação, de hospitalidade, de dependência econômica, de autoridade ou de superioridade hierárquica inerente ao exercício de emprego, cargo ou função; ou

IV – a vítima do tráfico de pessoas for retirada do território nacional.

§ 2° A pena é reduzida de um a dois terços se o agente for primário e não integrar organização criminosa.

Seção II

Dos crimes contra a inviolabilidade do domicílio

Violação de domicílio

Art. 150. Entrar ou permanecer, clandestina ou astuciosamente, ou contra a vontade expressa ou tácita de quem de direito, em casa alheia ou em suas dependências:

→ *v.* Art. 5º, XI, da CF/1988.

Pena – detenção, de 1 (um) a 3 (três) meses, ou multa.

§ 1º Se o crime é cometido durante a noite, ou em lugar ermo, ou com o emprego de violência ou de arma, ou por duas ou mais pessoas:

Pena – detenção, de 6 (seis) meses a 2 (dois) anos, além da pena correspondente à violência.

§ 2º Aumenta-se a pena de 1/3 (um terço), se o fato é cometido por funcionário público, fora dos casos legais, ou com inobservância das formalidades estabelecidas em lei, ou com abuso do poder.

→ *v.* Art. 23, III, do CP.

→ *v.* Arts. 3º, *b*, e 4º, *a*, da Lei 4.898/1965.

§ 3º Não constitui crime a entrada ou permanência em casa alheia ou em suas dependências:

I – durante o dia, com observância das formalidades legais, para efetuar prisão ou outra diligência;

→ *v.* Arts. 240 e ss., 293 e 294 do CPP.

II – a qualquer hora do dia ou da noite, quando algum crime está sendo ali praticado ou na iminência de o ser.

§ 4º A expressão "casa" compreende:

I – qualquer compartimento habitado;

II – aposento ocupado de habitação coletiva;

III – compartimento não aberto ao público, onde alguém exerce profissão ou atividade.

§ 5º Não se compreendem na expressão "casa":

I – hospedaria, estalagem ou qualquer outra habitação coletiva, enquanto aberta, salvo a restrição do n. II do parágrafo anterior;

II – taverna, casa de jogo e outras do mesmo gênero.

Seção III

Dos crimes contra a inviolabilidade de correspondência

Violação de correspondência

Art. 151. Devassar indevidamente o conteúdo de correspondência fechada, dirigida a outrem:

→ *v.* Arts. 136, § 1º, *b* e *c*, e 139, III, da CF/1988.

→ *v.* Art. 22, III, *d*, da Lei 11.101/2005.

→ *v.* Art. 41, parágrafo único, da Lei 7.210/1984.

→ *v.* Arts. 5º, 10, 40 e 47 da Lei 6.538/1978.

Pena – detenção, de 1 (um) a 6 (seis) meses, ou multa.

→ V. Arts. 11 e 49 do CP.

Sonegação ou destruição de correspondência

§ 1º Na mesma pena incorre:

I – quem se apossa indevidamente de correspondência alheia, embora não fechada e, no todo ou em parte, a sonega ou destrói;

→ V. Art. 40, § 1º, da Lei 6.538/1978.

Violação de comunicação telegráfica, radioelétrica ou telefônica

→ V. Arts. 56 e 58 da Lei 4.117/1962.

II – quem indevidamente divulga, transmite a outrem ou utiliza abusivamente comunicação telegráfica ou radioelétrica dirigida a terceiro, ou conversação telefônica entre outras pessoas;

→ V. Art. 5º, XII, da CF/1988.

→ V. Art. 10 da Lei 9.296/1996.

III – quem impede a comunicação ou a conversação referidas no número anterior;

IV – quem instala ou utiliza estação ou aparelho radioelétrico, sem observância de disposição legal.

→ V. Arts. 183 e 184, parágrafo único, da Lei 9.472/1997.

→ V. Art. 70 da Lei 4.117/1962.

§ 2º As penas aumentam-se de 1/2 (metade), se há dano para outrem.

§ 3º Se o agente comete o crime, com abuso de função em serviço postal, telegráfico, radioelétrico ou telefônico:

Pena – detenção, de 1 (um) a 3 (três) anos.

§ 4º Somente se procede mediante representação, salvo nos casos do § 1º, IV, e do § 3º.

Correspondência comercial

Art. 152. Abusar da condição de sócio ou empregado de estabelecimento comercial ou industrial para, no todo ou em parte, desviar, sonegar, subtrair ou suprimir correspondência, ou revelar a estranho seu conteúdo:

→ V. Art. 13 da Lei 7.170/1983.

Pena – detenção, de 3 (três) meses a 2 (dois) anos.

Parágrafo único. Somente se procede mediante representação.

Seção IV
Dos crimes contra a inviolabilidade dos segredos

→ V. Art. 5º, X, da CF/1988.

Divulgação de segredo

Art. 153. Divulgar alguém, sem justa causa, conteúdo de documento particular ou de correspondência confidencial, de que é destinatário ou detentor, e cuja divulgação possa produzir dano a outrem:

→ V. Art. 233, parágrafo único, do CPP.

→ V. Lei 8.159/1992 – Política Nacional de Arquivos Públicos e Privados.

Pena – detenção, de 1 (um) a 6 (seis) meses, ou multa.

§ 1º-A. Divulgar, sem justa causa, informações sigilosas ou reservadas, assim definidas em lei, contidas ou não nos sistemas de informações ou banco de dados da Administração Pública:

→ V. Art. 325 do CP.

→ V. Art. 195 da Lei 9.279/1996.

→ V. Art. 76, § 4º, da Lei 9.099/1995.

→ V. Art. 94 da Lei 8.666/1993.

→ V. Art. 11, III e VII, da Lei 8.429/1992.

→ V. Art. 202 da Lei 7.210/1984.

→ V. Arts. 13 e 21 da Lei 7.170/1983.

Pena – detenção, de 1 (um) a 4 (quatro) anos, e multa.

→ § 1º-A acrescentado pela Lei 9.983/2000.

§ 1º Somente se procede mediante representação.

→ Anterior parágrafo único renumerado para § 1º pela Lei 9.983/2000.

§ 2º Quando resultar prejuízo para a Administração Pública, a ação penal será incondicionada.

→ § 2º acrescentado pela Lei 9.983/2000.

Violação do segredo profissional

Art. 154. Revelar alguém, sem justa causa, segredo, de que tem ciência em razão de função, ministério, ofício ou profissão, e cuja revelação possa produzir dano a outrem:

→ V. Art. 53, § 6º, da CF/1988.

→ V. Arts. 23 e 269 do CP.

→ V. Art. 207 do CPP.

→ V. Art. 7º, XIX, da Lei 8.906/1994.

Pena – detenção, de 3 (três) meses a 1 (um) ano, ou multa.

Parágrafo único. Somente se procede mediante representação.

Invasão de dispositivo informático

→ Rubrica acrescentada pela Lei 12.737/2012.

Art. 154-A. Invadir dispositivo informático alheio, conectado ou não à rede de computadores, mediante violação indevida de mecanismo de segurança e com o fim de obter, adulterar ou destruir dados ou informações sem autorização expressa ou tácita do titular do dispositivo ou instalar vulnerabilidades para obter vantagem ilícita:

Pena – detenção, de 3 (três) meses a 1 (um) ano, e multa.

→ Artigo acrescentado pela Lei 12.737/2012.

§ 1º Na mesma pena incorre quem produz, oferece, distribui, vende ou difunde dispositivo ou programa de computador com o intuito de permitir a prática da conduta definida no *caput*.

§ 2º Aumenta-se a pena de um sexto a um terço se da invasão resulta prejuízo econômico.

§ 3º Se da invasão resultar a obtenção de conteúdo de comunicações eletrônicas privadas, segredos comerciais ou industriais, informações sigilosas, assim definidas em lei, ou o controle remoto não autorizado do dispositivo invadido:

Pena – reclusão, de 6 (seis) meses a 2 (dois) anos, e multa, se a conduta não constitui crime mais grave.

§ 4º Na hipótese do § 3º, aumenta-se a pena de um a dois terços se houver divulgação, comercialização ou transmissão a terceiro, a qualquer título, dos dados ou informações obtidos.

§ 5º Aumenta-se a pena de um terço à metade se o crime for praticado contra:

I – Presidente da República, governadores e prefeitos;

II – Presidente do Supremo Tribunal Federal;

III – Presidente da Câmara dos Deputados, do Senado Federal, de Assembleia Legislativa de Estado, da Câmara Legislativa do Distrito Federal ou de Câmara Municipal; ou

IV – dirigente máximo da administração direta e indireta federal, estadual, municipal ou do Distrito Federal.

Ação penal

→ Rubrica acrescentada pela Lei 12.737/2012.

Art. 154-B. Nos crimes definidos no art. 154-A, somente se procede mediante representação, salvo se o crime é cometido contra a administração pública direta ou indireta de qualquer dos Poderes da União, Estados, Distrito Federal ou Municípios ou contra empresas concessionárias de serviços públicos.

→ Artigo acrescentado pela Lei 12.737/2012.

TÍTULO II
Dos crimes contra o patrimônio

→ *V.* Art. 5º, XXII, da CF/1988.

→ *V.* Art. 20 da Lei 7.170/1983.

Capítulo I
DO FURTO

Furto

Art. 155. Subtrair, para si ou para outrem, coisa alheia móvel:

→ *V.* Súmula 130 e 567 do STJ.

→ *V.* Arts. 81 a 84 do CC.

→ *V.* Recursos repetitivos: tese 924 e 934.

Pena – reclusão, de 1 (um) a 4 (quatro) anos, e multa.

§ 1º A pena aumenta-se de 1/3 (um terço), se o crime é praticado durante o repouso noturno.

§ 2º Se o criminoso é primário, e é de pequeno valor a coisa furtada, o juiz pode substituir a pena de reclusão pela de detenção, diminuí-la de 1 (um) a 2/3 (dois terços), ou aplicar somente a pena de multa.

→ *V.* Súmula 511 do STJ.

→ *V.* Recursos repetitivos: tese 561 do STJ.

→ *V.* Art. 63 do CP.

§ 3º Equipara-se à coisa móvel a energia elétrica ou qualquer outra que tenha valor econômico.

Furto qualificado

§ 4º A pena é de reclusão de 2 (dois) a 8 (oito) anos, e multa, se o crime é cometido:

→ *V.* Súmula 511 do STJ.

I – com destruição ou rompimento de obstáculo à subtração da coisa;

→ *V.* Arts. 158, 159 e 167 do CPP.

II – com abuso de confiança, ou mediante fraude, escalada ou destreza;

→ *V.* Art. 61, II, *f*, do CP.

III – com emprego de chave falsa;

IV – mediante concurso de duas ou mais pessoas.

→ *v.* Súmula 442 do STJ.

→ *v.* Art. 29 do CP.

§ 4º-A A pena é de reclusão de 4 (quatro) a 10 (dez) anos e multa, se houver emprego de explosivo ou de artefato análogo que cause perigo comum.

→ § 4º-A acrescentado pela Lei 13.654/2018.

§ 5º A pena é de reclusão de 3 (três) a 8 (oito) anos, se a subtração for de veículo automotor que venha a ser transportado para outro Estado ou para o exterior.

→ § 5º com redação alterada pela Lei 9.426/1996.

→ *v.* LC 121/2006 – Sistema Nacional de Prevenção, Fiscalização e Repressão ao Furto e Roubo de Veículos e Cargas

§ 6º A pena é de reclusão de 2 (dois) a 5 (cinco) anos se a subtração for de semovente domesticável de produção, ainda que abatido ou dividido em partes no local da subtração.

→ § 6º acrescentado pela Lei 13.330/2016.

§ 7º A pena é de reclusão de 4 (quatro) a 10 (dez) anos e multa, se a subtração for de substâncias explosivas ou de acessórios que, conjunta ou isoladamente, possibilitem sua fabricação, montagem ou emprego.

→ § 7º acrescentado pela Lei 13.654/2018.

Furto de coisa comum

Art. 156. Subtrair o condômino, coerdeiro ou sócio, para si ou para outrem, a quem legitimamente a detém, a coisa comum:

Pena – detenção, de 6 (seis) meses a 2 (dois) anos, ou multa.

§ 1º Somente se procede mediante representação.

§ 2º Não é punível a subtração de coisa comum fungível, cujo valor não excede a quota a que tem direito o agente.

Capítulo II
DO ROUBO E DA EXTORSÃO

Roubo

Art. 157. Subtrair coisa móvel alheia, para si ou para outrem, mediante grave ameaça ou violência a pessoa, ou depois de havê-la, por qualquer meio, reduzido à impossibilidade de resistência:

→ *v.* Súmulas 443 e 582 do STJ.

→ *v.* Recursos repetitivos: temas 916 e 934 do STJ.

Pena – reclusão, de 4 (quatro) a 10 (dez) anos, e multa.

§ 1º Na mesma pena incorre quem, logo depois de subtraída a coisa, emprega violência contra pessoa ou grave ameaça, a fim de assegurar a impunidade do crime ou a detenção da coisa para si ou para terceiro.

§ 2º A pena aumenta-se de 1/3 (um terço) até metade:

→ § 2º com redação dada pela Lei 13.654/2018.

I – (*Revogado pela Lei 13.654/2018*);

→ **Anterior redação:** § 2º A pena aumenta-se de 1/3 (um terço) até 1/2 (metade):

→ I – se a violência ou ameaça é exercida com emprego de arma;

→ *v.* Lei 10.826/2003 – Estatuto do Desarmamento.

II – se há o concurso de duas ou mais pessoas;

→ *v.* Súmula 442 do STJ.

III – se a vítima está em serviço de transporte de valores e o agente conhece tal circunstância;

IV – se a subtração for de veículo automotor que venha a ser transportado para outro Estado ou para o exterior;

→ Inciso IV acrescentado pela Lei 9.426/1996.

V – se o agente mantém a vítima em seu poder, restringindo sua liberdade.

→ Inciso V acrescentado pela Lei 9.426/1996.

VI – se a subtração for de substâncias explosivas ou de acessórios que, conjunta ou isoladamente, possibilitem sua fabricação, montagem ou emprego.

→ Inciso VI acrescentado pela Lei 13.654/2018.

§ 2º-A A pena aumenta-se de 2/3 (dois terços):

→ § 2º-A acrescentado pela Lei 13.654/2018.

I – se a violência ou ameaça é exercida com emprego de arma de fogo;

II – se há destruição ou rompimento de obstáculo mediante o emprego de explosivo ou de artefato análogo que cause perigo comum.

§ 3º Se da violência resulta:

→ § 3º com redação dada pela Lei 13.654/2018.

→ **Anterior redação:** § 3º Se da violência resulta lesão corporal grave, a pena é de reclusão, de 7 (sete) a 15 (quinze) anos, além da multa; se resulta morte, a reclusão é de 20 (vinte) a 30 (trinta) anos, sem prejuízo da multa.

I – lesão corporal grave, a pena é de reclusão de 7 (sete) a 18 (dezoito) anos, e multa;

→ Inciso I acrescentado pela Lei 13.654/2018.

II – morte, a pena é de reclusão de 20 (vinte) a 30 (trinta) anos, e multa.

→ Inciso II acrescentado pela Lei 13.654/2018.

→ *v.* Súmulas 603 e 610 do STF.

→ *v.* Art. 129, §§ 1º e 2º, do CP.

→ *v.* Art. 1º da Lei 8.072/1990.

→ v. Art. 1º, III, c, da Lei 7.960/1989.

Extorsão

Art. 158. Constranger alguém, mediante violência ou grave ameaça, e com o intuito de obter para si ou para outrem indevida vantagem econômica, a fazer, tolerar que se faça ou deixar de fazer alguma coisa:

→ *v.* Súmula 96 do STJ.

→ *v.* Art. 345 do CP.

Pena – reclusão, de 4 (quatro) a 10 (dez) anos, e multa.

§ 1º Se o crime é cometido por duas ou mais pessoas, ou com emprego de arma, aumenta-se a pena de 1/3 (um terço) até 1/2 (metade).

§ 2º Aplica-se à extorsão praticada mediante violência o disposto no § 3º do artigo anterior.

→ *v.* Art. 1º, III, da Lei 8.072/1990.

§ 3º Se o crime é cometido mediante a restrição da liberdade da vítima, e essa condição é necessária para a obtenção da vantagem econômica, a pena é de reclusão, de 6 (seis) a 12 (doze) anos, além da multa; se resulta lesão corporal grave ou morte, aplicam-se as penas previstas no art. 159, §§ 2º e 3º, respectivamente.

→ § 3º acrescentado pela Lei 11.923/2009.

→ *v.* Art. 13-A do CPP.

Extorsão mediante sequestro

Art. 159. Sequestrar pessoa com o fim de obter, para si ou para outrem, qualquer vantagem, como condição ou preço do resgate:

→ *v.* Arts. 13-A, 71 e 83 do CPP.

Pena – reclusão, de 8 (oito) a 15 (quinze) anos.

→ Pena com redação alterada pela Lei 8.072/1990.

§ 1º Se o sequestro dura mais de 24 (vinte e quatro) horas, se o sequestrado é menor de 18 (dezoito) ou maior de 60 (sessenta) anos, ou se o crime é cometido por bando ou quadrilha:

→ § 1º com redação alterada pela Lei 10.741/2003.

→ *v.* Art. 288 do CP.

→ *v.* Art. 8º da Lei 10.741/2003.

→ *v.* Art. 1º, IV, da Lei 8.072/1990.

Pena – reclusão, de 12 (doze) a 20 (vinte) anos.

→ Pena com redação alterada pela Lei 8.072/1990.

§ 2º Se do fato resulta lesão corporal de natureza grave:

Pena – reclusão, de 16 (dezesseis) a 24 (vinte e quatro) anos.

→ Pena com redação alterada pela Lei 8.072/1990.

§ 3º Se resulta a morte:

Pena – reclusão, de 24 (vinte e quatro) a 30 (trinta) anos.

→ Pena com redação alterada pela Lei 8.072/1990.

§ 4º Se o crime é cometido em concurso, o concorrente que o denunciar à autoridade, facilitando a libertação do sequestrado, terá sua pena reduzida de 1 (um) a 2/3 (dois terços).

→ § 4º com redação alterada pela Lei 9.269/1996.

→ *v.* Arts. 13 e 14 da Lei 9.807/1990.

Extorsão indireta

Art. 160. Exigir ou receber, como garantia de dívida, abusando da situação de alguém, documento que pode dar causa a procedimento criminal contra a vítima ou contra terceiro:

→ *v.* Art. 232 do CPP.

→ *v.* Art. 4º da Lei 1.521/1951.

Pena – reclusão, de 1 (um) a 3 (três) anos, e multa.

Capítulo III
DA USURPAÇÃO

Alteração de limites

Art. 161. Suprimir ou deslocar tapume, marco, ou qualquer outro sinal indicativo de linha divisória, para apropriar-se, no todo ou em parte, de coisa imóvel alheia:

Pena – detenção, de 1 (um) a 6 (seis) meses, e multa.

§ 1º Na mesma pena incorre quem:

Usurpação de águas

I – desvia ou represa, em proveito próprio ou de outrem, águas alheias;

→ *v.* Arts. 1.288 a 1.296 do CC.

→ *v.* Art. 8º do Decreto 24.643/1934.

Esbulho possessório

II – invade, com violência a pessoa ou grave ameaça, ou mediante concurso de mais de duas pessoas, terreno ou edifício alheio, para o fim de esbulho possessório.

→ V. Art. 9º da Lei 5.741/1971.

→ V. Art. 20 da Lei 4.947/1966.

§ 2º Se o agente usa de violência, incorre também na pena a esta cominada.

§ 3º Se a propriedade é particular, e não há emprego de violência, somente se procede mediante queixa.

Supressão ou alteração de marca em animais

Art. 162. Suprimir ou alterar, indevidamente, em gado ou rebanho alheio, marca ou sinal indicativo de propriedade:

Pena – detenção, de 6 (seis) meses a 3 (três) anos, e multa.

Capítulo IV
DO DANO

Dano

Art. 163. Destruir, inutilizar ou deteriorar coisa alheia:

→ V. Arts. 29, 38 a 40, 49, 50 ,62, 63 e 65 do CPP.

Pena – detenção, de 1 (um) a 6 (seis) meses, ou multa.

Dano qualificado

Parágrafo único. Se o crime é cometido:

I – com violência à pessoa ou grave ameaça;

II – com emprego de substância inflamável ou explosiva, se o fato não constitui crime mais grave;

III – contra o patrimônio da União, de Estado, do Distrito Federal, de Município ou de autarquia, fundação pública, empresa pública, sociedade de economia mista ou empresa concessionária de serviços públicos;

→ Inciso III com redação alterada pela Lei 13.531/2017.

→ V. Art. 99 do CC.

IV – por motivo egoístico ou com prejuízo considerável para a vítima:

Pena – detenção, de 6 (seis) meses a 3 (três) anos, e multa, além da pena correspondente à violência.

Introdução ou abandono de animais em propriedade alheia

Art. 164. Introduzir ou deixar animais em propriedade alheia, sem consentimento de quem de direito, desde que do fato resulte prejuízo:

Pena – detenção, de 15 (quinze) dias a 6 (seis) meses, ou multa.

Dano em coisa de valor artístico, arqueológico ou histórico

Art. 165. Destruir, inutilizar ou deteriorar coisa tombada pela autoridade competente em virtude de valor artístico, arqueológico ou histórico:

→ V. Art. 216 da CF/1988.

→ V. Arts. 62 e 65 da Lei 9.605/1998.

→ V. Art. 5º da Lei 3.924/1961.

Pena – detenção, de 6 (seis) meses a 2 (dois) anos, e multa.

Alteração de local especialmente protegido

Art. 166. Alterar, sem licença da autoridade competente, o aspecto de local especialmente protegido por lei:

→ V. Art. 63 da Lei 9.605/1998.

Pena – detenção, de 1 (um) mês a 1 (um) ano, ou multa.

Ação penal

Art. 167. Nos casos do art. 163, do n. IV do seu parágrafo e do art. 164, somente se procede mediante queixa.

Capítulo V
DA APROPRIAÇÃO INDÉBITA

Apropriação indébita

Art. 168. Apropriar-se de coisa alheia móvel, de que tem a posse ou a detenção:

→ V. Arts. 16 e 65, III, *b*, do CP.

Pena – reclusão, de 1 (um) a 4 (quatro) anos, e multa.

Aumento de pena

§ 1º A pena é aumentada de 1/3 (um terço), quando o agente recebeu a coisa:

I – em depósito necessário;

→ V. Art. 647, II, do CC.

II – na qualidade de tutor, curador, síndico, liquidatário, inventariante, testamenteiro ou depositário judicial;

→ *v.* Art. 161, parágrafo único, do CPC/2015.

III – em razão de ofício, emprego ou profissão.

Apropriação indébita previdenciária

→ Rubrica acrescentada pela Lei 9.983/2000.

→ *v.* Arts. 194 e 195 da CF/1988.

Art. 168-A. Deixar de repassar à previdência social as contribuições recolhidas dos contribuintes, no prazo e forma legal ou convencional:

→ *v.* Art. 2º da Lei 11.457/2007.

→ *v.* Art. 83 da Lei 9.430/1996.

→ *v.* Lei 8.212/1991 – Seguridade Social e Plano de Custeio.

Pena – reclusão, de 2 (dois) a 5 (cinco) anos, e multa.

→ Artigo acrescentado pela Lei 9.983/2000.

§ 1º Nas mesmas penas incorre quem deixar de:

I – recolher, no prazo legal, contribuição ou outra importância destinada à previdência social que tenha sido descontada de pagamento efetuado a segurados, a terceiros ou arrecadada do público;

→ *v.* Art. 195, § 4º, da CF/1988.

→ *v.* Art. 30 da Lei 8.212/1991.

II – recolher contribuições devidas à previdência social que tenham integrado despesas contábeis ou custos relativos à venda de produtos ou à prestação de serviços;

III – pagar benefício devido a segurado, quando as respectivas cotas ou valores já tiverem sido reembolsados à empresa pela previdência social.

§ 2º É extinta a punibilidade se o agente, espontaneamente, declara, confessa e efetua o pagamento das contribuições, importâncias ou valores e presta as informações devidas à previdência social, na forma definida em lei ou regulamento, antes do início da ação fiscal.

→ *v.* Art. 9º da Lei 10.684/2003.

§ 3º É facultado ao juiz deixar de aplicar a pena ou aplicar somente a de multa se o agente for primário e de bons antecedentes, desde que:

I – tenha promovido, após o início da ação fiscal e antes de oferecida a denúncia, o pagamento da contribuição social previdenciária, inclusive acessórios; ou

II – o valor das contribuições devidas, inclusive acessórios, seja igual ou inferior àquele estabelecido pela previdência social, administrativamente, como sendo o mínimo para o ajuizamento de suas execuções fiscais.

→ *v.* Art. 20 da Lei 10.522/2002.

§ 4º A faculdade prevista no § 3º deste artigo não se aplica aos casos de parcelamento de contribuições cujo valor, inclusive dos acessórios, seja superior àquele estabelecido, administrativamente, como sendo o mínimo para o ajuizamento de suas execuções fiscais.

→ § 4º acrescentado pela Lei 13.606/2018.

Apropriação de coisa havida por erro, caso fortuito ou força da natureza

Art. 169. Apropriar-se alguém de coisa alheia vinda ao seu poder por erro, caso fortuito ou força da natureza:

Pena – detenção, de 1 (um) mês a 1 (um) ano, ou multa.

Parágrafo único. Na mesma pena incorre:

Apropriação de tesouro

I – quem acha tesouro em prédio alheio e se apropria, no todo ou em parte, da quota a que tem direito o proprietário do prédio;

→ *v.* Art. 1.264 do CC.

Apropriação de coisa achada

II – quem acha coisa alheia perdida e dela se apropria, total ou parcialmente, deixando de restituí-la ao dono ou legítimo possuidor ou de entregá-la à autoridade competente, dentro no prazo de 15 (quinze) dias.

→ *v.* Art. 1.233 do CC.

Art. 170. Nos crimes previstos neste Capítulo, aplica-se o disposto no art. 155, § 2º.

Capítulo VI
DO ESTELIONATO E OUTRAS FRAUDES

Estelionato

Art. 171. Obter, para si ou para outrem, vantagem ilícita, em prejuízo alheio, induzindo ou mantendo alguém em erro, mediante artifício, ardil, ou qualquer outro meio fraudulento:

→ *v.* Súmulas 17 e 107 do STJ.

→ *v.* Arts. 16 e 65, III, *d*, do CP.

→ *v.* Art. 168 da Lei 11.101/2005.

→ *v.* Art. 7º, VII, da Lei 8.137/1990.

→ *v.* Art. 19 da Lei 7.492/1986.

Pena – reclusão, de 1 (um) a 5 (cinco) anos, e multa, de quinhentos mil-réis a dez contos de réis.

→ Conforme art. 2º da Lei 7.209/1984, "são canceladas, na Parte Especial do Código Penal e nas leis especiais alcançadas pelo art. 12 do Código Penal, quaisquer referências a valores de multas, substituindo-se a expressão multa de por multa".

§ 1º Se o criminoso é primário, e é de pequeno valor o prejuízo, o juiz pode aplicar a pena conforme o disposto no art. 155, § 2º.

→ v. Art. 63 do CP.

§ 2º Nas mesmas penas incorre quem:

Disposição de coisa alheia como própria

I – vende, permuta, dá em pagamento, em locação ou em garantia coisa alheia como própria;

→ v. Art. 66-B, § 2º, da Lei 4.728/1965.

Alienação ou oneração fraudulenta de coisa própria

II – vende, permuta, dá em pagamento ou em garantia coisa própria inalienável, gravada de ônus ou litigiosa, ou imóvel que prometeu vender a terceiro, mediante pagamento em prestações, silenciando sobre qualquer dessas circunstâncias;

Defraudação de penhor

III – defrauda, mediante alienação não consentida pelo credor ou por outro modo, a garantia pignoratícia, quando tem a posse do objeto empenhado;

Fraude na entrega de coisa

IV – defrauda substância, qualidade ou quantidade de coisa que deve entregar a alguém;

Fraude para recebimento de indenização ou valor de seguro

V – destrói, total ou parcialmente, ou oculta coisa própria, ou lesa o próprio corpo ou a saúde, ou agrava as consequências da lesão ou doença, com o intuito de haver indenização ou valor de seguro;

Fraude no pagamento por meio de cheque

VI – emite cheque, sem suficiente provisão de fundos em poder do sacado, ou lhe frustra o pagamento.

→ v. Súmulas 246, 521 e 554 do STF.

→ v. Súmula 244 do STJ.

§ 3º A pena aumenta-se de 1/3 (um terço), se o crime é cometido em detrimento de entidade de direito público ou de instituto de economia popular, assistência social ou beneficência.

→ v. Súmulas 24 e 48 do STJ.

→ v. Art. 1º, § 2º, II, da Lei 9.784/1999.

Estelionato contra idoso

→ Rubrica acrescentada pela Lei 13.228/2015.

§ 4º Aplica-se a pena em dobro se o crime for cometido contra idoso.

→ § 4º acrescentado pela Lei 13.228/2015.

Duplicata simulada

Art. 172. Emitir fatura, duplicata ou nota de venda que não corresponda à mercadoria vendida, em quantidade ou qualidade, ou ao serviço prestado.

Pena – detenção, de 2 (dois) a 4 (quatro) anos, e multa.

→ *Caput* com redação alterada pela Lei 8.137/1990.

Parágrafo único. Nas mesmas penas incorrerá aquele que falsificar ou adulterar a escrituração do Livro de Registro de Duplicatas.

→ Parágrafo único acrescentado pela Lei 5.474/1968.

Abuso de incapazes

Art. 173. Abusar, em proveito próprio ou alheio, de necessidade, paixão ou inexperiência de menor, ou da alienação ou debilidade mental de outrem, induzindo qualquer deles à prática de ato suscetível de produzir efeito jurídico, em prejuízo próprio ou de terceiro:

Pena – reclusão, de 2 (dois) a 6 (seis) anos, e multa.

Induzimento à especulação

Art. 174. Abusar, em proveito próprio ou alheio, da inexperiência ou da simplicidade ou inferioridade mental de outrem, induzindo-o à prática de jogo ou aposta, ou à especulação com títulos ou mercadorias, sabendo ou devendo saber que a operação é ruinosa:

Pena – reclusão, de 1 (um) a 3 (três) anos, e multa.

Fraude no comércio

Art. 175. Enganar, no exercício de atividade comercial, o adquirente ou consumidor:

I – vendendo, como verdadeira ou perfeita, mercadoria falsificada ou deteriorada;

→ *v.* Art. 18, § 6º, do CDC.

→ *v.* Art. 7º da Lei 8.137/1990.

→ *v.* Art. 2º, III e V, da Lei 1.521/1951.

II – entregando uma mercadoria por outra:

Pena – detenção, de 6 (seis) meses a 2 (dois) anos, ou multa.

§ 1º Alterar em obra que lhe é encomendada a qualidade ou o peso de metal ou substituir, no mesmo caso, pedra verdadeira por falsa ou por outra de menor valor; vender pedra falsa por verdadeira; vender, como precioso, metal de outra qualidade:

Pena – reclusão, de 1 (um) a 5 (cinco) anos, e multa.

§ 2º É aplicável o disposto no art. 155, § 2º.

Outras fraudes

Art. 176. Tomar refeição em restaurante, alojar-se em hotel ou utilizar-se de meio de transporte sem dispor de recursos para efetuar o pagamento:

Pena – detenção, de 15 (quinze) dias a 2 (dois) meses, ou multa.

Parágrafo único. Somente se procede mediante representação, e o juiz pode, conforme as circunstâncias, deixar de aplicar a pena.

→ *v.* Art. 107, IX, do CP.

Fraudes e abusos na fundação ou administração de sociedade por ações

Art. 177. Promover a fundação de sociedade por ações, fazendo, em prospecto ou em comunicação ao público ou à assembleia, afirmação falsa sobre a constituição da sociedade, ou ocultando fraudulentamente fato a ela relativo:

→ *v.* Lei 6.404/1976 – Sociedades por Ações.

Pena – reclusão, de 1 (um) a 4 (quatro) anos, e multa, se o fato não constitui crime contra a economia popular.

→ *v.* Lei 1.521/1951 – Crimes contra a Economia Popular.

§ 1º Incorrem na mesma pena, se o fato não constitui crime contra a economia popular:

→ *v.* Lei 1.521/1951 – Crimes contra a economia popular.

I – o diretor, o gerente ou o fiscal de sociedade por ações, que, em prospecto, relatório, parecer, balanço ou comunicação ao público ou à assembleia, faz afirmação falsa sobre as condições econômicas da sociedade, ou oculta fraudulentamente, no todo ou em parte, fato a elas relativo;

II – o diretor, o gerente ou o fiscal que promove, por qualquer artifício, falsa cotação das ações ou de outros títulos da sociedade;

III – o diretor ou o gerente que toma empréstimo à sociedade ou usa, em proveito próprio ou de terceiro, dos bens ou haveres sociais, sem prévia autorização da assembleia geral;

IV – o diretor ou o gerente que compra ou vende, por conta da sociedade, ações por ela emitidas, salvo quando a lei o permite;

→ *v.* Art. 30 da Lei 6.404/1976.

V – o diretor ou o gerente que, como garantia de crédito social, aceita em penhor ou em caução ações da própria sociedade;

VI – o diretor ou o gerente que, na falta de balanço, em desacordo com este, ou mediante balanço falso, distribui lucros ou dividendos fictícios;

VII – o diretor, o gerente ou o fiscal que, por interposta pessoa, ou conluiado com acionista, consegue a aprovação de conta ou parecer;

VIII – o liquidante, nos casos dos ns. I, II, III, IV, V e VII;

IX – o representante da sociedade anônima estrangeira, autorizada a funcionar no País, que pratica os atos mencionados nos ns. I e II, ou dá falsa informação ao Governo.

§ 2º Incorre na pena de detenção, de 6 (seis) meses a 2 (dois) anos, e multa, o acionista que, a fim de obter vantagem para si ou para outrem, negocia o voto nas deliberações de assembleia geral.

→ *v.* Arts. 115, § 3º, e 118 da Lei 6.404/1976.

Emissão irregular de conhecimento de depósito ou *warrant*

Art. 178. Emitir conhecimento de depósito ou *warrant*, em desacordo com disposição legal:

→ *v.* Art. 15 do Decreto 1.102/1903.

Pena – reclusão, de 1 (um) a 4 (quatro) anos, e multa.

Fraude à execução

Art. 179. Fraudar execução, alienando, desviando, destruindo ou danificando bens, ou simulando dívidas:

→ *v.* Art. 168 da Lei 11.101/2005.

Pena – detenção, de 6 (seis) meses a 2 (dois) anos, ou multa.

Parágrafo único. Somente se procede mediante queixa.

→ *v.* Art. 24, § 2º, do CPP.

Capítulo VII
DA RECEPTAÇÃO
Receptação

Art. 180. Adquirir, receber, transportar, conduzir ou ocultar, em proveito próprio ou alheio, coisa que sabe ser produto de crime, ou influir para que terceiro, de boa-fé, a adquira, receba ou oculte:

→ *v.* Art. 174 da Lei 11.101/2005.

→ *v.* Arts. 14 e 18 da Lei 10.826/2003.

→ *v.* Arts. 29, § 1º, III e 46, *caput*, e parágrafo único, da Lei 9.605/1998.

Pena – reclusão, de 1 (um) a 4 (quatro) anos, e multa.

→ Artigo com redação alterada pela Lei 9.426/1996.

Receptação qualificada

→ Rubrica acrescentada pela Lei 9.426/1996.

§ 1º Adquirir, receber, transportar, conduzir, ocultar, ter em depósito, desmontar, montar, remontar, vender, expor à venda, ou de qualquer forma utilizar, em proveito próprio ou alheio, no exercício de atividade comercial ou industrial, coisa que deve saber ser produto de crime:

Pena – reclusão, de 3 (três) a 8 (oito) anos, e multa.

§ 2º Equipara-se à atividade comercial, para efeito do parágrafo anterior, qualquer forma de comércio irregular ou clandestino, inclusive o exercido em residência.

§ 3º Adquirir ou receber coisa que, por sua natureza ou pela desproporção entre o valor e o preço, ou pela condição de quem a oferece, deve presumir-se obtida por meio criminoso:

Pena – detenção, de 1 (um) mês a 1 (um) ano, ou multa, ou ambas as penas.

§ 4º A receptação é punível, ainda que desconhecido ou isento de pena o autor do crime de que proveio a coisa.

→ *v.* Art. 108 do CP.

→ *v.* Art. 386, I, II, III e VI, do CPP.

§ 5º Na hipótese do § 3º, se o criminoso é primário, pode o juiz, tendo em consideração as circunstâncias, deixar de aplicar a pena. Na receptação dolosa aplica-se o disposto no § 2º do art. 155.

→ *v.* Art. 107, IX, do CP.

§ 6º Tratando-se de bens do patrimônio da União, de Estado, do Distrito Federal, de Município ou de autarquia, fundação pública, empresa pública, sociedade de economia mista ou empresa concessionária de serviços públicos, aplica-se em dobro a pena prevista no caput deste artigo.

→ § 6º com redação alterada pela Lei 13.531/2017.

Receptação de animal

→ Rubrica acrescentada pela Lei 13.330/2016.

Art. 180-A. Adquirir, receber, transportar, conduzir, ocultar, ter em depósito ou vender, com a finalidade de produção ou de comercialização, semovente domesticável de produção, ainda que abatido ou dividido em partes, que deve saber ser produto de crime:

Pena – reclusão, de 2 (dois) a 5 (cinco) anos, e multa.

→ Artigo acrescentado pela Lei 13.330/2016.

Capítulo VIII
DISPOSIÇÕES GERAIS

Art. 181. É isento de pena quem comete qualquer dos crimes previstos neste título, em prejuízo:

I – do cônjuge, na constância da sociedade conjugal;

→ *v.* Art. 226, §§ 3º e 6º, da CF/1988.

→ *v.* Art. 1.571, I e II, do CC.

II – de ascendente ou descendente, seja o parentesco legítimo ou ilegítimo, seja civil ou natural.

→ *v.* Art. 227, § 6º, da CF/1988.

Art. 182. Somente se procede mediante representação, se o crime previsto neste título é cometido em prejuízo:

I – do cônjuge desquitado ou judicialmente separado;

II – de irmão, legítimo ou ilegítimo;

III – de tio ou sobrinho, com quem o agente coabita.

Art. 183. Não se aplica o disposto nos dois artigos anteriores:

I – se o crime é de roubo ou de extorsão, ou, em geral, quando haja emprego de grave ameaça ou violência à pessoa;

II – ao estranho que participa do crime;

→ *v.* Art. 30 do CP.

III – se o crime é praticado contra pessoa com idade igual ou superior a 60 (sessenta) anos.

→ *v.* Art. 4º do CP.

→ Inciso III acrescentado pela Lei 10.741/2003.

Título III
Dos crimes contra a propriedade imaterial

→ *v.* Arts. 5º, IX e XXVII e 216 da CF/1988.

Capítulo I
DOS CRIMES CONTRA A PROPRIEDADE INTELECTUAL

Violação de direito autoral

→ *v.* Lei 9.610/1998 – Direitos Autorais.

→ *v.* Lei 9.609/1998 – Proteção da propriedade intelectual de programa de computador.

Art. 184. Violar direitos de autor e os que lhe são conexos:

→ *v.* Arts. 46 a 48 da Lei 9.610/1998.

Pena – detenção, de 3 (três) meses a 1 (um) ano, ou multa.

→ Artigo com redação alterada pela Lei 10.695/2003.

→ *v.* Art. 49 do CP.

§ 1º Se a violação consistir em reprodução total ou parcial, com intuito de lucro direto ou indireto, por qualquer meio ou processo, de obra intelectual, interpretação, execução ou fonograma, sem autorização expressa do autor, do artista intérprete ou executante, do produtor, conforme o caso, ou de quem os represente:

→ *v.* Art. 46, VI, da Lei 9.610/1998.

Pena – reclusão, de 2 (dois) a 4 (quatro) anos, e multa.

§ 2º Na mesma pena do § 1º incorre quem, com o intuito de lucro direto ou indireto, distribui, vende, expõe à venda, aluga, introduz no País, adquire, oculta, tem em depósito, original ou cópia de obra intelectual ou fonograma reproduzido com violação do direito de autor, do direito de artista intérprete ou executante ou do direito do produtor de fonograma, ou, ainda, aluga original ou cópia de obra intelectual ou fonograma, sem a expressa autorização dos titulares dos direitos ou de quem os represente.

→ *v.* Súmulas 502 e 574 do STJ.

→ v. Recursos repetitivos: tese 593 e 926 do STJ.

§ 3º Se a violação consistir no oferecimento ao público, mediante cabo, fibra ótica, satélite, ondas ou qualquer outro sistema que permita ao usuário realizar a seleção da obra ou produção para recebê-la em um tempo e lugar previamente determinados por quem formula a demanda, com intuito de lucro, direto ou indireto, sem autorização expressa, conforme o caso, do autor, do artista intérprete ou executante, do produtor de fonograma, ou de quem os represente:

→ *v.* Art. 91, II, *b*, do CP.

→ *v.* Arts. 530-F e 530-G do CPP.

→ *v.* Arts. 12 e 31 da Lei 9.610/1998.

Pena – reclusão, de 2 (dois) a 4 (quatro) anos, e multa.

§ 4º O disposto nos §§ 1º, 2º e 3º não se aplica quando se tratar de exceção ou limitação ao direito de autor ou os que lhe são conexos, em conformidade com o previsto na Lei 9.610, de 19 de fevereiro de 1998, nem a cópia de obra intelectual ou fonograma, em um só exemplar, para uso privado do copista, sem intuito de lucro direto ou indireto.

Usurpação de nome ou pseudônimo alheio

Art. 185. (*Revogado pela Lei 10.695/2003).*

Art. 186. Procede-se mediante:

→ Artigo com redação alterada pela Lei 10.695/2003.

I – queixa, nos crimes previstos no *caput* do art. 184;

→ *v.* Arts. 524 a 530 do CPP.

II – ação penal pública incondicionada, nos crimes previstos nos §§ 1º e 2º do art. 184;

→ *v.* Arts. 530-B e 5630-D do CPP.

III – ação penal pública incondicionada, nos crimes cometidos em desfavor de entidades de direito público, autarquia, empresa pública, sociedade de economia mista ou fundação instituída pelo Poder Público;

IV – ação penal pública condicionada à representação, nos crimes previstos no § 3º do art. 184.

→ *v.* Art. 530-B do CPP.

Capítulo II
DOS CRIMES CONTRA O PRIVILÉGIO DE INVENÇÃO

→ *v.* Arts. 183 a 195 da Lei 9.279/1996 – Lei de Propriedade Industrial.

Art. 187. (*Revogado pela Lei 9.279/1996*).

Art. 188. (*Revogado pela Lei 9.279/1996*).

Art. 189. (*Revogado pela Lei 9.279/1996*).

Art. 190. (*Revogado pela Lei 9.279/1996*).

Art. 191. (*Revogado pela Lei 9.279/1996*).

Capítulo III
DOS CRIMES CONTRA AS MARCAS DE INDÚSTRIA E COMÉRCIO

Art. 192. *(Revogado pela Lei 9.279/1996).*

Art. 193. *(Revogado pela Lei 9.279/1996).*

Art. 194. *(Revogado pela Lei 9.279/1996).*

Art. 195. *(Revogado pela Lei 9.279/1996).*

Capítulo IV
DOS CRIMES DE CONCORRÊNCIA DESLEAL

Art. 196. *(Revogado pela Lei 9.279/1996).*

Título IV
Dos crimes contra a organização do Trabalho

→ *v.* Arts. 5º, XIII, 7º a 9º e 109, VI, da CF/1988.

Atentado contra a liberdade de trabalho

Art. 197. Constranger alguém, mediante violência ou grave ameaça:

I – a exercer ou não exercer arte, ofício, profissão ou indústria, ou a trabalhar ou não trabalhar durante certo período ou em determinados dias:

→ *v.* Art. 9º da CF/1988.

Pena – detenção, de 1 (um) mês a 1 (um) ano, e multa, além da pena correspondente à violência;

II – a abrir ou fechar o seu estabelecimento de trabalho, ou a participar de parede ou paralisação de atividade econômica:

→ *v.* Lei 7.783/1989 – Direito de greve.

Pena – detenção, de 3 (três) meses a 1 (um) ano, e multa, além da pena correspondente à violência.

Atentado contra a liberdade de contrato de trabalho e boicotagem violenta

Art. 198. Constranger alguém, mediante violência ou grave ameaça, a celebrar contrato de trabalho, ou a não fornecer a outrem ou não adquirir de outrem matéria-prima ou produto industrial ou agrícola:

→ *v.* Arts. 442 e 611 da CLT.

Pena – detenção, de 1 (um) mês a 1 (um) ano, e multa, além da pena correspondente à violência.

Atentado contra a liberdade de associação

Art. 199. Constranger alguém, mediante violência ou grave ameaça, a participar ou deixar de participar de determinado sindicato ou associação profissional:

→ *v.* Arts. 5º, XVII, e 8º, V, da CF/1988.

Pena – detenção, de 1 (um) mês a 1 (um) ano, e multa, além da pena correspondente à violência.

Paralisação de trabalho, seguida de violência ou perturbação da ordem

Art. 200. Participar de suspensão ou abandono coletivo de trabalho, praticando violência contra pessoa ou contra coisa:

Pena – detenção, de 1 (um) mês a 1 (um) ano, e multa, além da pena correspondente à violência.

Parágrafo único. Para que se considere coletivo o abandono de trabalho é indispensável o concurso de, pelo menos, três empregados.

Paralisação de trabalho de interesse coletivo

Art. 201. Participar de suspensão ou abandono coletivo de trabalho, provocando a interrupção de obra pública ou serviço de interesse coletivo:

→ *v.* Art. 9º da CF/1988.

→ *v.* Arts. 11 a 15 da Lei 7.783/1989.

Pena – detenção, de 6 (seis) meses a 2 (dois) anos, e multa.

Invasão de estabelecimento industrial, comercial ou agrícola. Sabotagem

Art. 202. Invadir ou ocupar estabelecimento industrial, comercial ou agrícola, com o intuito de impedir ou embaraçar o curso normal do trabalho, ou com o mesmo fim danificar o estabelecimento ou as coisas nele existentes ou delas dispor:

Pena – reclusão, de 1 (um) a 3 (três) anos, e multa.

Frustração de direito assegurado por lei trabalhista

Art. 203. Frustrar, mediante fraude ou violência, direito assegurado pela legislação do trabalho:

Pena – detenção de 1 (um) ano a 2 (dois) anos, e multa, além da pena correspondente à violência.

→ Pena com redação alterada pela Lei 9.777/1998.

§ 1º Na mesma pena incorre quem:

→ § 1º acrescentado pela Lei 9.777/1998.

I – obriga ou coage alguém a usar mercadorias de determinado estabelecimento, para impossibilitar o desligamento do serviço em virtude de dívida;

II – impede alguém de se desligar de serviços de qualquer natureza, mediante coação ou por meio da retenção de seus documentos pessoais ou contratuais.

§ 2º A pena é aumentada de 1/6 (um sexto) a 1/3 (um terço) se a vítima é menor de 18 (dezoito) anos, idosa, gestante, indígena ou portadora de deficiência física ou mental.

→ § 2º acrescentado pela Lei 9.777/1998.

→ *V.* Arts. 7º, XXXI, e 230 da CF/1988.

→ *V.* Art. 100 da Lei 10.741/2003.

→ *V.* Lei 6.001/1973 – Estatuto do Índio.

Frustração de lei sobre a nacionalização do trabalho

Art. 204. Frustrar, mediante fraude ou violência, obrigação legal relativa à nacionalização do trabalho:

→ *V.* Arts. 352 a 371 da CLT.

Pena – detenção, de 1 (um) mês a 1 (um) ano, e multa, além da pena correspondente à violência.

Exercício de atividade com infração de decisão administrativa

Art. 205. Exercer atividade, de que está impedido por decisão administrativa:

Pena – detenção, de 3 (três) meses a 2 (dois) anos, ou multa.

Aliciamento para o fim de emigração

Art. 206. Recrutar trabalhadores, mediante fraude, com o fim de levá-los para território estrangeiro:

Pena – detenção, de 1 (um) a 3 (três) anos, e multa.

→ Artigo com redação alterada pela Lei 8.683/1993.

Aliciamento de trabalhadores de um local para outro do território nacional

Art. 207. Aliciar trabalhadores, com o fim de levá-los de uma para outra localidade do território nacional:

Pena – detenção de 1 (um) a 3 (três) anos, e multa.

→ Pena com redação alterada pela Lei 9.777/1998.

§ 1º Incorre na mesma pena quem recrutar trabalhadores fora da localidade de execução do trabalho, dentro do território nacional, mediante fraude ou cobrança de qualquer quantia do trabalhador, ou, ainda, não assegurar condições do seu retorno ao local de origem.

→ § 1º acrescentado pela Lei 9.777/1998.

§ 2º A pena é aumentada de 1/6 (um sexto) a 1/3 (um terço) se a vítima é menor de 18 (dezoito) anos, idosa, gestante, indígena ou portadora de deficiência física ou mental.

→ § 2º acrescentado pela Lei 9.777/1998.

Título V
Dos crimes contra o sentimento religioso e contra o respeito aos mortos

Capítulo I
DOS CRIMES CONTRA O SENTIMENTO RELIGIOSO

→ *V.* Art. 5º, VI, da CF/1988.

Ultraje a culto e impedimento ou perturbação de ato a ele relativo

Art. 208. Escarnecer de alguém publicamente, por motivo de crença ou função religiosa; impedir ou perturbar cerimônia ou prática de culto religioso; vilipendiar publicamente ato ou objeto de culto religioso:

Pena – detenção, de 1 (um) mês a 1 (um) ano, ou multa.

Parágrafo único. Se há emprego de violência, a pena é aumentada de 1/3 (um terço), sem prejuízo da correspondente à violência.

Capítulo II
DOS CRIMES CONTRA O RESPEITO AOS MORTOS

Impedimento ou perturbação de cerimônia funerária

Art. 209. Impedir ou perturbar enterro ou cerimônia funerária:

Pena – detenção, de 1 (um) mês a 1 (um) ano, ou multa.

Parágrafo único. Se há emprego de violência, a pena é aumentada de 1/3 (um terço), sem prejuízo da correspondente à violência.

Violação de sepultura

Art. 210. Violar ou profanar sepultura ou urna funerária:

→ *V.* Art. 138, § 2º, do CP.

→ *V.* Art. 163 do CPP.

→ *V.* Art. 67 do Dec.-lei 3.688/1941.

Pena – reclusão, de 1 (um) a 3 (três) anos, e multa.

Destruição, subtração ou ocultação de cadáver

Art. 211. Destruir, subtrair ou ocultar cadáver ou parte dele:

→ *V.* Arts. 14 a 20 da Lei 9.434/1997.

Pena – reclusão, de 1 (um) a 3 (três) anos, e multa.

Vilipêndio a cadáver

Art. 212. Vilipendiar cadáver ou suas cinzas:

Pena – detenção, de 1 (um) a 3 (três) anos, e multa.

Título VI
Dos crimes contra a dignidade sexual

→ Rubrica do Título VI com redação alterada pela Lei 12.015/2009.

→ *V.* Lei 13.185/2015 – Lei do *Bullying*.

Capítulo I
DOS CRIMES CONTRA A LIBERDADE SEXUAL

→ *V.* Art. 1º, III, da CF/1988.

Estupro

→ *V.* Art. 1º, V, da Lei 8.072/1990.

Art. 213. Constranger alguém, mediante violência ou grave ameaça, a ter conjunção carnal ou a praticar ou permitir que com ele se pratique outro ato libidinoso:

→ *V.* Súmula 608 do STF.

→ *V.* Recursos repetitivos: tese 581 do STJ.

→ *V.* Art. 71 do CP.

→ *V.* Arts. 158 e 167 do CPP.

→ *V.* Art. 1º, III, *f*, da Lei 7.960/1989.

→ *V.* Art. 61 do Dec-lei 3.688/1941.

Pena – reclusão, de 6 (seis) a 10 (dez) anos.

→ Artigo com redação alterada pela Lei 12.015/2009.

→ *V.* Súmula 608 do STF.

§ 1º Se da conduta resulta lesão corporal de natureza grave ou se a vítima é menor de 18 (dezoito) ou maior de 14 (catorze) anos:

Pena – reclusão, de 8 (oito) a 12 (doze) anos.

§ 2º Se da conduta resulta morte:

Pena – reclusão, de 12 (doze) a 30 (trinta) anos.

Atentado violento ao pudor

Art. 214. (*Revogado pela Lei 12.015/2009*).

Parágrafo único. (*Revogado pela Lei 9.281/1996*).

Violação sexual mediante fraude

→ Rubrica com redação alterada pela Lei 12.015/2009.

Art. 215. Ter conjunção carnal ou praticar outro ato libidinoso com alguém, mediante fraude ou outro meio que impeça ou dificulte a livre manifestação de vontade da vítima:

Pena – reclusão, de 2 (dois) a 6 (seis) anos.

→ Artigo com redação alterada pela Lei 12.015/2009.

→ *V.* Súmula 608 do STF.

Parágrafo único. Se o crime é cometido com o fim de obter vantagem econômica, aplica-se também multa.

Importunação sexual

→ Rubrica acrescentada pela Lei 13.718/2018.

Art. 215-A. Praticar contra alguém e sem a sua anuência ato libidinoso com o objetivo de satisfazer a própria lascívia ou a de terceiro:

→ Artigo acrescentado pela Lei 13.718/2018.

Pena – reclusão, de 1 (um) a 5 (cinco) anos, se o ato não constitui crime mais grave.

→ Pena acrescentada pela Lei 13.718/2018.

Atentado ao pudor mediante fraude

Art. 216. (*Revogado pela Lei 12.015/2009*).

Assédio sexual

→ Rubrica acrescentada pela Lei 10.224/2001.

Art. 216-A. Constranger alguém com o intuito de obter vantagem ou favorecimento sexual, prevalecendo-se o agente da sua condição de superior hierárquico ou ascendência inerentes ao exercício do emprego, cargo ou função.

→ *v.* Art. 22 do CP.

Pena – detenção, de 1 (um) a 2 (dois) anos.

→ *Caput* acrescentado pela Lei 10.224/2001.

Parágrafo único. (*Vetado*).

§ 2º A pena é aumentada em até 1/3 (um terço) se a vítima é menor de 18 (dezoito) anos.

→ § 2º acrescentado pela Lei 12.015/2009.

→ Consta conforme publicação oficial.

→ *v.* Art. 7º, XXXIII, da CF/1988.

Capítulo I-A
DA EXPOSIÇÃO DA INTIMIDADE SEXUAL

→ Rubrica e Capítulo I-A acrescentada pela Lei 13.772/2018.

Registro não autorizado da intimidade sexual

Art. 216-B. Produzir, fotografar, filmar ou registrar, por qualquer meio, conteúdo com cena de nudez ou ato sexual ou libidinoso de caráter íntimo e privado sem autorização dos participantes:

→ Artigo e pena acrescentados pela Lei 13.772/2018.

Pena – detenção, de 6 (seis) meses a 1 (um) ano, e multa.

Parágrafo único. Na mesma pena incorre quem realiza montagem em fotografia, vídeo, áudio ou qualquer outro registro com o fim de incluir pessoa em cena de nudez ou ato sexual ou libidinoso de caráter íntimo.

→ Parágrafo único acrescentado pela Lei 13.772/2018.

Capítulo II
DOS CRIMES SEXUAIS CONTRA VULNERÁVEL

→ Rubrica do Capítulo II com redação alterada pela Lei 12.015/2009.

Sedução

Art. 217. (*Revogado pela Lei 11.106/2005*).

Estupro de vulnerável

→ Rubrica acrescentada pela Lei 12.015/2009.

Art. 217-A. Ter conjunção carnal ou praticar outro ato libidinoso com menor de 14 (catorze) anos:

v. Súmula 593 do STJ

v. Recursos repetitivos: tese 918.

Pena – reclusão, de 8 (oito) a 15 (quinze) anos.

→ Artigo acrescentado pela Lei 12.015/2009.

§ 1º Incorre na mesma pena quem pratica as ações descritas no *caput* com alguém que, por enfermidade ou deficiência mental, não tem o necessário discernimento para a prática do ato, ou que, por qualquer outra causa, não pode oferecer resistência.

→ *v.* Art. 28, II, do CP.

§ 2º (*Vetado*).

§ 3º Se da conduta resulta lesão corporal de natureza grave:

Pena – reclusão, de 10 (dez) a 20 (vinte) anos.

§ 4º Se da conduta resulta morte:

Pena – reclusão, de 12 (doze) a 30 (trinta) anos.

§ 5º As penas previstas no *caput* e nos §§ 1º, 3º e 4º deste artigo aplicam-se independentemente do consentimento da vítima ou do fato de ela ter mantido relações sexuais anteriormente ao crime.

→ § 5º acrescentado pela Lei 13.718/2018.

Art. 218. Induzir alguém menor de 14 (catorze) anos a satisfazer a lascívia de outrem:

Pena – reclusão, de 2 (dois) a 5 (cinco) anos.

→ Artigo com redação alterada pela Lei 12.015/2009.

→ *v.* Arts. 240 a 241-E do ECA.

Parágrafo único. (*Vetado*).

Satisfação de lascívia mediante presença de criança ou adolescente

→ Rubrica acrescentada pela Lei 12.015/2009.

Art. 218-A. Praticar, na presença de alguém menor de 14 (catorze) anos, ou induzi-lo a presenciar, conjunção carnal ou outro ato libidinoso, a fim de satisfazer lascívia própria ou de outrem:

Pena – reclusão, de 2 (dois) a 4 (quatro) anos.

→ Artigo acrescentado pela Lei 12.015/2009.

→ *v.* Art. 228 da CF/1988.

→ *v.* Art. 3º do ECA.

Favorecimento da prostituição ou de outra forma de exploração sexual de criança ou adolescente ou de vulnerável

→ Rubrica com redação alterada pela Lei 12.978/2014.

Art. 218-B. Submeter, induzir ou atrair à prostituição ou outra forma de exploração sexual alguém menor de 18 (dezoito) anos ou que, por enfermidade ou deficiência mental, não tem o necessário discernimento para a prática do ato, facilitá-la, impedir ou dificultar que a abandone:

Pena – reclusão, de 4 (quatro) a 10 (dez) anos.

→ Artigo acrescentado pela Lei 12.015/2009.

→ *v.* Art. 244-A do ECA.

§ 1º Se o crime é praticado com o fim de obter vantagem econômica, aplica-se também multa.

§ 2º Incorre nas mesmas penas:

I – quem pratica conjunção carnal ou outro ato libidinoso com alguém menor de 18 (dezoito) e maior de 14 (catorze) anos na situação descrita no *caput* deste artigo;

II – o proprietário, o gerente ou o responsável pelo local em que se verifiquem as práticas referidas no *caput* deste artigo.

§ 3º Na hipótese do inciso II do § 2º, constitui efeito obrigatório da condenação a cassação da licença de localização e de funcionamento do estabelecimento.

Divulgação de cena de estupro ou de cena de estupro de vulnerável, de cena de sexo ou de pornografia

→ Rubrica acrescentada pela Lei 13.718/2018.

Art. 218-C. Oferecer, trocar, disponibilizar, transmitir, vender ou expor à venda, distribuir, publicar ou divulgar, por qualquer meio – inclusive por meio de comunicação de massa ou sistema de informática ou telemática -, fotografia, vídeo ou outro registro audiovisual que contenha cena de estupro ou de estupro de vulnerável ou que faça apologia ou induza a sua prática, ou, sem o consentimento da vítima, cena de sexo, nudez ou pornografia:

→ *Caput* acrescentado pela Lei 13.718/2018.

Pena – reclusão, de 1 (um) a 5 (cinco) anos, se o fato não constitui crime mais grave.

→ Pena acrescentada pela Lei 13.718/2018.

Aumento de pena

→ Rubrica acrescentada pela Lei 13.718/2018.

§ 1º A pena é aumentada de 1/3 (um terço) a 2/3 (dois terços) se o crime é praticado por agente que mantém ou tenha mantido relação íntima de afeto com a vítima ou com o fim de vingança ou humilhação.

→ § 1º acrescentado pela Lei 13.718/2018.

Exclusão de ilicitude

→ Rubrica acrescentada pela Lei 13.718/2018.

§ 2º Não há crime quando o agente pratica as condutas descritas no caput deste artigo em publicação de natureza jornalística, científica, cultural ou acadêmica com a adoção de recurso que impossibilite a identificação da vítima, ressalvada sua prévia autorização, caso seja maior de 18 (dezoito) anos."

→ § 2º acrescentado pela Lei 13.718/2018.

Capítulo III
DO RAPTO

Rapto violento ou mediante fraude

Art. 219. (*Revogado pela Lei 11.106/2005*).

Rapto consensual

Art. 220. (*Revogado pela Lei 11.106/2005*).

Diminuição de pena

Art. 221. (*Revogado pela Lei 11.106/2005*).

Concurso de rapto e outro crime

Art. 222. (*Revogado pela Lei 11.106/2005*).

Capítulo IV
DISPOSIÇÕES GERAIS

Formas qualificadas

Art. 223. (*Revogado pela Lei 12.015/2009*).

Presunção de violência

Art. 224. (*Revogado pela Lei 12.015/2009*).

Ação penal

Art. 225. Nos crimes definidos nos Capítulos I e II deste Título, procede-se mediante ação penal pública incondicionada.

→ *Caput* com redação alterada pela Lei 13.718/2018.

→ **Anterior redação:** Art. 225. Nos crimes definidos nos Capítulos I e II deste Título, procede-se mediante ação penal pública condicionada à representação.

→ Artigo com redação alterada pela Lei 12.015/2009.

→ *V.* Súmula 608 do STF.

→ *V.* Art. 5º, XL, da CF/1988.

→ *V.* Arts. 101, 213, §§ 1º e 2º, do CP.

→ *V.* Arts. 5º, II, § 4º, 24 a 29 e 33 do CPP.

Parágrafo único. (Revogado pela Lei 13.718/2018).

→ **Anterior redação:** Parágrafo único. Procede-se, entretanto, mediante ação penal pública incondicionada se a vítima é menor de 18 (dezoito) anos ou pessoa vulnerável.

Aumento de pena

Art. 226. A pena é aumentada:

→ Artigo com redação alterada pela Lei 11.106/2005.

I – de quarta parte, se o crime é cometido com o concurso de 2 (duas) ou mais pessoas;

II – de metade, se o agente é ascendente, padrasto ou madrasta, tio, irmão, cônjuge, companheiro, tutor, curador, preceptor ou empregador da vítima ou por qualquer outro título tiver autoridade sobre ela;

→ Inciso II com redação alterada pela Lei 13.718/2018.

→ **Anterior redação:** II – de 1/2 (metade), se o agente é ascendente, padrasto ou madrasta, tio, irmão, cônjuge, companheiro, tutor, curador, preceptor ou empregador da vítima ou por qualquer outro título tem autoridade sobre ela

III – (*Revogado pela Lei 11.106/2005*).

IV – de 1/3 (um terço) a 2/3 (dois terços), se o crime é praticado:

→ Inciso IV acrescentado pela Lei 13.718/2018.

Estupro coletivo

→ Rubrica acrescentada pela Lei 13.718/2018.

a) mediante concurso de 2 (dois) ou mais agentes;

→ Alínea acrescentada pela Lei 13.718/2018.

Estupro corretivo

→ Rubrica acrescentada pela Lei 13.718/2018.

b) para controlar o comportamento social ou sexual da vítima.

→ Alínea acrescentada pela Lei 13.718/2018.

Capítulo V
DO LENOCÍNIO E DO TRÁFICO DE PESSOA PARA FIM DE PROSTITUIÇÃO OU OUTRA FORMA DE EXPLORAÇÃO SEXUAL

→ Rubrica do Capítulo V com redação alterada pela Lei 12.015/2009.

Mediação para servir a lascívia de outrem

Art. 227. Induzir alguém a satisfazer a lascívia de outrem:

Pena – reclusão, de 1 (um) a 3 (três) anos.

§ 1º Se a vítima é maior de 14 (catorze) e menor de 18 (dezoito) anos, ou se o agente é seu ascendente, descendente, cônjuge ou companheiro, irmão, tutor ou curador ou pessoa a quem esteja confiada para fins de educação, de tratamento ou de guarda:

→ § 1º com redação alterada pela Lei 11.106/2005.

Pena – reclusão, de 2 (dois) a 5 (cinco) anos.

§ 2º Se o crime é cometido com emprego de violência, grave ameaça ou fraude:

Pena – reclusão, de 2 (dois) a 8 (oito) anos, além da pena correspondente à violência.

§ 3º Se o crime é cometido com o fim de lucro, aplica-se também multa.

Favorecimento da prostituição ou outra forma de exploração sexual

→ Rubrica com redação alterada pela Lei 12.015/2009.

Art. 228. Induzir ou atrair alguém à prostituição ou outra forma de exploração sexual, facilitá-la, impedir ou dificultar que alguém a abandone:

Pena – reclusão, de 2 (dois) a 5 (cinco) anos, e multa.

→ *Caput* com redação alterada pela Lei 12.015/2009.

§ 1º Se o agente é ascendente, padrasto, madrasta, irmão, enteado, cônjuge, companheiro, tutor ou curador, preceptor ou empregador da vítima, ou se assumiu, por lei ou outra forma, obrigação de cuidado, proteção ou vigilância:

Pena – reclusão, de 3 (três) a 8 (oito) anos.

→ § 1º com redação alterada pela Lei 12.015/2009.

§ 2º Se o crime é cometido com o emprego de violência, grave ameaça ou fraude:

Pena – reclusão, de 4 (quatro) a 10 (dez) anos, além da pena correspondente à violência.

§ 3º Se o crime é cometido com o fim de lucro, aplica-se também multa.

Art. 229. Manter, por conta própria ou de terceiro, estabelecimento em que ocorra exploração sexual, haja, ou não, intuito de lucro ou mediação direta do proprietário ou gerente:

→ *Caput* com redação alterada pela Lei 12.015/2009.

Pena – reclusão, de 2 (dois) a 5 (cinco) anos, e multa.

Rufianismo

Art. 230. Tirar proveito da prostituição alheia, participando diretamente de seus lucros ou fazendo-se sustentar, no todo ou em parte, por quem a exerça:

Pena – reclusão, de 1 (um) a 4 (quatro) anos, e multa.

§ 1º Se a vítima é menor de 18 (dezoito) e maior de 14 (catorze) anos ou se o crime é cometido por ascendente, padrasto, madrasta, irmão, enteado, cônjuge, companheiro, tutor ou curador, preceptor ou empregador da vítima, ou por quem assumiu, por lei ou outra forma, obrigação de cuidado, proteção ou vigilância:

Pena – reclusão, de 3 (três) a 6 (seis) anos, e multa.

→ § 1º com redação alterada pela Lei 12.015/2009.

§ 2º Se o crime é cometido mediante violência, grave ameaça, fraude ou outro meio que impeça ou dificulte a livre manifestação da vontade da vítima:

Pena – reclusão, de 2 (dois) a 8 (oito) anos, sem prejuízo da pena correspondente à violência.

→ § 2º com redação alterada pela Lei 12.015/2009.

Tráfico internacional de pessoa para fim de exploração sexual

Art. 231. (*Revogado pela Lei 13.344/2016*).

Tráfico interno de pessoa para fim de exploração sexual

Art. 231-A. (*Revogado pela Lei 13.344/2016*)

Art. 232. (*Revogado pela Lei 12.015/2009*).

Promoção de migração ilegal

→ Rubrica acrescentada pela Lei 13.445/2017.

Art. 232-A. Promover, por qualquer meio, com o fim de obter vantagem econômica, a entrada ilegal de estrangeiro em território nacional ou de brasileiro em país estrangeiro:

→ Artigo acrescentado pela Lei 13.445/2017.

Pena – reclusão, de 2 (dois) a 5 (cinco) anos, e multa.

§ 1º Na mesma pena incorre quem promover, por qualquer meio, com o fim de obter vantagem econômica, a saída de estrangeiro do território nacional para ingressar ilegalmente em país estrangeiro.

§ 2º A pena é aumentada de 1/6 (um sexto) a 1/3 (um terço) se:

I – o crime é cometido com violência; ou

II – a vítima é submetida a condição desumana ou degradante.

§ 3º A pena prevista para o crime será aplicada sem prejuízo das correspondentes às infrações conexas.

Capítulo VI
DO ULTRAJE PÚBLICO AO PUDOR

Ato obsceno

Art. 233. Praticar ato obsceno em lugar público, ou aberto ou exposto ao público:

→ *v.* Arts. 61 e 65 do Dec.-lei 3.688/1941.

Pena – detenção, de 3 (três) meses a 1 (um) ano, ou multa.

Escrito ou objeto obsceno

Art. 234. Fazer, importar, exportar, adquirir ou ter sob sua guarda, para fim de comércio, de distribuição ou de exposição pública, escrito, desenho, pintura, estampa ou qualquer objeto obsceno:

→ *v.* Art. 5º, IV, IX, 220, § 2º, da CF/1988.

→ *v.* Arts. 240 a 241-C e 241-E do ECA.

Pena – detenção, de 6 (seis) meses a 2 (dois) anos, ou multa.

Parágrafo único. Incorre na mesma pena quem:

I – vende, distribui ou expõe à venda ou ao público qualquer dos objetos referidos neste artigo;

II – realiza, em lugar público ou acessível ao público, representação teatral, ou exibição cinematográfica de caráter obsceno, ou qualquer outro espetáculo, que tenha o mesmo caráter;

→ *v.* Lei 9.472/1997 – Organização dos serviços de telecomunicações.

→ *v.* Lei 4.117/1962 – Código brasileiro de telecomunicações.

III – realiza, em lugar público ou acessível ao público, ou pelo rádio, audição ou recitação de caráter obsceno.

Capítulo VII
DISPOSIÇÕES GERAIS

→ Capítulo VII acrescentado pela Lei 12.015/2009.

Aumento de pena

→ Rubrica acrescentada pela Lei 12.015/2009.

Art. 234-A. Nos crimes previstos neste Título a pena é aumentada:

→ Artigo acrescentado pela Lei 12.015/2009.

I – (*Vetado*);

II – (*Vetado*);

III – de metade a 2/3 (dois terços), se do crime resulta gravidez;

→ Inciso III com redação alterada pela Lei 13.718/2018.

→ **Anterior redação:** III – de 1/2 (metade), se do crime resultar gravidez; e

IV – de 1/3 (um terço) a 2/3 (dois terços), se o agente transmite à vítima doença sexualmente transmissível de que sabe ou deveria saber ser portador, ou se a vítima é idosa ou pessoa com deficiência.

→ Inciso IV com redação alterada pela Lei 13.718/2018.

→ **Anterior redação:** IV – de 1/6 (um sexto) até a 1/2 (metade), se o agente transmite à vítima doença sexualmente transmissível de que sabe ou deveria saber ser portador.

Art. 234-B. Os processos em que se apuram crimes definidos neste Título correrão em segredo de justiça.

→ Artigo acrescentado pela Lei 12.015/2009.

→ *V.* Arts. 5º, LX, e 93, IX, da CF/1988.

→ *V.* Art. 189, I e II, do CPC/2015.

→ *V.* Art. 201, § 6º, do CPP.

Art. 234-C. *(Vetado).*

Título VII
Dos crimes contra a família

→ *V.* Art. 226, *caput*, da CF/1988.

Capítulo I
DOS CRIMES CONTRA O CASAMENTO

Bigamia

Art. 235. Contrair alguém, sendo casado, novo casamento:

→ *V.* Art. 226, § 3º, da CF/1988.

→ *V.* Arts. 1.525 a 1.542 do CC.

→ *V.* Arts. 20, 21, 111, IV, do CP.

→ *V.* Art. 92 do CPP.

Pena – reclusão, de 2 (dois) a 6 (seis) anos.

§ 1º Aquele que, não sendo casado, contrai casamento com pessoa casada, conhecendo essa circunstância, é punido com reclusão ou detenção, de 1 (um) a 3 (três) anos.

§ 2º Anulado por qualquer motivo o primeiro casamento, ou o outro por motivo que não a bigamia, considera-se inexistente o crime.

Induzimento a erro essencial e ocultação de impedimento

Art. 236. Contrair casamento, induzindo em erro essencial o outro contraente, ou ocultando-lhe impedimento que não seja casamento anterior:

→ *V.* Arts. 1.521 e 1.557 do CC.

Pena – detenção, de 6 (seis) meses a 2 (dois) anos.

Parágrafo único. A ação penal depende de queixa do contraente enganado e não pode ser intentada senão depois de transitar em julgado a sentença que, por motivo de erro ou impedimento, anule o casamento.

Conhecimento prévio de impedimento

Art. 237. Contrair casamento, conhecendo a existência de impedimento que lhe cause a nulidade absoluta:

→ *V.* Arts. 1.521, I a VII, e 1.548, II, do CC.

Pena – detenção, de 3 (três) meses a 1 (um) ano.

Simulação de autoridade para celebração de casamento

Art. 238. Atribuir-se falsamente autoridade para celebração de casamento:

→ *V.* Art. 226, § 2º, da CF/1988.

→ *V.* Art. 1.515 do CC.

Pena – detenção, de 1 (um) a 3 (três) anos, se o fato não constitui crime mais grave.

Simulação de casamento

Art. 239. Simular casamento mediante engano de outra pessoa:

Pena – detenção, de 1 (um) a 3 (três) anos, se o fato não constitui elemento de crime mais grave.

Adultério

Art. 240. (*Revogado pela Lei 11.106/2005*).

Capítulo II
DOS CRIMES CONTRA O ESTADO DE FILIAÇÃO

Registro de nascimento inexistente

Art. 241. Promover no registro civil a inscrição de nascimento inexistente:

→ *v.* Art. 111, IV, do CP.

Pena – reclusão, de 2 (dois) a 6 (seis) anos.

Parto suposto. Supressão ou alteração de direito inerente ao estado civil de recém-nascido

Art. 242. Dar parto alheio como próprio; registrar como seu o filho de outrem; ocultar recém-nascido ou substituí-lo, suprimindo ou alterando direito inerente ao estado civil:

→ *v.* Art. 229 do ECA.

Pena – reclusão, de 2 (dois) a 6 (seis) anos.

→ Artigo com redação alterada pela Lei 6.898/1981.

Parágrafo único. Se o crime é praticado por motivo de reconhecida nobreza:

Pena – detenção, de 1 (um) a 2 (dois) anos, podendo o juiz deixar de aplicar a pena.

Sonegação de estado de filiação

Art. 243. Deixar em asilo de expostos ou outra instituição de assistência filho próprio ou alheio, ocultando-lhe a filiação ou atribuindo-lhe outra, com o fim de prejudicar direito inerente ao estado civil:

Pena – reclusão, de 1 (um) a 5 (cinco) anos, e multa.

Capítulo III
DOS CRIMES CONTRA A ASSISTÊNCIA FAMILIAR

Abandono material

Art. 244. Deixar, sem justa causa, de prover a subsistência do cônjuge, ou de filho menor de 18 (dezoito) anos ou inapto para o trabalho, ou de ascendente inválido ou maior de 60 (sessenta) anos, não lhes proporcionando os recursos necessários ou faltando ao pagamento de pensão alimentícia judicialmente acordada, fixada ou majorada; deixar, sem justa causa, de socorrer descendente ou ascendente, gravemente enfermo:

→ *v.* Arts. 227, 229 e 230 da CF/1988.

Pena – detenção, de 1 (um) a 4 (quatro) anos, e multa, de uma a dez vezes o maior salário mínimo vigente no País.

→ *Caput* com redação alterada pela Lei 10.741/2003.

Parágrafo único. Nas mesmas penas incide quem, sendo solvente, frustra ou ilide, de qualquer modo, inclusive por abandono injustificado de emprego ou função, o pagamento de pensão alimentícia judicialmente acordada, fixada ou majorada.

→ Parágrafo único com redação alterada pela Lei 5.478/1968.

→ *v.* Art. 5º, LXVII, da CF/1988.

→ *v.* Art. 528, § 3º, do CPC/2015.

→ *v.* Art. 19 da Lei 5.478/1968.

Entrega de filho menor a pessoa inidônea

Art. 245. Entregar filho menor de 18 (dezoito) anos a pessoa em cuja companhia saiba ou deva saber que o menor fica moral ou materialmente em perigo:

→ *v.* Arts. 18, I, e 27 do CP.

→ *v.* Art. 238 do ECA.

Pena – detenção, de 1 (um) a 2 (dois) anos.

→ Artigo com redação alterada pela Lei 7.251/1984.

§ 1º A pena é de 1 (um) a 4 (quatro) anos de reclusão, se o agente pratica delito para obter lucro, ou se o menor é enviado para o exterior.

§ 2º Incorre, também, na pena do parágrafo anterior quem, embora excluído o perigo moral ou material, auxilia a efetivação de ato destinado ao envio de menor para o exterior, com o fito de obter lucro.

→ *v.* Art. 239 do ECA.

Abandono intelectual

Art. 246. Deixar, sem justa causa, de prover à instrução primária de filho em idade escolar:

→ *v.* Art. 208, I, e § 1º, da CF/1988.

Pena – detenção, de 15 (quinze) dias a 1 (um) mês, ou multa.

Art. 247. Permitir alguém que menor de 18 (dezoito) anos, sujeito a seu poder ou confiado à sua guarda ou vigilância:

I – frequente casa de jogo ou mal-afamada, ou conviva com pessoa viciosa ou de má vida;

II – frequente espetáculo capaz de pervertê-lo ou de ofender-lhe o pudor, ou participe de representação de igual natureza;

→ v. Art. 240 da Lei 8.069/1990.

III – resida ou trabalhe em casa de prostituição;

IV – mendigue ou sirva a mendigo para excitar a comiseração pública:

Pena – detenção, de 1 (um) a 3 (três) meses, ou multa.

Capítulo IV
DOS CRIMES CONTRA O PÁTRIO PODER, TUTELA OU CURATELA

→ Com o advento da Lei 10.406/2002 – Código Civil, a expressão pátrio poder foi substituída por poder familiar.

Induzimento a fuga, entrega arbitrária ou sonegação de incapazes

Art. 248. Induzir menor de 18 (dezoito) anos, ou interdito, a fugir do lugar em que se acha por determinação de quem sobre ele exerce autoridade, em virtude de lei ou de ordem judicial; confiar a outrem sem ordem do pai, do tutor ou do curador algum menor de 18 (dezoito) anos ou interdito, ou deixar, sem justa causa, de entregá-lo a quem legitimamente o reclame:

→ v. Arts. 1.630 a 1.638, 1.728 a 1.766 e 1.767 a 1.783 do CC.

Pena – detenção, de 1 (um) mês a 1 (um) ano, ou multa.

Subtração de incapazes

Art. 249. Subtrair menor de 18 (dezoito) anos ou interdito ao poder de quem o tem sob sua guarda em virtude de lei ou de ordem judicial:

→ v. Arts. 83 a 85, 237 e 251 do ECA.

Pena – detenção, de 2 (dois) meses a 2 (dois) anos, se o fato não constitui elemento de outro crime.

§ 1º O fato de ser o agente pai ou tutor do menor ou curador do interdito não o exime de pena, se destituído ou temporariamente privado do pátrio poder, tutela, curatela ou guarda.

→ Com o advento da Lei 10.406/2002 – Código Civil, a expressão pátrio poder foi substituída por poder familiar.

§ 2º No caso de restituição do menor ou do interdito, se este não sofreu maus-tratos ou privações, o juiz pode deixar de aplicar pena.

→ v. Art. 107, IX, do CP.

Título VIII
Dos crimes contra a incolumidade pública

Capítulo I
DOS CRIMES DE PERIGO COMUM

Incêndio

Art. 250. Causar incêndio, expondo a perigo a vida, a integridade física ou o patrimônio de outrem:

→ v. Art. 173 do CPP.

→ v. Art. 16, parágrafo único, III, da Lei 10.826/2003.

→ v. Art. 20 da Lei 7.170/1983.

Pena – reclusão, de 3 (três) a 6 (seis) anos, e multa.

Aumento de pena

§ 1º As penas aumentam-se de 1/3 (um terço):

I – se o crime é cometido com intuito de obter vantagem pecuniária em proveito próprio ou alheio;

II – se o incêndio é:

a) em casa habitada ou destinada a habitação;

b) em edifício público ou destinado a uso público ou a obra de assistência social ou de cultura;

c) em embarcação, aeronave, comboio ou veículo de transporte coletivo;

→ v. Art. 106 da Lei 7.565/1986.

d) em estação ferroviária ou aeródromo;

e) em estaleiro, fábrica ou oficina;

f) em depósito de explosivo, combustível ou inflamável;

g) em poço petrolífero ou galeria de mineração;

h) em lavoura, pastagem, mata ou floresta.

→ v. Arts. 41 e 42 da Lei 9.605/1998.

Incêndio culposo

§ 2º Se culposo o incêndio, a pena é de detenção, de 6 (seis) meses a 2 (dois) anos.

Explosão

Art. 251. Expor a perigo a vida, a integridade física ou o patrimônio de outrem, mediante explosão, arremesso ou simples colocação de engenho de dinamite ou de substância de efeitos análogos:

→ *V.* Art. 35, I, da Lei 9.605/1998.

Pena – reclusão, de 3 (três) a 6 (seis) anos, e multa.

§ 1º Se a substância utilizada não é dinamite ou explosivo de efeitos análogos:

Pena – reclusão, de 1 (um) a 4 (quatro) anos, e multa.

Aumento de pena

§ 2º As penas aumentam-se de 1/3 (um terço), se ocorre qualquer das hipóteses previstas no § 1º, I, do artigo anterior, ou é visada ou atingida qualquer das coisas enumeradas no n. II do mesmo parágrafo.

Modalidade culposa

§ 3º No caso de culpa, se a explosão é de dinamite ou substância de efeitos análogos, a pena é de detenção, de 6 (seis) meses a 2 (dois) anos; nos demais casos, é de detenção, de 3 (três) meses a 1 (um) ano.

Uso de gás tóxico ou asfixiante

Art. 252. Expor a perigo a vida, a integridade física ou o patrimônio de outrem, usando de gás tóxico ou asfixiante:

→ *V.* Arts. 54 e 56 da Lei 9.605/1998.

Pena – reclusão, de 1 (um) a 4 (quatro) anos, e multa.

Modalidade culposa

Parágrafo único. Se o crime é culposo:

Pena – detenção, de 3 (três) meses a 1 (um) ano.

Fabrico, fornecimento, aquisição, posse ou transporte de explosivos ou gás tóxico, ou asfixiante

Art. 253. Fabricar, fornecer, adquirir, possuir ou transportar, sem licença da autoridade, substância ou engenho explosivo, gás tóxico ou asfixiante, ou material destinado à sua fabricação:

→ *V.* Art. 242 do ECA.

→ *V.* Art. 16, VI, da Lei 10.826/2003.

→ *V.* Arts. 22 e 26 da Lei 6.453/1977.

Pena – detenção, de 6 (seis) meses a 2 (dois) anos, e multa.

Inundação

Art. 254. Causar inundação, expondo a perigo a vida, a integridade física ou o patrimônio de outrem:

Pena – reclusão, de 3 (três) a 6 (seis) anos, e multa, no caso de dolo, ou detenção, de 6 (seis) meses a 2 (dois) anos, no caso de culpa.

Perigo de inundação

Art. 255. Remover, destruir ou inutilizar, em prédio próprio ou alheio, expondo a perigo a vida, a integridade física ou o patrimônio de outrem, obstáculo natural ou obra destinada a impedir inundação:

Pena – reclusão, de 1 (um) a 3 (três) anos, e multa.

Desabamento ou desmoronamento

Art. 256. Causar desabamento ou desmoronamento, expondo a perigo a vida, a integridade física ou o patrimônio de outrem:

→ *V.* Arts. 29 e 30 do Dec.-lei 3.688/1941.

Pena – reclusão, de 1 (um) a 4 (quatro) anos, e multa.

Modalidade culposa

Parágrafo único. Se o crime é culposo:

Pena – detenção, de 6 (seis) meses a 1 (um) ano.

Subtração, ocultação ou inutilização de material de salvamento

Art. 257. Subtrair, ocultar ou inutilizar, por ocasião de incêndio, inundação, naufrágio, ou outro desastre ou calamidade, aparelho, material ou qualquer meio destinado a serviço de combate ao perigo, de socorro ou salvamento; ou impedir ou dificultar serviço de tal natureza:

Pena – reclusão, de 2 (dois) a 5 (cinco) anos, e multa.

Formas qualificadas de crime de perigo comum

Art. 258. Se do crime doloso de perigo comum resulta lesão corporal de natureza grave, a pena privativa de liberdade é aumentada de 1/2 (metade); se resulta morte, é aplicada em dobro. No caso de culpa, se do fato resulta lesão corporal, a pena aumenta-se de 1/2 (metade); se resulta morte, aplica-se a pena cominada ao homicídio culposo, aumentada de 1/3 (um terço).

Difusão de doença ou praga

Art. 259. Difundir doença ou praga que possa causar dano a floresta, plantação ou animais de utilidade econômica:

→ *V.* Art. 61 da Lei 9.065/1998.

Pena – reclusão, de 2 (dois) a 5 (cinco) anos, e multa.

Modalidade culposa

Parágrafo único. No caso de culpa, a pena é de detenção, de 1 (um) a 6 (seis) meses, ou multa.

Capítulo II
DOS CRIMES CONTRA A SEGURANÇA DOS MEIOS DE COMUNICAÇÃO E TRANSPORTE E OUTROS SERVIÇOS PÚBLICOS

Perigo de desastre ferroviário

Art. 260. Impedir ou perturbar serviço de estrada de ferro:

I – destruindo, danificando ou desarranjando, total ou parcialmente, linha férrea, material rodante ou de tração, obra de arte ou instalação;

II – colocando obstáculo na linha;

III – transmitindo falso aviso acerca do movimento dos veículos ou interrompendo ou embaraçando o funcionamento de telégrafo, telefone ou radiotelegrafia;

IV – praticando outro ato de que possa resultar desastre:

→ *V.* Art. 15 da Lei 7.170/1983.

Pena – reclusão, de 2 (dois) a 5 (cinco) anos, e multa.

Desastre ferroviário

§ 1º Se do fato resulta desastre:

Pena – reclusão, de 4 (quatro) a 12 (doze) anos, e multa.

§ 2º No caso de culpa, ocorrendo desastre:

Pena – detenção, de 6 (seis) meses a 2 (dois) anos.

§ 3º Para os efeitos deste artigo, entende-se por estrada de ferro qualquer via de comunicação em que circulem veículos de tração mecânica, em trilhos ou por meio de cabo aéreo.

Atentado contra a segurança de transporte marítimo, fluvial ou aéreo

Art. 261. Expor a perigo embarcação ou aeronave, própria ou alheia, ou praticar qualquer ato tendente a impedir ou dificultar navegação marítima, fluvial ou aérea:

→ *V.* Art. 106 da Lei 7.565/1986.

Pena – reclusão, de 2 (dois) a 5 (cinco) anos.

Sinistro em transporte marítimo, fluvial ou aéreo

§ 1º Se do fato resulta naufrágio, submersão ou encalhe de embarcação ou a queda ou destruição de aeronave:

Pena – reclusão, de 4 (quatro) a 12 (doze) anos.

Prática do crime com o fim de lucro

§ 2º Aplica-se, também, a pena de multa, se o agente pratica o crime com o intuito de obter vantagem econômica, para si ou para outrem.

Modalidade culposa

§ 3º No caso de culpa, se ocorre o sinistro:

Pena – detenção, de 6 (seis) meses a 2 (dois) anos.

Atentado contra a segurança de outro meio de transporte

Art. 262. Expor a perigo outro meio de transporte público, impedir-lhe ou dificultar-lhe o funcionamento:

Pena – detenção, de 1 (um) a 2 (dois) anos.

§ 1º Se do fato resulta desastre, a pena é de reclusão, de 2 (dois) a 5 (cinco) anos.

§ 2º No caso de culpa, se ocorre desastre:

Pena – detenção, de 3 (três) meses a 1 (um) ano.

Forma qualificada

Art. 263. Se de qualquer dos crimes previstos nos arts. 260 a 262, no caso de desastre ou sinistro, resulta lesão corporal ou morte, aplica-se o disposto no art. 258.

Arremesso de projétil

Art. 264. Arremessar projétil contra veículo, em movimento, destinado ao transporte público por terra, por água ou pelo ar:

→ *V.* Art. 15 da Lei 10.826/2006.

Pena – detenção, de 1 (um) a 6 (seis) meses.

Parágrafo único. Se do fato resulta lesão corporal, a pena é de detenção, de 6 (seis) meses a 2 (dois) anos; se resulta morte, a pena é a do art. 121, § 3º, aumentada de 1/3 (um terço).

Atentado contra a segurança de serviço de utilidade pública

Art. 265. Atentar contra a segurança ou o funcionamento de serviço de água, luz, força ou calor, ou qualquer outro de utilidade pública:

→ *V.* Art. 15 da Lei 7.170/1983.

→ *V.* Art. 27 da Lei 6.453/1977.

Pena – reclusão, de 1 (um) a 5 (cinco) anos, e multa.

Parágrafo único. Aumentar-se-á a pena de 1/3 (um terço) até a 1/2 (metade), se o dano ocorrer em virtude de subtração de material essencial ao funcionamento dos serviços.

→ Parágrafo único acrescentado pela Lei 5.346/1967.

Interrupção ou perturbação de serviço telegráfico ou telefônico, informático, telemático ou de informação de utilidade pública

→ Rubrica com redação alterada pela Lei 12.737/2012.

Art. 266. Interromper ou perturbar serviço telegráfico, radiotelegráfico ou telefônico, impedir ou dificultar-lhe o restabelecimento:

Pena – detenção, de 1 (um) a 3 (três) anos, e multa.

§ 1º Incorre na mesma pena quem interrompe serviço telemático ou de informação de utilidade pública, ou impede ou dificulta-lhe o restabelecimento.

→ § 1º acrescentado pela Lei 12.737/2012.

§ 2º Aplicam-se as penas em dobro se o crime é cometido por ocasião de calamidade pública.

→ § 2º acrescentado pela Lei 12.737/2012.

Capítulo III
DOS CRIMES CONTRA A SAÚDE PÚBLICA

Epidemia

Art. 267. Causar epidemia, mediante a propagação de germes patogênicos:

Pena – reclusão, de 10 (dez) a 15 (quinze) anos.

→ Pena com redação alterada pela Lei 8.072/1990.

§ 1º Se do fato resulta morte, a pena é aplicada em dobro.

→ *V.* Arts. 196 e 200, II, da CF/1988.

→ *V.* Art. 1º, VII, da Lei 8.072/1990.

§ 2º No caso de culpa, a pena é de detenção, de 1 (um) a 2 (dois) anos, ou, se resulta morte, de 2 (dois) a 4 (quatro) anos.

Infração de medida sanitária preventiva

Art. 268. Infringir determinação do poder público, destinada a impedir introdução ou propagação de doença contagiosa:

Pena – detenção, de 1 (um) mês a 1 (um) ano, e multa.

Parágrafo único. A pena é aumentada de 1/3 (um terço), se o agente é funcionário da saúde pública ou exerce a profissão de médico, farmacêutico, dentista ou enfermeiro.

Omissão de notificação de doença

Art. 269. Deixar o médico de denunciar à autoridade pública doença cuja notificação é compulsória:

Pena – detenção, de 6 (seis) meses a 2 (dois) anos, e multa.

Envenenamento de água potável ou de substância alimentícia ou medicinal

Art. 270. Envenenar água potável, de uso comum ou particular, ou substância alimentícia ou medicinal destinada a consumo:

→ *V.* Lei 2.889/1956 – Crime de genocídio.

Pena – reclusão, de 10 (dez) a 15 (quinze) anos.

→ Pena com redação alterada pela Lei 8.072/1990.

§ 1º Está sujeito à mesma pena quem entrega a consumo ou tem em depósito, para o fim de ser distribuída, a água ou a substância envenenada.

Modalidade culposa

§ 2º Se o crime é culposo:

Pena – detenção, de 6 (seis) meses a 2 (dois) anos.

Corrupção ou poluição de água potável

Art. 271. Corromper ou poluir água potável, de uso comum ou particular, tornando-a imprópria para consumo ou nociva à saúde:

→ *V.* Art. 54 da Lei 9.605/1998.

Pena – reclusão, de 2 (dois) a 5 (cinco) anos.

Modalidade culposa

Parágrafo único. Se o crime é culposo:

Pena – detenção, de 2 (dois) meses a 1 (um) ano.

Falsificação, corrupção, adulteração ou alteração de substância ou produtos alimentícios

→ Rubrica com redação alterada pela Lei 9.677/1998.

Art. 272. Corromper, adulterar, falsificar ou alterar substância ou produto alimentício destinado a consumo, tornando-o nocivo à saúde ou reduzindo-lhe o valor nutritivo:

Pena – reclusão, de 4 (quatro) a 8 (oito) anos, e multa.

→ Artigo com redação alterada pela Lei 9.677/1998.

§ 1º-A. Incorre nas penas deste artigo quem fabrica, vende, expõe à venda, importa, tem em depósito para vender ou, de qualquer forma, distribui ou entrega a consumo a substância alimentícia ou o produto falsificado, corrompido ou adulterado.

§ 1º Está sujeito às mesmas penas quem pratica as ações previstas neste artigo em relação a bebidas, com ou sem teor alcoólico.

Modalidade culposa

§ 2º Se o crime é culposo:

Pena – detenção, de 1 (um) a 2 (dois) anos, e multa.

Falsificação, corrupção, adulteração ou alteração de produto destinado a fins terapêuticos ou medicinais

→ Rubrica com redação alterada pela Lei 9.677/1998.

Art. 273. Falsificar, corromper, adulterar ou alterar produto destinado a fins terapêuticos ou medicinais:

→ *V.* Art. 1º, VII-B, da Lei 8.072/1990.

Pena – reclusão, de 10 (dez) a 15 (quinze) anos, e multa.

→ Artigo com redação alterada pela Lei 9.677/1998.

§ 1º Nas mesmas penas incorre quem importa, vende, expõe à venda, tem em depósito para vender ou, de qualquer forma, distribui ou entrega a consumo o produto falsificado, corrompido, adulterado ou alterado.

§ 1º-A. Incluem-se entre os produtos a que se refere este artigo os medicamentos, as matérias-primas, os insumos farmacêuticos, os cosméticos, os saneantes e os de uso em diagnóstico.

§ 1º-B. Está sujeito às penas deste artigo quem pratica as ações previstas no § 1º em relação a produtos em qualquer das seguintes condições:

I – sem registro, quando exigível, no órgão de vigilância sanitária competente;

II – em desacordo com a fórmula constante do registro previsto no inciso anterior;

III – sem as características de identidade e qualidade admitidas para a sua comercialização;

IV – com redução de seu valor terapêutico ou de sua atividade;

V – de procedência ignorada;

VI – adquiridos de estabelecimento sem licença da autoridade sanitária competente.

Modalidade culposa

§ 2º Se o crime é culposo:

Pena – detenção, de 1 (um) a 3 (três) anos, e multa.

Emprego de processo proibido ou de substância não permitida

Art. 274. Empregar, no fabrico de produto destinado a consumo, revestimento, gaseificação artificial, matéria corante, substância aromática, antisséptica, conservadora ou qualquer outra não expressamente permitida pela legislação sanitária:

Pena – reclusão, de 1 (um) a 5 (cinco) anos, e multa.

→ Pena com redação alterada pela Lei 9.677/1998.

Invólucro ou recipiente com falsa indicação

Art. 275. Inculcar, em invólucro ou recipiente de produtos alimentícios, terapêuticos ou medicinais, a existência de substância que não se encontra em seu conteúdo ou que nele existe em quantidade menor que a mencionada:

→ *V.* Art. 66 do CDC.

Pena – reclusão, de 1 (um) a 5 (cinco) anos, e multa.

→ Artigo com redação alterada pela Lei 9.677/1998.

Produto ou substância nas condições dos dois artigos anteriores

Art. 276. Vender, expor à venda, ter em depósito para vender ou, de qualquer forma, entregar a consumo produto nas condições dos arts. 274 e 275:

Pena – reclusão, de 1 (um) a 5 (cinco) anos, e multa.

→ Pena com redação alterada pela Lei 9.677/1998.

Substância destinada à falsificação

Art. 277. Vender, expor à venda, ter em depósito ou ceder substância destinada à falsificação de produtos alimentícios, terapêuticos ou medicinais:

Pena – reclusão, de 1 (um) a 5 (cinco) anos, e multa.

→ Artigo com redação alterada pela Lei 9.677/1998.

Outras substâncias nocivas à saúde pública

Art. 278. Fabricar, vender, expor à venda, ter em depósito para vender ou, de qualquer forma, entregar a consumo coisa ou substância nociva à saúde, ainda que não destinada à alimentação ou a fim medicinal:

Pena – detenção, de 1 (um) a 3 (três) anos, e multa.

Modalidade culposa

Parágrafo único. Se o crime é culposo:

Pena – detenção, de 2 (dois) meses a 1 (um) ano.

Substância avariada

Art. 279. *(Revogado pela Lei 8.137/1990).*

Medicamento em desacordo com receita médica

Art. 280. Fornecer substância medicinal em desacordo com receita médica:

Pena – detenção, de 1 (um) a 3 (três) anos, ou multa.

Modalidade culposa

Parágrafo único. Se o crime é culposo:

Pena – detenção, de 2 (dois) meses a 1 (um) ano.

→ *V.* Art. 60, § 2º, do CP.

Comércio clandestino ou facilitação de uso de entorpecente

Art. 281. *(Revogado pela Lei 6.368/1976).*

Exercício ilegal da medicina, arte dentária ou farmacêutica

Art. 282. Exercer, ainda que a título gratuito, a profissão de médico, dentista ou farmacêutico, sem autorização legal ou excedendo-lhe os limites:

→ *V.* Art. 47 da Lei 3.688/1941.

Pena – detenção, de 6 (seis) meses a 2 (dois) anos.

Parágrafo único. Se o crime é praticado com o fim de lucro, aplica-se também multa.

Charlatanismo

Art. 283. Inculcar ou anunciar cura por meio secreto ou infalível:

Pena – detenção, de 3 (três) meses a 1 (um) ano, e multa.

Curandeirismo

Art. 284. Exercer o curandeirismo:

I – prescrevendo, ministrando ou aplicando, habitualmente, qualquer substância;

II – usando gestos, palavras ou qualquer outro meio;

→ *V.* Art. 5º, VI, da CF/1988.

III – fazendo diagnósticos:

Pena – detenção, de 6 (seis) meses a 2 (dois) anos.

Parágrafo único. Se o crime é praticado mediante remuneração, o agente fica também sujeito à multa.

Forma qualificada

Art. 285. Aplica-se o disposto no art. 258 aos crimes previstos neste Capítulo, salvo quanto ao definido no art. 267.

Título IX
Dos crimes contra a paz pública

Incitação ao crime

Art. 286. Incitar, publicamente, a prática de crime:

→ *V.* Arts. 31, 122, 237 e 238 do CP.

→ *V.* Art. 20 da Lei 7.716/1989.

→ *V.* Art. 23, IV, da Lei 7.170/1983.

→ *V.* Art. 3º da Lei 2.889/1956.

Pena – detenção, de 3 (três) a 6 (seis) meses, ou multa.

Apologia de crime ou criminoso

Art. 287. Fazer, publicamente, apologia de fato criminoso ou de autor de crime:

Pena – detenção, de 3 (três) a 6 (seis) meses, ou multa.

Associação Criminosa

→ Rubrica com redação alterada pela Lei 12.850/2013, em vigor após decorridos 45 (quarenta e cinco) dias de sua publicação oficial – publicação no *D.O.U.* de 5.8.2013.

Art. 288. Associarem-se 3 (três) ou mais pessoas, para o fim específico de cometer crimes:

→ Artigo com redação alterada pela Lei 12.850/2013, em vigor após decorridos 45 (quarenta e cinco) dias de sua publicação oficial – publicação no *D.O.U.* de 5.8.2013.

Pena – reclusão, de 1 (um) a 3 (três) anos.

Parágrafo único. A pena aumenta-se até a metade se a associação é armada ou se houver a participação de criança ou adolescente

Constituição de milícia privada

→ Rubrica acrescentada pela Lei 12.720/2012.

Art. 288-A Constituir, organizar, integrar, manter ou custear organização paramilitar, milícia particular, grupo ou esquadrão com a finalidade de praticar qualquer dos crimes previstos neste Código.

Pena – reclusão, de 4 (quatro) a 8 (oito) anos.

→ Artigo acrescentado pela Lei 12.720/2012.

→ *V.* Art. 2º da Lei 12.694/2012.

Título X
Dos crimes contra a fé pública

Capítulo I
DA MOEDA FALSA

Moeda falsa

Art. 289. Falsificar, fabricando-a ou alterando-a, moeda metálica ou papel-moeda de curso legal no país ou no estrangeiro:

→ *V.* Súmula 73 do STJ.

→ *V.* Art. 164 da CF/1988.

→ *V.* Art. 1º da Lei 9.069/1995.

→ *V.* Art. 2º da Lei 5.895/1973.

→ *V.* Arts. 3º, II, 4º, I, e 10, I, da Lei 4.595/1964.

→ *V.* Arts. 2º, 5º e 13 da Lei 4.511/1964.

→ *V.* Art. 43 do Dec-lei 3.688/1941.

Pena – reclusão, de 3 (três) a 12 (doze) anos, e multa.

§ 1º Nas mesmas penas incorre quem, por conta própria ou alheia, importa ou exporta, adquire, vende, troca, cede, empresta, guarda ou introduz na circulação moeda falsa.

§ 2º Quem, tendo recebido de boa-fé, como verdadeira, moeda falsa ou alterada, a restitui à circulação, depois de conhecer a falsidade, é punido com detenção, de 6 (seis) meses a 2 (dois) anos, e multa.

§ 3º É punido com reclusão, de 3 (três) a 15 (quinze) anos, e multa, o funcionário público ou diretor, gerente, ou fiscal de banco de emissão que fabrica, emite ou autoriza a fabricação ou emissão:

I – de moeda com título ou peso inferior ao determinado em lei;

II – de papel-moeda em quantidade superior à autorizada.

§ 4º Nas mesmas penas incorre quem desvia e faz circular moeda, cuja circulação não estava ainda autorizada.

Crimes assimilados ao de moeda falsa

Art. 290. Formar cédula, nota ou bilhete representativo de moeda com fragmentos de cédulas, notas ou bilhetes verdadeiros; suprimir, em nota, cédula ou bilhete recolhidos, para o fim de restituí-los à circulação, sinal indicativo de sua inutilização; restituir à circulação cédula, nota ou bilhete em tais condições, ou já recolhidos para o fim de inutilização:

→ *V.* Art. 14 da Lei 4.511/1964.

Pena – reclusão, de 2 (dois) a 8 (oito) anos, e multa.

Parágrafo único. O máximo da reclusão é elevado a 12 (doze) anos e o da multa a Cr$ 40.000 (quarenta mil cruzeiros), se o crime é cometido por funcionário que trabalha na repartição onde o dinheiro se achava recolhido, ou nela tem fácil ingresso, em razão do cargo.

→ Conforme art. 2º da Lei 7.209/1984, "são canceladas, na Parte Especial do Código Penal e nas leis especiais alcançadas pelo art. 12 do Código Penal, quaisquer referências a valores de multas, substituindo-se a expressão multa de por multa".

Petrechos para falsificação de moeda

Art. 291. Fabricar, adquirir, fornecer, a título oneroso ou gratuito, possuir ou guardar maquinismo, aparelho, instrumento ou qualquer objeto especialmente destinado à falsificação de moeda:

Pena – reclusão, de 2 (dois) a 6 (seis) anos, e multa.

Emissão de título ao portador sem permissão legal

Art. 292. Emitir, sem permissão legal, nota, bilhete, ficha, vale ou título que contenha promessa de pagamento em dinheiro ao portador ou a que falte indicação do nome da pessoa a quem deva ser pago:

Pena – detenção, de 1 (um) a 6 (seis) meses, ou multa.

Parágrafo único. Quem recebe ou utiliza como dinheiro qualquer dos documentos referidos neste artigo incorre na pena de detenção, de 15 (quinze) dias a 3 (três) meses, ou multa.

Capítulo II
DA FALSIDADE DE TÍTULOS E OUTROS PAPÉIS PÚBLICOS

Falsificação de papéis públicos

Art. 293. Falsificar, fabricando-os ou alterando -os:

→ *v.* Art. 1º, III, da Lei 8.137/1990.

I – selo destinado a controle tributário, papel selado ou qualquer papel de emissão legal destinado à arrecadação de tributo;

→ Inciso I com redação alterada pela Lei 11.035/2004.

→ *v.* Art. 36 da Lei 6.538/1978.

II – papel de crédito público que não seja moeda de curso legal;

III – vale postal;

IV – cautela de penhor, caderneta de depósito de caixa econômica ou de outro estabelecimento mantido por entidade de direito público;

V – talão, recibo, guia, alvará ou qualquer outro documento relativo a arrecadação de rendas públicas ou a depósito ou caução por que o poder público seja responsável;

VI – bilhete, passe ou conhecimento de empresa de transporte administrada pela União, por Estado ou por Município:

Pena – reclusão, de 2 (dois) a 8 (oito) anos, e multa.

§ 1º Incorre na mesma pena quem:

→ § 1º com redação alterada pela Lei 11.035/2004.

I – usa, guarda, possui ou detém qualquer dos papéis falsificados a que se refere este artigo;

II – importa, exporta, adquire, vende, troca, cede, empresta, guarda, fornece ou restitui à circulação selo falsificado destinado a controle tributário;

III – importa, exporta, adquire, vende, expõe à venda, mantém em depósito, guarda, troca, cede, empresta, fornece, porta ou, de qualquer forma, utiliza em proveito próprio ou alheio, no exercício de atividade comercial ou industrial, produto ou mercadoria:

a) em que tenha sido aplicado selo que se destine a controle tributário, falsificado;

b) sem selo oficial, nos casos em que a legislação tributária determina a obrigatoriedade de sua aplicação.

§ 2º Suprimir, em qualquer desses papéis, quando legítimos, com o fim de torná-los novamente utilizáveis, carimbo ou sinal indicativo de sua inutilização:

→ *v.* Art. 37 da Lei 6.538/1978.

Pena – reclusão, de 1 (um) a 4 (quatro) anos, e multa.

§ 3º Incorre na mesma pena quem usa, depois de alterado, qualquer dos papéis a que se refere o parágrafo anterior.

→ *v.* Art. 37, § 1º, da Lei 6.538/1978.

§ 4º Quem usa ou restitui à circulação, embora recebido de boa-fé, qualquer dos papéis falsificados ou alterados, a que se referem este artigo e o seu § 2º, depois de conhecer a falsidade ou alteração, incorre na pena de detenção, de 6 (seis) meses a 2 (dois) anos, ou multa.

→ *v.* Art. 37, § 2º, da Lei 6.538/1978.

§ 5º Equipara-se a atividade comercial, para os fins do inciso III do § 1º, qualquer forma de comércio irregular ou clandestino, inclusive o exercido em vias, praças ou outros logradouros públicos e em residências.

→ § 5º acrescentado pela Lei 11.035/2004.

Petrechos de falsificação

Art. 294. Fabricar, adquirir, fornecer, possuir ou guardar objeto especialmente destinado à falsificação de qualquer dos papéis referidos no artigo anterior:

→ *V.* Art. 38 da Lei 6.538/1978.

Pena – reclusão, de 1 (um) a 3 (três) anos, e multa.

Art. 295. Se o agente é funcionário público, e comete o crime prevalecendo-se do cargo, aumenta-se a pena de sexta parte.

→ *V.* Art. 327 do CP.

Capítulo III
DA FALSIDADE DOCUMENTAL

→ *V.* Arts. 231 a 238 do CPP.

Falsificação do selo ou sinal público

Art. 296. Falsificar, fabricando-os ou alterando -os:

→ *V.* Art. 159 do CPP.

I – selo público destinado a autenticar atos oficiais da União, de Estado ou de Município;

II – selo ou sinal atribuído por lei a entidade de direito público, ou a autoridade, ou sinal público de tabelião:

Pena – reclusão, de 2 (dois) a 6 (seis) anos, e multa.

§ 1º Incorre nas mesmas penas:

I – quem faz uso do selo ou sinal falsificado;

II – quem utiliza indevidamente o selo ou sinal verdadeiro em prejuízo de outrem ou em proveito próprio ou alheio;

III – quem altera, falsifica ou faz uso indevido de marcas, logotipos, siglas ou quaisquer outros símbolos utilizados ou identificadores de órgãos ou entidades da Administração Pública.

→ Inciso III acrescentado pela Lei 9.983/2000.

§ 2º Se o agente é funcionário público, e comete o crime prevalecendo-se do cargo, aumenta-se a pena de sexta parte.

Falsificação de documento público

Art. 297. Falsificar, no todo ou em parte, documento público, ou alterar documento público verdadeiro:

→ *V.* Súmula 17 do STJ.

→ *V.* Art. 2º, I, da Lei 8.137/1990.

→ *V.* Art. 348 da Lei 4.737/1965.

Pena – reclusão, de 2 (dois) a 6 (seis) anos, e multa.

§ 1º Se o agente é funcionário público, e comete o crime prevalecendo-se do cargo, aumenta-se a pena de sexta parte.

→ *V.* Arts. 513 a 518 do CPP.

§ 2º Para os efeitos penais, equiparam-se a documento público o emanado de entidade paraestatal, o título ao portador ou transmissível por endosso, as ações de sociedade comercial, os livros mercantis e o testamento particular.

§ 3º Nas mesmas penas incorre quem insere ou faz inserir:

→ § 3º acrescentado pela Lei 9.983/2000.

I – na folha de pagamento ou em documento de informações que seja destinado a fazer prova perante a previdência social, pessoa que não possua a qualidade de segurado obrigatório;

→ *V.* Art. 12 da Lei 8.212/1991.

II – na Carteira de Trabalho e Previdência Social do empregado ou em documento que deva produzir efeito perante a previdência social, declaração falsa ou diversa da que deveria ter sido escrita;

→ *V.* Art. 49 da CLT.

III – em documento contábil ou em qualquer outro documento relacionado com as obrigações da empresa perante a previdência social, declaração falsa ou diversa da que deveria ter constado.

§ 4º Nas mesmas penas incorre quem omite, nos documentos mencionados no § 3º, nome do segurado e seus dados pessoais, a remuneração, a vigência do contrato de trabalho ou de prestação de serviços.

→ § 4º acrescentado pela Lei 9.983/2000.

Falsificação de documento particular

Art. 298. Falsificar, no todo ou em parte, documento particular ou alterar documento particular verdadeiro:

Pena – reclusão, de 1 (um) a 5 (cinco) anos, e multa.

Falsificação de cartão

→ Rubrica acrescentada pela Lei 12.737/2012.

Parágrafo único. Para fins do disposto no *caput*, equipara-se a documento particular o cartão de crédito ou débito.

→ Parágrafo único incluído pela Lei 12.737/2012.

Falsidade ideológica

Art. 299. Omitir, em documento público ou particular, declaração que dele devia constar, ou nele inserir ou fazer inserir declaração falsa ou diversa da que devia ser escrita, com o fim de prejudicar direito, criar obrigação ou alterar a verdade sobre fato juridicamente relevante:

→ *V.* Art. 49, I e V, da CLT.

→ *V.* Art. 171 da Lei 11.101/2005.

→ *V.* Art. 9º da Lei 7.492/1986.

→ *V.* Art. 45, VIII da Lei 13.445/2017.

→ *V.* Art. 350 da Lei 4.737/1965.

Pena – reclusão, de 1 (um) a 5 (cinco) anos, e multa, se o documento é público, e reclusão de 1 (um) a 3 (três) anos, e multa, se o documento é particular.

Parágrafo único. Se o agente é funcionário público, e comete o crime prevalecendo-se do cargo, ou se a falsificação ou alteração é de assentamento de registro civil, aumenta-se a pena de sexta parte.

→ *V.* Art. 1º, § 1º, I e II, da Lei 6.015/1973.

Falso reconhecimento de firma ou letra

Art. 300. Reconhecer, como verdadeira, no exercício de função pública, firma ou letra que o não seja:

→ *V.* Art. 352 da Lei 4.737/1965.

Pena – reclusão, de 1 (um) a 5 (cinco) anos, e multa, se o documento é público; e de 1 (um) a 3 (três) anos, e multa, se o documento é particular.

Certidão ou atestado ideologicamente falso

Art. 301. Atestar ou certificar falsamente, em razão de função pública, fato ou circunstância que habilite alguém a obter cargo público, isenção de ônus ou de serviço de caráter público, ou qualquer outra vantagem:

Pena – detenção, de 2 (dois) meses a 1 (um) ano.

Falsidade material de atestado ou certidão

§ 1º Falsificar, no todo ou em parte, atestado ou certidão, ou alterar o teor de certidão ou de atestado verdadeiro, para prova de fato ou circunstância que habilite alguém a obter cargo público, isenção de ônus ou de serviço de caráter público, ou qualquer outra vantagem:

Pena – detenção, de 3 (três) meses a 2 (dois) anos.

§ 2º Se o crime é praticado com o fim de lucro, aplica-se, além da pena privativa de liberdade, a de multa.

Falsidade de atestado médico

Art. 302. Dar o médico, no exercício da sua profissão, atestado falso:

Pena – detenção, de 1 (um) mês a 1 (um) ano.

Parágrafo único. Se o crime é cometido com o fim de lucro, aplica-se também multa.

Reprodução ou adulteração de selo ou peça filatélica

→ *V.* Art. 39 da Lei 6.538/1978.

Art. 303. Reproduzir ou alterar selo ou peça filatélica que tenha valor para coleção, salvo quando a reprodução ou a alteração está visivelmente anotada na face ou no verso do selo ou peça:

Pena – detenção, de 1 (um) a 3 (três) anos, e multa.

Parágrafo único. Na mesma pena incorre quem, para fins de comércio, faz uso do selo ou peça filatélica.

Uso de documento falso

Art. 304. Fazer uso de qualquer dos papéis falsificados ou alterados, a que se referem os arts. 297 a 302:

→ *V.* Súmula 200 do STJ.

→ *V.* Art. 70 do CPP.

→ *V.* Art. 175 da Lei 11.101/2005.

→ *V.* Art. 1º, IV, da Lei 8.137/1990.

→ *V.* Arts. 7º, I e 14 da Lei 7.492/1986.

Pena – a cominada à falsificação ou à alteração.

Supressão de documento

Art. 305. Destruir, suprimir ou ocultar, em benefício próprio ou de outrem, ou em prejuízo alheio, documento público ou particular verdadeiro, de que não podia dispor:

→ *V.* Art. 339 da Lei 4.737/1965.

Pena – reclusão, de 2 (dois) a 6 (seis) anos, e multa, se o documento é público, e reclusão, de 1 (um) a 5 (cinco) anos, e multa, se o documento é particular.

Capítulo IV
DE OUTRAS FALSIDADES

Falsificação do sinal empregado no contraste de metal precioso ou na fiscalização alfandegária, ou para outros fins

Art. 306. Falsificar, fabricando-o ou alterando-o, marca ou sinal empregado pelo poder público no contraste de metal precioso ou na fiscalização alfandegária, ou usar marca ou sinal dessa natureza, falsificado por outrem:

Pena – reclusão, de 2 (dois) a 6 (seis) anos, e multa.

Parágrafo único. Se a marca ou sinal falsificado é o que usa a autoridade pública para o fim de fiscalização sanitária, ou para autenticar ou encerrar determinados objetos, ou comprovar o cumprimento de formalidade legal:

Pena – reclusão ou detenção, de 1 (um) a 3 (três) anos, e multa.

Falsa identidade

→ *V.* Súmula 522 do STJ

→ *V.* Recursos repetitivos: tema 646.

Art. 307. Atribuir-se ou atribuir a terceiro falsa identidade para obter vantagem, em proveito próprio ou alheio, ou para causar dano a outrem:

Pena – detenção, de 3 (três) meses a 1 (um) ano, ou multa, se o fato não constitui elemento de crime mais grave.

→ *V.* Art. 68 do Dec-lei 3.688/1941.

Art. 308. Usar, como próprio, passaporte, título de eleitor, caderneta de reservista ou qualquer documento de identidade alheia ou ceder a outrem, para que dele se utilize, documento dessa natureza, próprio ou de terceiro:

→ *V.* Súmula 200 do STJ.

Pena – detenção, de 4 (quatro) meses a 2 (dois) anos, e multa, se o fato não constitui elemento de crime mais grave.

Fraude de lei sobre estrangeiro

Art. 309. Usar o estrangeiro, para entrar ou permanecer no território nacional, nome que não é o seu:

→ *V.* Art. 45, VIII da Lei 13.445/2017.

Pena – detenção, de 1 (um) a 3 (três) anos, e multa.

Parágrafo único. Atribuir a estrangeiro falsa qualidade para promover-lhe a entrada em território nacional.

Pena – reclusão de 1 (um) a 4 (quatro) anos, e multa.

→ Parágrafo único acrescentado pela Lei 9.426/1996.

Art. 310. Prestar-se a figurar como proprietário ou possuidor de ação, título ou valor pertencente a estrangeiro, nos casos em que a este é vedada por lei a propriedade ou a posse de tais bens:

→ *V.* Art. 222 da CF/1988.

Pena – detenção, de 6 (seis) meses a 3 (três) anos, e multa.

→ Artigo com redação alterada pela Lei 9.426/1996.

Adulteração de sinal identificador de veículo automotor

→ Rubrica acrescentada pela Lei 9.426/1996.

Art. 311. Adulterar ou remarcar número de chassi ou qualquer sinal identificador de veículo automotor, de seu componente ou equipamento:

Pena – reclusão, de 3 (três) a 6 (seis) anos, e multa.

→ Artigo com redação alterada pela Lei 9.426/1996.

§ 1º Se o agente comete o crime no exercício da função pública ou em razão dela, a pena é aumentada de 1/3 (um terço).

§ 2º Incorre nas mesmas penas o funcionário público que contribui para o licenciamento ou registro do veículo remarcado ou adulterado, fornecendo indevidamente material ou informação oficial.

Capítulo V
DAS FRAUDES EM CERTAMES DE INTERESSE PÚBLICO

→ Capítulo V acrescentado pela Lei 12.550/2011.

Fraudes em certames de interesse público

→ Rubrica acrescentada pela Lei 12.550/2011.

Art. 311-A. Utilizar ou divulgar, indevidamente, com o fim de beneficiar a si ou a outrem, ou de comprometer a credibilidade do certame, conteúdo sigiloso de:

→ Artigo acrescentado pela Lei 12.550/2011.

→ *V.* Art. 94 da Lei 8.666/1993.

I – concurso público;

→ *V.* Art. 37 da CF/1988.

II – avaliação ou exame públicos;

III – processo seletivo para ingresso no ensino superior; ou

IV – exame ou processo seletivo previstos em lei:

Pena – reclusão, de 1 (um) a 4 (quatro) anos, e multa.

→ *v.* Art. 47, V, do CP.

→ *v.* Art. 89 da Lei 9.099/1995.

§ 1º Nas mesmas penas incorre quem permite ou facilita, por qualquer meio, o acesso de pessoas não autorizadas às informações mencionadas no *caput*.

§ 2º Se da ação ou omissão resulta dano à administração pública:

Pena – reclusão, de 2 (dois) a 6 (seis) anos, e multa.

§ 3º Aumenta-se a pena de 1/3 (um terço) se o fato é cometido por funcionário público.

Título XI
Dos crimes contra a administração pública

Capítulo I
DOS CRIMES PRATICADOS POR FUNCIONÁRIO PÚBLICO CONTRA A ADMINISTRAÇÃO EM GERAL

→ *v.* Art. 327 do CP.

Peculato

Art. 312. Apropriar-se o funcionário público de dinheiro, valor ou qualquer outro bem móvel, público ou particular, de que tem a posse em razão do cargo, ou desviá-lo, em proveito próprio ou alheio:

→ *v.* Súmulas 703, 704 e 722 do STF.

→ *v.* Súmulas 164, 208 e 209 do STJ.

→ *v.* Arts. 16, 29, 30, 65, III, *b*, 66 e 92, I, do CP.

→ *v.* Art. 514 do CPP.

→ *v.* Arts. 9º, 10 e 11 da Lei 8.429/1992.

→ *v.* Art. 1º, I, do Dec.-lei 201/1967.

Pena – reclusão, de 2 (dois) a 12 (doze) anos, e multa.

§ 1º Aplica-se a mesma pena, se o funcionário público, embora não tendo a posse do dinheiro, valor ou bem, o subtrai, ou concorre para que seja subtraído, em proveito próprio ou alheio, valendo-se de facilidade que lhe proporciona a qualidade de funcionário.

Peculato culposo

§ 2º Se o funcionário concorre culposamente para o crime de outrem:

→ *v.* Art. 18, II, do CP.

Pena – detenção, de 3 (três) meses a 1 (um) ano.

§ 3º No caso do parágrafo anterior, a reparação do dano, se precede à sentença irrecorrível, extingue a punibilidade; se lhe é posterior, reduz de 1/2 (metade) a pena imposta.

Peculato mediante erro de outrem

Art. 313. Apropriar-se de dinheiro ou qualquer utilidade que, no exercício do cargo, recebeu por erro de outrem:

Pena – reclusão, de 1 (um) a 4 (quatro) anos, e multa.

Inserção de dados falsos em sistema de informações

→ Rubrica acrescentada pela Lei 9.983/2000.

Art. 313-A. Inserir ou facilitar, o funcionário autorizado, a inserção de dados falsos, alterar ou excluir indevidamente dados corretos nos sistemas informatizados ou bancos de dados da Administração Pública com o fim de obter vantagem indevida para si ou para outrem ou para causar dano:

Pena – reclusão, de 2 (dois) a 12 (doze) anos, e multa.

→ Artigo acrescentado pela Lei 9.983/2000.

Modificação ou alteração não autorizada de sistema de informações

→ Rubrica acrescentada pela Lei 9.983/2000.

Art. 313-B. Modificar ou alterar, o funcionário, sistema de informações ou programa de informática sem autorização ou solicitação de autoridade competente:

Pena – detenção, de 3 (três) meses a 2 (dois) anos, e multa.

→ Artigo acrescentado pela Lei 9.983/2000.

Parágrafo único. As penas são aumentadas de 1/3 (um terço) até a 1/2 (metade) se da modificação ou alteração resulta dano para a Administração Pública ou para o administrado.

Extravio, sonegação ou inutilização de livro ou documento

Art. 314. Extraviar livro oficial ou qualquer documento, de que tem a guarda em razão do cargo; sonegá-lo ou inutilizá-lo, total ou parcialmente:

→ *V.* Art. 3º, I, da Lei 8.137/1990.

Pena – reclusão, de 1 (um) a 4 (quatro) anos, se o fato não constitui crime mais grave.

Emprego irregular de verbas ou rendas públicas

Art. 315. Dar às verbas ou rendas públicas aplicação diversa da estabelecida em lei:

→ *V.* Art. 1º, III, do Dec.-lei 201/1967.

→ *V.* Art. 11 da Lei 1.079/1950.

Pena – detenção, de 1 (um) a 3 (três) meses, ou multa.

Concussão

Art. 316. Exigir, para si ou para outrem, direta ou indiretamente, ainda que fora da função ou antes de assumi-la, mas em razão dela, vantagem indevida:

Pena – reclusão, de 2 (dois) a 8 (oito) anos, e multa.

Excesso de exação

§ 1º Se o funcionário exige tributo ou contribuição social que sabe ou deveria saber indevido, ou, quando devido, emprega na cobrança meio vexatório ou gravoso, que a lei não autoriza:

→ *V.* Arts. 149 e 195 da CF/1988.

→ *V.* Art. 71 do CDC.

→ *V.* Art. 3º do CTN.

→ *V.* Art. 3º, II, da Lei 8.137/1990.

→ *V.* Art. 4º, *f*, da Lei 4.898/1965.

Pena – reclusão, de 3 (três) a 8 (oito) anos, e multa.

→ § 1º com redação alterada pela Lei 8.137/1990.

§ 2º Se o funcionário desvia, em proveito próprio ou de outrem, o que recebeu indevidamente para recolher aos cofres públicos:

Pena – reclusão, de 2 (dois) a 12 (doze) anos, e multa.

Corrupção passiva

Art. 317. Solicitar ou receber, para si ou para outrem, direta ou indiretamente, ainda que fora da função ou antes de assumi-la, mas em razão dela, vantagem indevida, ou aceitar promessa de tal vantagem:

→ *V.* Art. 3º, II, da Lei 8.137/1990.

Pena – reclusão, de 2 (dois) a 12 (doze) anos, e multa.

→ Pena com redação alterada pela Lei 10.763/2003.

§ 1º A pena é aumentada de 1/3 (um terço), se, em consequência da vantagem ou promessa, o funcionário retarda ou deixa de praticar qualquer ato de ofício ou o pratica infringindo dever funcional.

§ 2º Se o funcionário pratica, deixa de praticar ou retarda ato de ofício, com infração de dever funcional, cedendo a pedido ou influência de outrem:

Pena – detenção, de 3 (três) meses a 1 (um) ano, ou multa.

Facilitação de contrabando ou descaminho

Art. 318. Facilitar, com infração de dever funcional, a prática de contrabando ou descaminho (art. 334):

→ *V.* Art. 18 da Lei 10.826/2003.

→ *V.* Recursos repetitivos: tese 933 do STJ.

Pena – reclusão, de 3 (três) a 8 (oito) anos, e multa.

→ Pena com redação alterada pela Lei 8.137/1990.

Prevaricação

Art. 319. Retardar ou deixar de praticar, indevidamente, ato de ofício, ou praticá-lo contra disposição expressa de lei, para satisfazer interesse ou sentimento pessoal:

→ *V.* Art. 11, II, da Lei 8.429/1992.

→ *V.* Art. 23 da Lei 7.492/1986.

→ *V.* Art. 345 da Lei 4.737/1965.

→ *V.* Art. 10, § 4º, da Lei 1.521/1951.

Pena – detenção, de 3 (três) meses a 1 (um) ano, e multa.

Art. 319-A. Deixar o Diretor de Penitenciária e/ou agente público, de cumprir seu dever de vedar ao preso o acesso a aparelho telefônico, de rádio ou similar, que permita a comunicação com outros presos ou com o ambiente externo:

→ *V.* Art. 50, VII, da Lei 7.210/1984.

Pena – detenção, de 3 (três) meses a 1 (um) ano.

→ Artigo acrescentado pela Lei 11.466/2007.

Condescendência criminosa

Art. 320. Deixar o funcionário, por indulgência, de responsabilizar subordinado que cometeu infração no exercício do cargo ou, quando lhe falte competência, não levar o fato ao conhecimento da autoridade competente:

→ *V.* Art. 9º, item 3, da Lei 1.079/1950.

Pena – detenção, de 15 (quinze) dias a 1 (um) mês, ou multa.

Advocacia administrativa

Art. 321. Patrocinar, direta ou indiretamente, interesse privado perante a administração pública, valendo-se da qualidade de funcionário:

→ *V.* Art. 91 da Lei 8.666/1993.

→ *V.* Art. 3º, III, da Lei 8.137/1990.

Pena – detenção, de 1 (um) a 3 (três) meses, ou multa.

Parágrafo único. Se o interesse é ilegítimo:

Pena – detenção, de 3 (três) meses a 1 (um) ano, além da multa.

Violência arbitrária

Art. 322. Praticar violência, no exercício de função ou a pretexto de exercê-la:

→ *V.* Art. 3º, *I*, da Lei 4.898/1965.

Pena – detenção, de 6 (seis) meses a 3 (três) anos, além da pena correspondente à violência.

Abandono de função

Art. 323. Abandonar cargo público, fora dos casos permitidos em lei:

→ *V.* Art. 344 da Lei 4.737/1965.

Pena – detenção, de 15 (quinze) dias a 1 (um) mês, ou multa.

§ 1º Se do fato resulta prejuízo público:

Pena – detenção, de 3 (três) meses a 1 (um) ano, e multa.

§ 2º Se o fato ocorre em lugar compreendido na faixa de fronteira:

→ *V.* Art. 20, § 2º, da CF/1988.

→ *V.* Art. 1º da Lei 6.634/1979.

Pena – detenção, de 1 (um) a 3 (três) anos, e multa.

Exercício funcional ilegalmente antecipado ou prolongado

Art. 324. Entrar no exercício de função pública antes de satisfeitas as exigências legais, ou continuar a exercê-la, sem autorização, depois de saber oficialmente que foi exonerado, removido, substituído ou suspenso:

→ *V.* Art. 127, III e V, da Lei 8.112/1990.

Pena – detenção, de 15 (quinze) dias a 1 (um) mês, ou multa.

Violação de sigilo funcional

Art. 325. Revelar fato de que tem ciência em razão do cargo e que deva permanecer em segredo, ou facilitar-lhe a revelação:

→ *V.* Art. 154 do CP.

→ *V.* Art. 10 da LC 105/2001.

→ *V.* Art. 14, § 3º, da Lei 9.613/1998.

→ *V.* Art. 195 da Lei 9.279/1996.

→ *V.* Art. 18 da Lei 7.492/1986.

→ *V.* Art. 21 da Lei 7.170/1983.

→ *V.* Art. 23 da Lei 6.453/1977.

Pena – detenção, de 6 (seis) meses a 2 (dois) anos, ou multa, se o fato não constitui crime mais grave.

§ 1º Nas mesmas penas deste artigo incorre quem:

→ § 1º acrescentado pela Lei 9.983/2000.

I – permite ou facilita, mediante atribuição, fornecimento e empréstimo de senha ou qualquer outra forma, o acesso de pessoas não autorizadas a sistemas de informações ou banco de dados da Administração Pública;

II – se utiliza, indevidamente, do acesso restrito.

§ 2º Se da ação ou omissão resulta dano à Administração Pública ou a outrem:

Pena – reclusão, de 2 (dois) a 6 (seis) anos, e multa.

→ § 2º acrescentado pela Lei 9.983/2000.

Violação do sigilo de proposta de concorrência

Art. 326. Devassar o sigilo de proposta de concorrência pública, ou proporcionar a terceiro o ensejo de devassá-lo:

→ *V.* Art. 94 da Lei 8.666/1993.

Pena – detenção, de 3 (três) meses a 1 (um) ano, e multa.

Funcionário público

Art. 327. Considera-se funcionário público, para os efeitos penais, quem, embora transitoriamente ou sem remuneração, exerce cargo, emprego ou função pública.

→ *V.* Art. 439 do CPP.

→ *V.* Arts. 513 a 518 do CPP.

§ 1º Equipara-se a funcionário público quem exerce cargo, emprego ou função em entidade paraestatal, e quem trabalha para empresa prestadora de serviço contratada ou conveniada para a execução de atividade típica da Administração Pública.

→ § 1º com redação alterada pela Lei 9.983/2000.

→ *V.* Art. 84 da Lei 8.666/1993.

§ 2º A pena será aumentada da terça parte quando os autores dos crimes previstos neste Capítulo forem ocupantes de cargos em comissão ou de função de direção ou assessoramento de órgão da administração direta, sociedade de economia mista, empresa pública ou fundação instituída pelo poder público.

→ § 2º acrescentado pela Lei 6.799/1980.

→ *V.* Art. 37, II, da CF/1988.

Capítulo II
DOS CRIMES PRATICADOS POR PARTICULAR CONTRA A ADMINISTRAÇÃO EM GERAL

→ *V.* Arts. 334 e 334-A.

Usurpação de função pública

Art. 328. Usurpar o exercício de função pública:

Pena – detenção, de 3 (três) meses a 2 (dois) anos, e multa.

Parágrafo único. Se do fato o agente aufere vantagem:

Pena – reclusão, de 2 (dois) a 5 (cinco) anos, e multa.

Resistência

Art. 329. Opor-se à execução de ato legal, mediante violência ou ameaça a funcionário competente para executá-lo ou a quem lhe esteja prestando auxílio:

→ *V.* Art. 5º, II, da CF/1988.

→ *V.* Art. 4º, I, da Lei 1.579/1952.

Pena – detenção, de 2 (dois) meses a 2 (dois) anos.

§ 1º Se o ato, em razão da resistência, não se executa:

Pena – reclusão, de 1 (um) a 3 (três) anos.

§ 2º As penas deste artigo são aplicáveis sem prejuízo das correspondentes à violência.

Desobediência

Art. 330. Desobedecer a ordem legal de funcionário público:

→ *V.* Arts. 218, 219, 260 e 436, § 2º, do CPP.

→ *V.* Art. 20, § 3º, da Lei 7.716/1989.

→ *V.* Art. 10 da Lei 7.347/1985.

→ *V.* Art. 347 da Lei 4.737/1965.

→ *V.* Art. 12 da Lei 1.079/1950.

→ *V.* Art. 1º, XIV, do Dec.-lei 207/1967.

Pena – detenção, de 15 (quinze) dias a 6 (seis) meses, e multa.

Desacato

Art. 331. Desacatar funcionário público no exercício da função ou em razão dela:

Pena – detenção, de 6 (seis) meses a 2 (dois) anos, ou multa.

Tráfico de influência

→ Rubrica com redação alterada pela Lei 9.127/1995.

Art. 332. Solicitar, exigir, cobrar ou obter, para si ou para outrem, vantagem ou promessa de vantagem, a pretexto de influir em ato praticado por funcionário público no exercício da função:

Pena – reclusão, de 2 (dois) a 5 (cinco) anos, e multa.

→ Artigo com redação alterada pela Lei 9.127/1995.

Parágrafo único. A pena é aumentada da 1/2 (metade), se o agente alega ou insinua que a vantagem é também destinada ao funcionário.

Corrupção ativa

Art. 333. Oferecer ou prometer vantagem indevida a funcionário público, para determiná-lo a praticar, omitir ou retardar ato de ofício:

→ *V.* Art. 41-A da Lei 9.504/1997.

→ *V.* Art. 299 da Lei 4.737/1965.

Pena – reclusão, de 2 (dois) a 12 (doze) anos, e multa.

→ Pena com redação alterada pela Lei 10.763/2003.

Parágrafo único. A pena é aumentada de 1/3 (um terço), se, em razão da vantagem ou promessa, o funcionário retarda ou omite ato de ofício, ou o pratica infringindo dever funcional.

Descaminho

→ Rubrica com redação alterada pela Lei 13.008/2014.

Art. 334. Iludir, no todo ou em parte, o pagamento de direito ou imposto devido pela entrada, pela saída ou pelo consumo de mercadoria:

Pena – reclusão, de 1 (um) a 4 (quatro) anos.

→ Artigo com redação alterada pela Lei 13.008/2014.

→ *v.* Súmula 560 do STF.

→ *v.* Súmula 151 do STJ.

→ *v.* Art. 155, IX, *a*, da CF/1988.

→ *v.* Art. 46 do CTN.

→ *v.* Art. 20 da Lei 10.522/2002.

→ *v.* Art. 3º do Dec.-lei 399/1968.

§ 1º Incorre na mesma pena quem:

I – pratica navegação de cabotagem, fora dos casos permitidos em lei;

→ *v.* Art. 178 da CF/1988.

→ *v.* Art. 2º, IX, da Lei 9.432/1997.

II – pratica fato assimilado, em lei especial, a descaminho;

→ *v.* Art. 39 do Dec.-lei 288/1967.

III – vende, expõe à venda, mantém em depósito ou, de qualquer forma, utiliza em proveito próprio ou alheio, no exercício de atividade comercial ou industrial, mercadoria de procedência estrangeira que introduziu clandestinamente no País ou importou fraudulentamente ou que sabe ser produto de introdução clandestina no território nacional ou de importação fraudulenta por parte de outrem;

IV – adquire, recebe ou oculta, em proveito próprio ou alheio, no exercício de atividade comercial ou industrial, mercadoria de procedência estrangeira, desacompanhada de documentação legal ou acompanhada de documentos que sabe serem falsos.

§ 2º Equipara-se às atividades comerciais, para os efeitos deste artigo, qualquer forma de comércio irregular ou clandestino de mercadorias estrangeiras, inclusive o exercido em residências.

§ 3º A pena aplica-se em dobro se o crime de descaminho é praticado em transporte aéreo, marítimo ou fluvial.

Contrabando

→ Rubrica acrescentada pela Lei 13.008/2014.

Art. 334-A. Importar ou exportar mercadoria proibida:

Pena – reclusão, de 2 (dois) a 5 (cinco) anos.

→ Artigo acrescentado pela Lei 13.008/2014.

§ 1º Incorre na mesma pena quem:

I – pratica fato assimilado, em lei especial, a contrabando;

II – importa ou exporta clandestinamente mercadoria que dependa de registro, análise ou autorização de órgão público competente;

III – reinsere no território nacional mercadoria brasileira destinada à exportação;

IV – vende, expõe à venda, mantém em depósito ou, de qualquer forma, utiliza em proveito próprio ou alheio, no exercício de atividade comercial ou industrial, mercadoria proibida pela lei brasileira;

V – adquire, recebe ou oculta, em proveito próprio ou alheio, no exercício de atividade comercial ou industrial, mercadoria proibida pela lei brasileira.

§ 2º Equipara-se às atividades comerciais, para os efeitos deste artigo, qualquer forma de comércio irregular ou clandestino de mercadorias estrangeiras, inclusive o exercido em residências.

§ 3º A pena aplica-se em dobro se o crime de contrabando é praticado em transporte aéreo, marítimo ou fluvial.

Impedimento, perturbação ou fraude de concorrência

Art. 335. Impedir, perturbar ou fraudar concorrência pública ou venda em hasta pública, promovida pela administração federal, estadual ou municipal, ou por entidade paraestatal; afastar ou procurar afastar concorrente ou licitante, por meio de violência, grave ameaça, fraude ou oferecimento de vantagem:

→ *v.* Arts,. 90, 93, 95, 96 e 98 da Lei 9.666/1993.

Pena – detenção, de 6 (seis) meses a 2 (dois) anos, ou multa, além da pena correspondente à violência.

Parágrafo único. Incorre na mesma pena quem se abstém de concorrer ou licitar, em razão da vantagem oferecida.

Inutilização de edital ou de sinal

Art. 336. Rasgar ou, de qualquer forma, inutilizar ou conspurcar edital afixado por ordem de funcionário público; violar ou inutilizar selo ou sinal empregado, por determinação legal ou por ordem de funcionário público, para identificar ou cerrar qualquer objeto:

Pena – detenção, de 1 (um) mês a 1 (um) ano, ou multa.

Subtração ou inutilização de livro ou documento

Art. 337. Subtrair, ou inutilizar, total ou parcialmente, livro oficial, processo ou documento confiado à custódia de funcionário, em razão de ofício, ou de particular em serviço público:

Pena – reclusão, 2 (dois) a 5 (cinco) anos, se o fato não constitui crime mais grave.

Sonegação de contribuição previdenciária

→ Rubrica acrescentada pela Lei 9.983/2000.

Art. 337-A. Suprimir ou reduzir contribuição social previdenciária e qualquer acessório, mediante as seguintes condutas:

→ Artigo acrescentado pela Lei 9.983/2000.

→ *V.* Arts. 109, I, 194 e 195 da CF/1988.

I – omitir de folha de pagamento da empresa ou de documento de informações previsto pela legislação previdenciária segurados empregado, empresário, trabalhador avulso ou trabalhador autônomo ou a este equiparado que lhe prestem serviços;

→ *V.* Art. 3º, *caput*, da CLT.

→ *V.* Art. 2º, parágrafo único, da LC 70/1991.

→ *V.* Art. 2º da Lei 5.889/1973.

II – deixar de lançar mensalmente nos títulos próprios da contabilidade da empresa as quantias descontadas dos segurados ou as devidas pelo empregador ou pelo tomador de serviços;

III – omitir, total ou parcialmente, receitas ou lucros auferidos, remunerações pagas ou creditadas e demais fatos geradores de contribuições sociais previdenciárias:

Pena – reclusão, de 2 (dois) a 5 (cinco) anos, e multa.

§ 1º É extinta a punibilidade se o agente, espontaneamente, declara e confessa as contribuições, importâncias ou valores e presta as informações devidas à previdência social, na forma definida em lei ou regulamento, antes do início da ação fiscal.

§ 2º É facultado ao juiz deixar de aplicar a pena ou aplicar somente a de multa se o agente for primário e de bons antecedentes, desde que:

I – (*Vetado*);

II – o valor das contribuições devidas, inclusive acessórios, seja igual ou inferior àquele estabelecido pela previdência social, administrativamente, como sendo o mínimo para o ajuizamento de suas execuções fiscais.

§ 3º Se o empregador não é pessoa jurídica e sua folha de pagamento mensal não ultrapassa R$ 1.510,00 (um mil, quinhentos e dez reais), o juiz poderá reduzir a pena de 1/3 (um terço) até a 1/2 (metade) ou aplicar apenas a de multa.

→ O valor indicado no § 3º será atualizado por Portaria do MPS.

§ 4º O valor a que se refere o parágrafo anterior será reajustado nas mesmas datas e nos mesmos índices do reajuste dos benefícios da previdência social.

→ *V.* Art. 49, § 2º, do CP.

Capítulo II–A
DOS CRIMES PRATICADOS POR PARTICULAR CONTRA A ADMINISTRAÇÃO PÚBLICA ESTRANGEIRA

→ Capítulo acrescentado pela Lei 10.467/2002.

→ *V.* Decreto 3.678/2000 – Convenção sobre o Combate da Corrupção de Funcionários Públicos Estrangeiros em Transações Comerciais Internacionais.

Corrupção ativa em transação comercial internacional

→ Rubrica acrescentada pela Lei 10.467/2002.

→ *V.* Art. 333 do CP.

Art. 337-B. Prometer, oferecer ou dar, direta ou indiretamente, vantagem indevida a funcionário público estrangeiro, ou a terceira pessoa, para determiná-lo a praticar, omitir ou retardar ato de ofício relacionado à transação comercial internacional:

Pena – reclusão, de 1 (um) a 8 (oito) anos, e multa.

→ Artigo acrescentado pela Lei 10.467/2002.

Parágrafo único. A pena é aumentada de 1/3 (um terço), se, em razão da vantagem ou promessa, o funcionário público estrangeiro retarda ou omite o ato de ofício, ou o pratica infringindo dever funcional.

Tráfico de influência em transação comercial internacional

→ Rubrica acrescentada pela Lei 10.467/2002.

Art. 337-C. Solicitar, exigir, cobrar ou obter, para si ou para outrem, direta ou indiretamente, vantagem ou promessa de vantagem a pretexto de influir em ato praticado por funcionário público estrangeiro no exercício de suas funções, relacionado a transação comercial internacional:

Pena – reclusão, de 2 (dois) a 5 (cinco) anos, e multa.

→ Artigo acrescentado pela Lei 10.467/2002.

Parágrafo único. A pena é aumentada da 1/2 (metade), se o agente alega ou insinua que a vantagem é também destinada a funcionário estrangeiro.

Funcionário público estrangeiro

→ Rubrica acrescentada pela Lei 10.467/2002.

Art. 337-D. Considera-se funcionário público estrangeiro, para os efeitos penais, quem, ainda que transitoriamente ou sem remuneração, exerce cargo, emprego ou função pública em entidades estatais ou em representações diplomáticas de país estrangeiro.

→ Artigo acrescentado pela Lei 10.467/2002.

→ *V.* Arts. 71, II, 165, § 5º, III, e 173, § 1º, da CF/1988.

Parágrafo único. Equipara-se a funcionário público estrangeiro quem exerce cargo, emprego ou função em empresas controladas, diretamente ou indiretamente, pelo Poder Público de país estrangeiro ou em organizações públicas internacionais.

Capítulo III

DOS CRIMES CONTRA A ADMINISTRAÇÃO DA JUSTIÇA

Reingresso de estrangeiro expulso

Art. 338. Reingressar no território nacional o estrangeiro que dele foi expulso:

→ *V.* Art. 109, X, da CF/1988.

→ *V.* Art. 5º, § 1º, do CP.

→ *V.* Art. 45, I, e 56 da Lei 13.445/2017.

Pena – reclusão, de 1 (um) a 4 (quatro) anos, sem prejuízo de nova expulsão após o cumprimento da pena.

Denunciação caluniosa

→ *V.* Art. 5º, § 3º, do CPP.

Art. 339. Dar causa à instauração de investigação policial, de processo judicial, instauração de investigação administrativa, inquérito civil ou ação de improbidade administrativa contra alguém, imputando-lhe crime de que o sabe inocente:

→ *V.* Art. 19 da Lei 8.429/1992.

→ *V.* Art. 8º, § 1º, da Lei 7.347/1985.

Pena – reclusão, de 2 (dois) a 8 (oito) anos, e multa.

→ *Caput* com redação alterada pela Lei 10.028/2000.

§ 1º A pena é aumentada de sexta parte, se o agente se serve de anonimato ou de nome suposto.

§ 2º A pena é diminuída de 1/2 (metade), se a imputação é de prática de contravenção.

Comunicação falsa de crime ou de contravenção

Art. 340. Provocar a ação de autoridade, comunicando-lhe a ocorrência de crime ou de contravenção que sabe não se ter verificado:

Pena – detenção, de 1 (um) a 6 (seis) meses, ou multa.

Autoacusação falsa

Art. 341. Acusar-se, perante a autoridade, de crime inexistente ou praticado por outrem:

Pena – detenção, de 3 (três) meses a 2 (dois) anos, ou multa.

Falso testemunho ou falsa perícia

Art. 342. Fazer afirmação falsa, ou negar ou calar a verdade, como testemunha, perito, contador, tradutor ou intérprete em processo judicial, ou administrativo, inquérito policial, ou em juízo arbitral:

→ *Caput* com redação alterada pela Lei 10.268/2001.

Pena – reclusão, de 2 (dois) a 4 (quatro) anos, e multa.

→ *Pena* com redação alterada pela Lei 12.850/2013, em vigor após decorridos 45 (quarenta e cinco) dias de sua publicação oficial – *D.O.U.* de 5.8.2013.

→ *V.* Arts. 851 a 853 do CC.

→ *V.* Arts. 448 e 466, *caput* e § 1º, do CPC/2015.

→ *V.* Arts. 203, 206, 208, 210 e 221, § 1º, do CPP.

→ *V.* Art. 4º, II, da Lei 1.579/1952.

§ 1º As penas aumentam-se de 1/6 (um sexto) a 1/3 (um terço), se o crime é praticado mediante suborno ou se cometido com o fim de obter prova destinada a produzir efeito em processo penal, ou em processo civil em que for parte entidade da administração pública direta ou indireta.

→ § 1º com redação alterada pela Lei 10.268/2001.

§ 2º O fato deixa de ser punível se, antes da sentença no processo em que ocorreu o ilícito, o agente se retrata ou declara a verdade.

→ § 2º com redação alterada pela Lei 10.268/2001.

→ V. Art. 107, VI, do CP.

Art. 343. Dar, oferecer ou prometer dinheiro ou qualquer outra vantagem a testemunha, perito, contador, tradutor ou intérprete, para fazer afirmação falsa, negar ou calar a verdade em depoimento, perícia, cálculos, tradução ou interpretação:

Pena – reclusão, de 3 (três) a 4 (quatro) anos, e multa.

→ Artigo com redação alterada pela Lei 10.268/2001.

Parágrafo único. As penas aumentam-se de 1/6 (um sexto) a 1/3 (um terço), se o crime é cometido com o fim de obter prova destinada a produzir efeito em processo penal ou em processo civil em que for parte entidade da administração pública direta ou indireta.

Coação no curso do processo

Art. 344. Usar de violência ou grave ameaça, com o fim de favorecer interesse próprio ou alheio, contra autoridade, parte, ou qualquer outra pessoa que funciona ou é chamada a intervir em processo judicial, policial ou administrativo, ou em juízo arbitral:

→ V. Art. 4º, I, da Lei 1.579/1952.

Pena – reclusão, de 1 (um) a 4 (quatro) anos, e multa, além da pena correspondente à violência.

Exercício arbitrário das próprias razões

Art. 345. Fazer justiça pelas próprias mãos, para satisfazer pretensão, embora legítima, salvo quando a lei o permite:

→ V. Art. 71 do CDC.

Pena – detenção, de 15 (quinze) dias a 1 (um) mês, ou multa, além da pena correspondente à violência.

Parágrafo único. Se não há emprego de violência, somente se procede mediante queixa.

Art. 346. Tirar, suprimir, destruir ou danificar coisa própria, que se acha em poder de terceiro por determinação judicial ou convenção:

Pena – detenção, de 6 (seis) meses a 2 (dois) anos, e multa.

Fraude processual

Art. 347. Inovar artificiosamente, na pendência de processo civil ou administrativo, o estado de lugar, de coisa ou de pessoa, com o fim de induzir a erro o juiz ou o perito:

→ V. Art. 312 do CTB.

Pena – detenção, de 3 (três) meses a 2 (dois) anos, e multa.

Parágrafo único. Se a inovação se destina a produzir efeito em processo penal, ainda que não iniciado, as penas aplicam-se em dobro.

Favorecimento pessoal

Art. 348. Auxiliar a subtrair-se à ação de autoridade pública autor de crime a que é cominada pena de reclusão:

Pena – detenção, de 1 (um) a 6 (seis) meses, e multa.

§ 1º Se ao crime não é cominada pena de reclusão:

Pena – detenção, de 15 (quinze) dias a 3 (três) meses, e multa.

§ 2º Se quem presta o auxílio é ascendente, descendente, cônjuge ou irmão do criminoso, fica isento de pena.

Favorecimento real

Art. 349. Prestar a criminoso, fora dos casos de coautoria ou de receptação, auxílio destinado a tornar seguro o proveito do crime:

Pena – detenção, de 1 (um) a 6 (seis) meses, e multa.

Art. 349-A. Ingressar, promover, intermediar, auxiliar ou facilitar a entrada de aparelho telefônico de comunicação móvel, de rádio ou similar, sem autorização legal, em estabelecimento prisional.

Pena – detenção, de 3 (três) meses a 1 (um) ano.

→ Artigo acrescentado pela Lei 12.012/2009.

→ V. Art. 60, § 1º, da Lei 9.472/1997.

Exercício arbitrário ou abuso de poder

→ V. Lei 4.898/1965 – Abuso de autoridade.

Art. 350. Ordenar ou executar medida privativa de liberdade individual, sem as formalidades legais ou com abuso de poder:

→ V. Súmula Vinculante 11 do STF.

→ V. Art. 234, § 1º, do CPPM.

→ V. Art. 4º, *a*, da Lei 4.898/1965.

Pena – detenção, de 1 (um) mês a 1 (um) ano.

Parágrafo único. Na mesma pena incorre o funcionário que:

I – ilegalmente recebe e recolhe alguém a prisão, ou a estabelecimento destinado a execução de pena privativa de liberdade ou de medida de segurança;

II – prolonga a execução de pena ou de medida de segurança, deixando de expedir em tempo oportuno ou de executar imediatamente a ordem de liberdade;

III – submete pessoa que está sob sua guarda ou custódia a vexame ou a constrangimento não autorizado em lei;

→ *V.* Art. 1º, III, da Lei 9.455/1997.

IV – efetua, com abuso de poder, qualquer diligência.

Fuga de pessoa presa ou submetida a medida de segurança

Art. 351. Promover ou facilitar a fuga de pessoa legalmente presa ou submetida a medida de segurança detentiva:

→ *V.* Súmula 75 do STJ.

→ *V.* Art. 96, I, do CP.

→ *V.* Art. 9º do CPM.

Pena – detenção, de 6 (seis) meses a 2 (dois) anos.

§ 1º Se o crime é praticado a mão armada, ou por mais de uma pessoa, ou mediante arrombamento, a pena é de reclusão, de 2 (dois) a 6 (seis) anos.

§ 2º Se há emprego de violência contra pessoa, aplica-se também a pena correspondente à violência.

§ 3º A pena é de reclusão, de 1 (um) a 4 (quatro) anos, se o crime é praticado por pessoa sob cuja custódia ou guarda está o preso ou o internado.

§ 4º No caso de culpa do funcionário incumbido da custódia ou guarda, aplica-se a pena de detenção, de 3 (três) meses a 1 (um) ano, ou multa.

Evasão mediante violência contra a pessoa

Art. 352. Evadir-se ou tentar evadir-se o preso ou o indivíduo submetido a medida de segurança detentiva, usando de violência contra a pessoa:

→ *V.* Art. 50, II, da Lei 7.210/1984.

Pena – detenção, de 3 (três) meses a 1 (um) ano, além da pena correspondente à violência.

Arrebatamento de preso

Art. 353. Arrebatar preso, a fim de maltratá-lo, do poder de quem o tenha sob custódia ou guarda:

Pena – reclusão, de 1 (um) a 4 (quatro) anos, além da pena correspondente à violência.

Motim de presos

Art. 354. Amotinarem-se presos, perturbando a ordem ou disciplina da prisão:

→ *V.* Arts 50, I e 52 da Lei 7.210/1984.

Pena – detenção, de 6 (seis) meses a 2 (dois) anos, além da pena correspondente à violência.

Patrocínio infiel

Art. 355. Trair, na qualidade de advogado ou procurador, o dever profissional, prejudicando interesse, cujo patrocínio, em juízo, lhe é confiado:

→ *V.* Art. 133 da CF/1988.

→ *V.* Arts. 2º, *caput*, § 1º, 3º, 33 e 34 da Lei 8.906/1994.

Pena – detenção, de 6 (seis) meses a 3 (três) anos, e multa.

Patrocínio simultâneo ou tergiversação

Parágrafo único. Incorre na pena deste artigo o advogado ou procurador judicial que defende na mesma causa, simultânea ou sucessivamente, partes contrárias.

Sonegação de papel ou objeto de valor probatório

Art. 356. Inutilizar, total ou parcialmente, ou deixar de restituir autos, documento ou objeto de valor probatório, que recebeu na qualidade de advogado ou procurador:

→ *V.* Art. 65, III, *b*, do CP.

→ *V.* Art. 232 do CPP.

Pena – detenção, de 6 (seis) meses a 3 (três) anos, e multa.

Exploração de prestígio

Art. 357. Solicitar ou receber dinheiro ou qualquer outra utilidade, a pretexto de influir em juiz, jurado, órgão do Ministério Público, funcionário de justiça, perito, tradutor, intérprete ou testemunha:

Pena – reclusão, de 1 (um) a 5 (cinco) anos, e multa.

Parágrafo único. As penas aumentam-se de 1/3 (um terço), se o agente alega ou insinua que o dinheiro ou utilidade também se destina a qualquer das pessoas referidas neste artigo.

Violência ou fraude em arrematação judicial

Art. 358. Impedir, perturbar ou fraudar arrematação judicial; afastar ou procurar afastar concorrente ou licitante, por meio de violência, grave ameaça, fraude ou oferecimento de vantagem:

→ *V.* Arts. 93 e 95 da Lei 8.666/1993.

Pena – detenção, de 2 (dois) meses a 1 (um) ano, ou multa, além da pena correspondente à violência.

Desobediência a decisão judicial sobre perda ou suspensão de direito

Art. 359. Exercer função, atividade, direito, autoridade ou múnus, de que foi suspenso ou privado por decisão judicial:

→ *V.* Art. 92 do CP.

→ *V.* Art. 307 do CTB.

→ *V.* Art. 176 da Lei 11.101/2005.

→ *V.* Art. 47 do Dec.-lei 3.688/1941.

Pena – detenção, de 3 (três) meses a 2 (dois) anos, ou multa.

Capítulo IV
DOS CRIMES CONTRA AS FINANÇAS PÚBLICAS

→ Capítulo IV acrescentado pela Lei 10.028/2000.

→ *V.* Arts. 163 a 169 da CF/1988.

→ *V.* Art. 1º, § 1º, da LC 101/2000.

Contratação de operação de crédito

→ Rubrica acrescentada pela Lei 10.028/2000.

Art. 359-A. Ordenar, autorizar ou realizar operação de crédito, interno ou externo, sem prévia autorização legislativa:

→ *V.* Arts. 29, III, § 1º, 32 da LC 101/2000.

→ *V.* Art. 10 da Lei 1.079/1950.

→ *V.* Art. 1º, XX, do Dec.-lei 201/1697.

Pena – reclusão, de 1 (um) a 2 (dois) anos.

→ Artigo acrescentado pela Lei 10.028/2000.

Parágrafo único. Incide na mesma pena quem ordena, autoriza ou realiza operação de crédito, interno ou externo:

I – com inobservância de limite, condição ou montante estabelecido em lei ou em resolução do Senado Federal;

→ *V.* Art. 52, V a IX, da CF/1988.

II – quando o montante da dívida consolidada ultrapassa o limite máximo autorizado por lei.

→ *V.* Art. 29, I, da LC 101/2000.

Inscrição de despesas não empenhadas em restos a pagar

→ Rubrica acrescentada pela Lei 10.028/2000.

Art. 359-B. Ordenar ou autorizar a inscrição em restos a pagar, de despesa que não tenha sido previamente empenhada ou que exceda limite estabelecido em lei:

→ *V.* Arts. 36 e 58 da Lei 4.320/1964.

Pena – detenção, de 6 (seis) meses a 2 (dois) anos.

→ Artigo acrescentado pela Lei 10.028/2000.

Assunção de obrigação no último ano do mandato ou legislatura

→ Rubrica acrescentada pela Lei 10.028/2000.

Art. 359-C. Ordenar ou autorizar a assunção de obrigação, nos dois últimos quadrimestres do último ano do mandato ou legislatura, cuja despesa não possa ser paga no mesmo exercício financeiro ou, caso reste parcela a ser paga no exercício seguinte, que não tenha contrapartida suficiente de disponibilidade de caixa:

→ *V.* Art. 42 da LC 101/2000.

Pena – reclusão, de 1 (um) a 4 (quatro) anos.

→ Artigo acrescentado pela Lei 10.028/2000.

Ordenação de despesa não autorizada

→ Rubrica acrescentada pela Lei 10.028/2000.

Art. 359-D. Ordenar despesa não autorizada por lei:

→ *V.* Arts. 15, 21 e 26 da LC 101/2000.

Pena – reclusão, de 1 (um) a 4 (quatro) anos.

→ Artigo acrescentado pela Lei 10.028/2000.

Prestação de garantia graciosa

→ Rubrica acrescentada pela Lei 10.028/2000.

Art. 359-E. Prestar garantia em operação de crédito sem que tenha sido constituída contragarantia em valor igual ou superior ao valor da garantia prestada, na forma da lei:

→ *V.* Arts. 29, IV, e 40 da LC 101/2000.

Pena – detenção, de 3 (três) meses a 1 (um) ano.

→ Artigo acrescentado pela Lei 10.028/2000.

Não cancelamento de restos a pagar

→ Rubrica acrescentada pela Lei 10.028/2000.

Art. 359-F. Deixar de ordenar, de autorizar ou de promover o cancelamento do montante de restos a pagar inscrito em valor superior ao permitido em lei:

Pena – detenção, de 6 (seis) meses a 2 (dois) anos.

→ Artigo acrescentado pela Lei 10.028/2000.

Aumento de despesa total com pessoal no último ano do mandato ou legislatura

→ Rubrica acrescentada pela Lei 10.028/2000.

Art. 359-G. Ordenar, autorizar ou executar ato que acarrete aumento de despesa total com pessoal, nos 180 (cento e oitenta) dias anteriores ao final do mandato ou da legislatura.

→ *v.* Arts. 18 e 21, parágrafo único, da LC 101/2000.

Pena – reclusão, de 1 (um) a 4 (quatro) anos.

→ Artigo acrescentado pela Lei 10.028/2000.

Oferta pública ou colocação de títulos no mercado

→ Rubrica acrescentada pela Lei 10.028/2000.

Art. 359-H. Ordenar, autorizar ou promover a oferta pública ou a colocação no mercado financeiro de títulos da dívida pública sem que tenham sido criados por lei ou sem que estejam registrados em sistema centralizado de liquidação e de custódia:

→ *v.* Art. 29, II, da LC 101/2000.

Pena – reclusão, de 1 (um) a 4 (quatro) anos.

→ Artigo acrescentado pela Lei 10.028/2000.

Disposições finais

Art. 360. Ressalvada a legislação especial sobre os crimes contra a existência, a segurança e a integridade do Estado e contra a guarda e o emprego da economia popular, os crimes de imprensa e os de falência, os de responsabilidade do Presidente da República e dos Governadores ou Interventores, e os crimes militares, revogam-se as disposições em contrário.

→ *v.* Lei 1.521/1951 – Lei da Economia Popular.

→ *v.* ADPF 130 (*D.J.E.* 6.11.2009), o STF decidiu que todo o conjunto de dispositivos da Lei de Imprensa – Lei 5.250/1967, não foi recepcionado pela CF/1988.

→ *v.* Lei 1.079/1950 – Crimes de Responsabilidade.

→ *v.* Lei 1.001/1969 – Código Penal Militar.

Art. 361. Este Código entrará em vigor no dia 1º de janeiro de 1942.

Rio de Janeiro, 7 de dezembro de 1940; 119º da Independência e 52º da República.

Getúlio Vargas

Francisco Campos

(Publicação no *D.O.U.* de 31.12.1940; retificação. 3.1.1941)

Índice Remissivo do Código Penal

M

O

P

SÚMULAS VINCULANTES, STF, STJ E JEF

SÚMULAS VINCULANTES DO SUPREMO TRIBUNAL FEDERAL – STF

1. Ofende a garantia constitucional do ato jurídico perfeito a decisão que, sem ponderar as circunstâncias do caso concreto, desconsidera a validez e a eficácia de acordo constante de termo de adesão instituído pela Lei Complementar 110/2001. (*D.O.U.* 6.6.2007)

2. É inconstitucional a lei ou ato normativo estadual ou distrital que disponha sobre sistemas de consórcios e sorteios, inclusive bingos e loterias. (*D.O.U.* 6.6.2007)

3. Nos processos perante o Tribunal de Contas da União asseguram-se o contraditório e a ampla defesa quando da decisão puder resultar anulação ou revogação de ato administrativo que beneficie o interessado, excetuada a apreciação da legalidade do ato de concessão inicial de aposentadoria, reforma e pensão. (*D.O.U.* 6.6.2007)

4. Salvo nos casos previstos na Constituição, o salário mínimo não pode ser usado como indexador de base de cálculo de vantagem de servidor público ou de empregado, nem ser substituído por decisão judicial. (*D.O.U.* 9.5.2008)

5. A falta de defesa técnica por advogado no processo administrativo disciplinar não ofende a Constituição. (*D.O.U.* 16.5.2008)

6. Não viola a Constituição o estabelecimento de remuneração inferior ao salário mínimo para as praças prestadoras de serviço militar inicial. (*D.O.U.* 16.5.2008)

7. A norma do § 3º do artigo 192 da Constituição, revogada pela Emenda Constitucional 40/2003, que limitava a taxa de juros reais a 12% ao ano, tinha sua aplicação condicionada à edição de lei complementar. (*D.O.U.* 20.6.2008)

8. São inconstitucionais o parágrafo único do artigo 5º do Decreto-lei 1.569/1977 e os artigos 45 e 46 da Lei 8.212/1991, que tratam de prescrição e decadência de crédito tributário. (*D.O.U.* 20.6.2008)

9. O disposto no artigo 127 da Lei 7.210/1984 (Lei de Execução Penal) foi recebido pela ordem constitucional vigente, e não se lhe aplica o limite temporal previsto no *caput* do artigo 58. (*D.O.U.* 20.6.2008 e republicação *D.O.U.* 27.6.2008)

10. Viola a cláusula de reserva de plenário (CF, artigo 97) a decisão de órgão fracionário de Tribunal que, embora não declare expressamente a inconstitucionalidade de lei ou ato normativo do poder público, afasta sua incidência, no todo ou em parte. (*D.O.U.* 27.6.2008)

11. Só é lícito o uso de algemas em casos de resistência e de fundado receio de fuga ou de perigo à integridade física própria ou alheia, por parte do preso ou de terceiros, justificada a excepcionalidade por escrito, sob pena de responsabilidade disciplinar, civil e penal do agente ou da autoridade e de nulidade da prisão ou do ato processual a que se refere, sem prejuízo da responsabilidade civil do Estado. (*D.O.U.* 22.8.2008)

12. A cobrança de taxa de matrícula nas universidades públicas viola o disposto no art. 206, IV, da Constituição Federal. (*D.O.U.* 22.8.2008)

13. A nomeação de cônjuge, companheiro ou parente em linha reta, colateral ou por afinidade, até o terceiro grau, inclusive, da autoridade nomeante ou de servidor da mesma pessoa jurídica investido em cargo de direção, chefia ou assessoramento, para o exercício de cargo em comissão ou de confiança ou, ainda, de função gratificada na administração pública direta e indireta em qualquer dos Poderes da União, dos Estados, do Distrito Federal e dos Municípios, compreendido o ajuste mediante designações recíprocas, viola a Constituição Federal. (*D.O.U.* 29.8.2008)

14. É direito do defensor, no interesse do representado, ter acesso amplo aos elementos de prova que, já documentados em procedimento investigatório realizado por órgão com competência de polícia judiciária, digam respeito ao exercício do direito de defesa. (*D.O.U.* 9.2.2009)

15. O cálculo de gratificações e outras vantagens do servidor público não incide sobre o abono utilizado para se atingir o salário mínimo. (*D.O.U.* 1.7.2009)

16. Os artigos 7º, IV, e 39, § 3º (redação da EC 19/1998), da Constituição, referem-se ao total da remuneração percebida pelo servidor público. (*D.O.U.* 1.7.2009)

17. Durante o período previsto no § 1º do artigo 100 da Constituição, não incidem juros de mora sobre os precatórios que nele sejam pagos. (*D.O.U.* 10.11.2009)

18. A dissolução da sociedade ou do vínculo conjugal, no curso do mandato, não afasta a inelegibilidade prevista no § 7º do artigo 14 da Constituição Federal. (*D.O.U.* 10.11.2009)

19. A taxa cobrada exclusivamente em razão dos serviços públicos de coleta, remoção e tratamento ou destinação de lixo ou resíduos provenientes de imóveis, não viola o artigo 145, II, da Constituição Federal. (*D.O.U.* 10.11.2009)

20. A Gratificação de Desempenho de Atividade Técnico-Administrativa – GDATA, instituída pela Lei 10.404/2002, deve ser deferida aos inativos nos valores correspondentes a 37,5 (trinta e sete vírgula cinco) pontos no período de fevereiro a maio de 2002 e, nos termos do artigo 5º, parágrafo único, da Lei 10.404/2002, no período de junho de 2002 até a conclusão dos efeitos do último ciclo de avaliação a que se refere o artigo 1º da Medida Provisória 198/2004, a partir da qual passa a ser de 60 (sessenta) pontos. (*D.O.U.* 10.11.2009)

21. É inconstitucional a exigência de depósito ou arrolamento prévios de dinheiro ou bens para admissibilidade de recurso administrativo. (*D.O.U.* 10.11.2009)

22. A Justiça do Trabalho é competente para processar e julgar as ações de indenização por danos morais e patrimoniais decorrentes de acidente de trabalho propostas por empregado contra empregador, inclusive aquelas que ainda não possuíam sentença de mérito em primeiro grau quando da promulgação da Emenda Constitucional 45/2004. (*D.O.U.* 11.12.2009)

23. A Justiça do Trabalho é competente para processar e julgar ação possessória ajuizada em decorrência do exercício do direito de greve pelos trabalhadores da iniciativa privada. (*D.O.U.* 11.12.2009)

24. Não se tipifica crime material contra a ordem tributária, previsto no art. 1º, incisos I a IV, da Lei 8.137/1990, antes do lançamento definitivo do tributo. (*D.O.U.* 11.12.2009)

25. É ilícita a prisão civil de depositário infiel, qualquer que seja a modalidade do depósito. (*D.O.U* 23.12.2009)

26. Para efeito de progressão de regime no cumprimento de pena por crime hediondo, ou equiparado, o juízo da execução observará a inconstitucionalidade do art. 2º da Lei 8.072, de 25 de julho de 1990, sem prejuízo de avaliar se o condenado preenche, ou não, os requisitos objetivos e subjetivos do benefício, podendo determinar, para tal fim, de modo fundamentado, a realização de exame criminológico. (*D.O.U.* 23.12.2009)

27. Compete à Justiça estadual julgar causas entre consumidor e concessionária de serviço público de telefonia, quando a Anatel não seja litisconsorte passiva necessária, assistente, nem opoente. (*D.O.U.* 23.12.2009)

28. É inconstitucional a exigência de depósito prévio como requisito de admissibilidade de ação judicial na qual se pretenda discutir a exigibilidade de crédito tributário. (*D.O.U.* 17.2.2010)

29. É constitucional a adoção, no cálculo do valor de taxa, de um ou mais elementos da base de cálculo própria de determinado imposto, desde que não haja integral identidade entre uma base e outra. (*D.O.U.* 17.2.2010)

→ O Plenário do STF, em 04 de fevereiro de 2010, suspende a publicação de nova súmula vinculante (que receberia o número 30) sobre partilha do ICMS para melhor exame.

31. É inconstitucional a incidência do Imposto sobre Serviços de Qualquer Natureza – ISS sobre operações de locação de bens móveis. (*D.O.U.* 17.2.2010)

32. O ICMS não incide sobre alienação de salvados de sinistro pelas seguradoras. (*D.O.U.* 24.2.2011)

33. Aplicam-se ao servidor público, no que couber, as regras do regime geral da previdência social sobre aposentadoria especial de que trata o artigo 40, § 4º, inciso III da Constituição Federal, até a edição de lei complementar específica. (*D.O.U.* 24.4.2014)

34. A Gratificação de Desempenho de Atividade de Seguridade Social e do Trabalho – GDASST, instituída pela Lei 10.483/2002, deve ser estendida aos inativos no valor correspondente a 60 (sessenta) pontos, desde o advento da Medida Provisória 198/2004, convertida na Lei 10.971/2004, quando tais inativos façam jus à paridade constitucional (EC 20, 41 e 47). (*D.O.U.* 24.10.2014)

35. A homologação da transação penal prevista no artigo 76 da Lei 9.099/1995 não faz coisa julgada material e, descumpridas suas cláusulas, retoma-se a situação anterior, possibilitando-se ao Ministério Público a continuidade da persecução penal mediante oferecimento de denúncia ou requisição de inquérito policial. (*D.O.U.* 24.10.2014)

36. Compete à Justiça Federal comum processar e julgar civil denunciado pelos crimes de falsificação e de uso de documento falso quando se tratar de falsificação da Caderneta de Inscrição e Registro (CIR) ou de Carteira de Habilitação de Arrais-Amador (CHA), ainda que expedidas pela Marinha do Brasil. (*D.O.U.* 24.10.2014)

37. Não cabe ao poder judiciário, que não tem função legislativa, aumentar vencimentos de servidores públicos sob o fundamento de isonomia. (*D.O.U.* 24.10.2014)

→ *v.* Súmula 339 do STF.

38. É competente o Município para fixar o horário de funcionamento de estabelecimento comercial. (*D.O.U.* de 20.3.2015)

39. Compete privativamente à União legislar sobre vencimentos dos membros das polícias civil e militar e do corpo de bombeiros militar do Distrito Federal. (*D.O.U.* de 20.3.2015)

40. A contribuição confederativa de que trata o art. 8º, IV, da Constituição Federal, só é exigível dos filiados ao sindicato respectivo. (*D.O.U.* de 20.3.2015)

41. O serviço de iluminação pública não pode ser remunerado mediante taxa. (*D.O.U.* de 20.3.2015)

42. É inconstitucional a vinculação do reajuste de vencimentos de servidores estaduais ou municipais a índices federais de correção monetária. (*D.O.U.* de 20.3.2015)

43. É inconstitucional toda modalidade de provimento que propicie ao servidor investir-se, sem prévia aprovação em concurso público destinado ao seu provimento, em cargo que não integra a carreira na qual anteriormente investido. (*D.O.U.* de 17.4.2015)

→ A Súmula Vinculante 43 do STF foi convertida a partir da redação da Súmula 685 do STF.

→ *v.* Art. 37, II da CF.

44. Só por lei se pode sujeitar a exame psicotécnico a habilitação de candidato a cargo público. (*D.O.U.* de 17.4.2015)

→ A Súmula Vinculante 44 do STF foi convertida a partir da redação da Súmula 686 do STF.

→ *v.* Art. 37, I da CF.

45. A competência constitucional do Tribunal do Júri prevalece sobre o foro por prerrogativa de função estabelecido exclusivamente pela Constituição Estadual. (*D.O.U.* de 17.4.2015)

→ Súmula Vinculante 45 do STF originada da Súmula 721 do STF.

→ *v.* Art. 5º, XXXVIII da CF.

46. A definição dos crimes de responsabilidade e o estabelecimento das respectivas normas de processo e julgamento são da competência legislativa privativa da União. (*D.O.U.* de 17.4.2015)

→ Conversão da Súmula 722 do STF.

47. Os honorários advocatícios incluídos na condenação ou destacados do montante principal devido ao credor consubstanciam verba de natureza alimentar cuja satisfação ocorrerá com a expedição de precatório ou requisição de pequeno valor, observada ordem especial restrita aos créditos dessa natureza. (*D.O.U.* 2.6.2015)

48. Na entrada de mercadoria importada do exterior, é legítima a cobrança do ICMS por ocasião do desembaraço aduaneiro. (*D.O.U.* 2.6.2015)

49. Ofende o princípio da livre concorrência lei municipal que impede a instalação de estabelecimentos comerciais do mesmo ramo em determinada área. (*D.O.U.* 23.6.2015)

50. Norma legal que altera o prazo de recolhimento de obrigação tributária não se sujeita ao princípio da anterioridade. (*D.O.U.* 23.6.2015)

51. O reajuste de 28,86%, concedido aos servidores militares pelas Leis 8.622/1993 e 8.627/1993, estende-se aos servidores civis do poder executivo, observadas as eventuais compensações decorrentes dos reajustes diferenciados concedidos pelos mesmos diplomas legais. (*D.O.U.* 23.6.2015)

52. Ainda quando alugado a terceiros, permanece imune ao IPTU o imóvel pertencente a qualquer das entidades referidas pelo art. 150, VI, c, da Constituição Federal, desde que o valor dos aluguéis seja aplicado nas atividades para as quais tais entidades foram constituídas. (*D.O.U.* 23.6.2015)

53. A competência da Justiça do Trabalho prevista no art. 114, VIII, da Constituição Federal alcança a execução de ofício das contribuições previdenciárias relativas ao objeto da condenação constante das sentenças que proferir e acordos por ela homologados. (*D.O.U.* 23.6.2015)

54. A medida provisória não apreciada pelo congresso nacional podia, até a Emenda Constitucional 32/2001, ser reeditada dentro do seu prazo de eficácia de trinta dias, mantidos os efeitos de lei desde a primeira edição. (*D.O.U* 28.3.2016)

→ *v.* Art. 62, parágrafo único, da CF.

55. O direito ao auxílio-alimentação não se estende aos servidores inativos. (*D.O.U* 28.3.2016)

→ *v.* Art. 40, § 4º, da CF.

56. A falta de estabelecimento penal adequado não autoriza a manutenção do condenado em regime prisional mais gravoso, devendo-se observar, nessa hipótese, os parâmetros fixados no RE 641.320/RS. (*D.O.U* 8.8.2016)

→ *v.* Arts. 1º, III, e 5º, XLVI, da CF.

SÚMULAS DO SUPREMO TRIBUNAL FEDERAL – STF

1. É vedada a expulsão de estrangeiro casado com brasileira, ou que tenha filho brasileiro, dependente da economia paterna.

2. SÚMULA SEM EFICÁCIA – Concede-se liberdade vigiada ao extraditando que estiver preso por prazo superior a 60 (sessenta) dias.

3. SÚMULA SUPERADA NO JULGAMENTO DO RE 456.679/DF, *D.J.* 7.4.2006 – A imunidade concedida a deputados estaduais é restrita à Justiça do Estado.

4. SÚMULA CANCELADA NO JULGAMENTO DO INQ 104/RS, *D.J.* 2.10.1981 – Não perde a imunidade parlamentar o congressista nomeado Ministro de Estado.

5. A sanção do projeto supre a falta de iniciativa do Poder Executivo.

6. A revogação ou anulação, pelo Poder Executivo, de aposentadoria, ou qualquer outro ato aprovado pelo Tribunal de Contas, não produz efeitos antes de aprovada por aquele Tribunal, ressalvada a competência revisora do Judiciário.

7. Sem prejuízo de recurso para o Congresso, não é exequível contrato administrativo a que o Tribunal de Contas houver negado registro.

8. Diretor de sociedade de economia mista pode ser destituído no curso do mandato.

9. Para o acesso de auditores ao Superior Tribunal Militar, só concorrem os de segunda entrância.

10. O tempo de serviço militar conta-se para efeito de disponibilidade e aposentadoria do servidor público estadual.

11. A vitaliciedade não impede a extinção do cargo, ficando o funcionário em disponibilidade, com todos os vencimentos.

12. A vitaliciedade do professor catedrático não impede o desdobramento da cátedra.

13. A equiparação de extranumerário a funcionário efetivo, determinada pela Lei 2.284, de 9.8.1954, não envolve reestruturação, não compreendendo, portanto, os vencimentos.

14. SÚMULA CANCELADA NO JULGAMENTO DO RE 74.486, *D.J.* 8.3.1974 – Não é admissível, por ato administrativo, restringir, em razão da idade, inscrição em concurso para cargo público.

15. Dentro do prazo de validade do concurso, o candidato aprovado tem o direito à nomeação, quando o cargo for preenchido sem observância da classificação.

16. Funcionário nomeado por concurso tem direito à posse.

17. A nomeação de funcionário sem concurso pode ser desfeita antes da posse.

18. Pela falta residual, não compreendida na absolvição pelo juízo criminal, é admissível a punição administrativa do servidor público.

19. É inadmissível segunda punição de servidor público, baseada no mesmo processo em que se fundou a primeira.

20. É necessário processo administrativo com ampla defesa, para demissão de funcionário admitido por concurso.

21. Funcionário em estágio probatório não pode ser exonerado nem demitido sem inquérito ou sem as formalidades legais de apuração de sua capacidade.

22. O estágio probatório não protege o funcionário contra a extinção do cargo.

23. Verificados os pressupostos legais para o licenciamento da obra, não o impede a declaração de utilidade pública para desapropriação do imóvel, mas o valor da obra não se incluirá na indenização, quando a desapropriação for efetivada.

24. Funcionário interino substituto é demissível, mesmo antes de cessar a causa da substituição.

25. A nomeação a termo não impede a livre demissão pelo Presidente da República, de ocupante de cargo dirigente de autarquia.

26. Os servidores do instituto de aposentadoria e pensões dos industriários não podem acumular a sua gratificação bienal com o adicional de tempo de serviço previsto no Estatuto dos Funcionários Civis da União.

27. Os servidores públicos não têm vencimentos irredutíveis, prerrogativa dos membros do Poder Judiciário e dos que lhes são equiparados.

28. O estabelecimento bancário é responsável pelo pagamento de cheque falso, ressalvadas as hipóteses de culpa exclusiva ou concorrente do correntista.

29. Gratificação devida a servidores do "sistema fazendário" não se estende aos dos Tribunais de Contas.

30. Servidores de coletorias não têm direito à percentagem pela cobrança de contribuições destinadas à PETROBRAS.

31. Para aplicação da Lei 1.741, de 22.11.1952, soma-se o tempo de serviço ininterrupto em mais de um cargo em comissão.

32. Para aplicação da Lei 1.741, de 22.11.1952, soma-se o tempo de serviço ininterrupto em cargo em comissão e em função gratificada.

33. A Lei 1.741, de 22.11.1952, é aplicável às autarquias federais.

34. No Estado de São Paulo, funcionário eleito vereador fica licenciado por toda a duração do mandato.

35. Em caso de acidente do trabalho ou de transporte, a concubina tem direito de ser indenizada pela morte do amásio, se entre eles não havia impedimento para o matrimônio.

36. Servidor vitalício está sujeito à aposentadoria compulsória, em razão da idade.

37. Não tem direito de se aposentar pelo Tesouro Nacional o servidor que não satisfizer as condições estabelecidas na legislação do serviço público federal, ainda que aposentado pela respectiva instituição previdenciária, com direito, em tese, a duas aposentadorias.

38. Reclassificação posterior à aposentadoria não aproveita ao servidor aposentado.

39. À falta de lei, funcionário em disponibilidade não pode exigir, judicialmente, o seu aproveitamento, que fica subordinado ao critério de conveniência da administração.

40. A elevação da entrância da comarca não promove automaticamente o juiz, mas não interrompe o exercício de suas funções na mesma comarca.

41. Juízes preparadores ou substitutos não têm direito aos vencimentos da atividade fora dos períodos de exercício.

42. É legítima a equiparação de Juízes do Tribunal de Contas, em direitos e garantias, aos membros do Poder Judiciário.

43. Não contraria a Constituição Federal o art. 61 da Constituição de São Paulo, que equiparou os vencimentos do Ministério Público aos da Magistratura.

44. O exercício do cargo pelo prazo determinado na Lei 1.341, de 30.1.1951, art. 91, dá preferência para a nomeação interina de Procurador da República.

45. A estabilidade dos substitutos do Ministério Público Militar não confere direito aos vencimentos da atividade fora dos períodos de exercício.

46. Desmembramento de serventia de Justiça não viola o princípio de vitaliciedade do serventuário.

47. Reitor de universidade não é livremente demissível pelo Presidente da República durante o prazo de sua investidura.

48. É legítimo o rodízio de docentes livres na substituição do professor catedrático.

49. A cláusula de inalienabilidade inclui a incomunicabilidade dos bens.

50. A lei pode estabelecer condições para a demissão de extranumerário.

51. Militar não tem direito a mais de duas promoções na passagem para a inatividade, ainda que por motivos diversos.

52. A promoção de militar, vinculada à inatividade, pode ser feita, quando couber, a posto inexistente no quadro.

53. A promoção de professor militar, vinculada à sua reforma, pode ser feita, quando couber, a posto inexistente no quadro.

54. A reserva ativa do magistério militar não confere vantagens vinculadas à efetiva passagem para a inatividade.

55. Militar da reserva está sujeito à pena disciplinar.

56. Militar reformado não está sujeito à pena disciplinar.

57. Militar inativo não tem direito ao uso do uniforme fora dos casos previstos em lei ou regulamento.

58. É válida a exigência de média superior a quatro para aprovação em estabelecimento de ensino superior, consoante o respectivo regimento.

59. Imigrante pode trazer, sem licença prévia, automóvel que lhe pertença desde mais de seis meses antes do seu embarque para o Brasil.

60. Não pode o estrangeiro trazer automóvel quando não comprovada a transferência definitiva de sua residência para o Brasil.

61. Brasileiro domiciliado no estrangeiro, que se transfere definitivamente para o Brasil, pode trazer automóvel licenciado em seu nome há mais de seis meses.

62. Não basta a simples estada no estrangeiro por mais de seis meses, para dar direito à trazida de automóvel com fundamento em transferência de residência.

63. É indispensável, para trazida de automóvel, a prova do licenciamento há mais de seis meses no país de origem.

64. É permitido trazer do estrangeiro, como bagagem, objetos de uso pessoal e doméstico, desde que, por sua quantidade e natureza, não induzam finalidade comercial.

65. A cláusula de aluguel progressivo anterior à Lei 3.494, de 19.12.1958, continua em vigor em caso de prorrogação legal ou convencional da locação.

66. É legítima a cobrança do tributo que houver sido aumentado após o orçamento, mas antes do início do respectivo exercício financeiro.

67. É inconstitucional a cobrança do tributo que houver sido criado ou aumentado no mesmo exercício financeiro.

68. É legítima a cobrança, pelos municípios, no exercício de 1961, de tributo estadual, regularmente criado ou aumentado, e que lhes foi transferido pela Emenda Constitucional 5, de 21.11.1961.

69. A Constituição Estadual não pode estabelecer limite para o aumento de tributos municipais.

70. É inadmissível a interdição de estabelecimento como meio coercitivo para cobrança de tributo.

71. Embora pago indevidamente, não cabe restituição de tributo indireto.

72. No julgamento de questão constitucional, vinculada a decisão do Tribunal Superior Eleitoral, não estão impedidos os ministros do Supremo Tribunal Federal que ali tenham funcionado no mesmo processo, ou no processo originário.

73. A imunidade das autarquias, implicitamente contida no art. 31, V, *a*, da Constituição Federal, abrange tributos estaduais e municipais.

→ Referida Constituição é a de 1946.

74. O imóvel transcrito em nome de autarquia, embora objeto de promessa de venda a particulares, continua imune de impostos locais.

→ Súmula não mais vigora - RE 69.781, em 26.11.1970.

75. Sendo vendedora uma autarquia, a sua imunidade fiscal não compreende o Imposto de Transmissão *Inter Vivos*, que é encargo do comprador.

76. As sociedades de economia mista não estão protegidas pela imunidade fiscal do art. 31, V, *a*, da Constituição Federal.

→ Referida Constituição é a de 1946.

77. Está isenta de impostos federais a aquisição de bens pela Rede Ferroviária Federal.

78. Estão isentas de impostos locais as empresas de energia elétrica, no que respeita às suas atividades específicas.

79. O Banco do Brasil não tem isenção de tributos locais.

80. Para a retomada de prédio situado fora do domicílio do locador exige-se a prova da necessidade.

81. As cooperativas não gozam de isenção de impostos locais, com fundamento na Constituição e nas leis federais.

82. São inconstitucionais o Imposto de Cessão e a taxa sobre inscrição de promessa de venda de imóvel, substitutivos do Imposto de Transmissão, por incidirem sobre ato que não transfere o domínio.

83. Os ágios de importação incluem-se no valor dos artigos importados para incidência do Imposto de Consumo.

84. Não estão isentos do Imposto de Consumo os produtos importados pelas cooperativas.

85. Não estão sujeitos ao Imposto de Consumo os bens de uso pessoal e doméstico trazidos, como bagagem, do exterior.

86. Não está sujeito ao Imposto de Consumo automóvel usado, trazido do exterior pelo proprietário.

87. Somente no que não colidirem com a Lei 3.244, de 14.8.1957, são aplicáveis acordos tarifários anteriores.

88. É válida a majoração da tarifa alfandegária, resultante da Lei 3.244, de 14.8.1957, que modificou o Acordo Geral sobre Tarifas Aduaneiras e Comércio (GATT), aprovado pela Lei 313, de 30.7.1948.

89. Estão isentas do Imposto de Importação frutas importadas da Argentina, do Chile, da Espanha e de Portugal, enquanto vigentes os respectivos acordos comerciais.

90. É legítima a lei local que faça incidir o imposto de indústrias e profissões com base no movimento econômico do contribuinte.

91. SÚMULA SEM EFICÁCIA – A incidência do Imposto Único não isenta o comerciante de combustíveis do Imposto de Indústrias e Profissões.

92. É constitucional o art. 100, II, da Lei 4.563, de 20.2.1957, do município de Recife, que faz variar o imposto de licença em função do aumento do capital do contribuinte.

93. Não está isenta do Imposto de Renda a atividade profissional do arquiteto.

94. É competente a autoridade alfandegária para o desconto, na fonte, do Imposto de Renda correspondente às comissões dos despachantes aduaneiros.

95. Para cálculo do Imposto de Lucro Extraordinário, incluem-se no capital as reservas do ano -base, apuradas em balanço.

96. O Imposto de Lucro Imobiliário incide sobre a venda de imóvel da meação do cônjuge sobrevivente, ainda que aberta a sucessão antes da vigência da Lei 3.470, de 28.11.1958.

97. É devida a alíquota anterior do Imposto de Lucro Imobiliário, quando a promessa de venda houver sido celebrada antes da vigência da lei que a tiver elevado.

98. Sendo o imóvel alienado na vigência da Lei 3.470, de 28.11.1958, ainda que adquirido por herança, usucapião ou a título gratuito, é devido o Imposto de Lucro Imobiliário.

99. Não é devido o Imposto de Lucro Imobiliário, quando a alienação de imóvel, adquirido por herança, ou a título gratuito, tiver sido anterior à vigência da Lei 3.470, de 28.11.1958.

100. Não é devido o Imposto de Lucro Imobiliário, quando a alienação de imóvel, adquirido por usucapião, tiver sido anterior à vigência da Lei 3.470, de 28.11.1958.

101. O mandado de segurança não substitui a ação popular.

102. É devido o Imposto Federal do Selo pela incorporação de reservas, em reavaliação de ativo, ainda que realizada antes da vigência da Lei 3.519, de 30.12.1958.

103. É devido o Imposto Federal do Selo na simples reavaliação de ativo, realizada posteriormente à vigência da Lei 3.519, de 30.12.1958.

104. Não é devido o Imposto Federal do Selo na simples reavaliação de ativo anterior à vigência da Lei 3.519, de 30.12.1958.

105. Salvo se tiver havido premeditação, o suicídio do segurado no período contratual de carência não exime o segurador do pagamento do seguro.

106. É legítima a cobrança de selo sobre registro de automóveis, na conformidade da legislação estadual.

107. É inconstitucional o imposto de selo de 3%, *ad valorem*, do Paraná, quanto aos produtos remetidos para fora do Estado.

108. É legítima a incidência do Imposto de Transmissão *Inter Vivos* sobre o valor do imóvel ao tempo da alienação e não da promessa, na conformidade da legislação local.

109. É devida a multa prevista no art. 15, § 6º, da Lei 1.300, de 28.12.1950, ainda que a desocupação do imóvel tenha resultado da notificação e não haja sido proposta ação de despejo.

110. O Imposto de Transmissão *Inter Vivos* não incide sobre a construção, ou parte dela, realizada pelo adquirente, mas sobre o que tiver sido construído ao tempo da alienação do terreno.

111. É legítima a incidência do Imposto de Transmissão *Inter Vivos* sobre a restituição, ao antigo proprietário, de imóvel que deixou de servir à finalidade da sua desapropriação.

112. O Imposto de Transmissão *Causa Mortis* é devido pela alíquota vigente ao tempo da abertura da sucessão.

113. O Imposto de Transmissão *Causa Mortis* é calculado sobre o valor dos bens na data da avaliação.

114. O Imposto de Transmissão *Causa Mortis* não é exigível antes da homologação do cálculo.

115. Sobre os honorários do advogado contratado pelo inventariante, com a homologação do juiz, não incide o Imposto de Transmissão *Causa Mortis*.

116. SÚMULA SEM EFICÁCIA – Em desquite ou inventário, é legítima a cobrança do chamado Imposto de Reposição, quando houver desigualdade nos valores partilhados.

117. A lei estadual pode fazer variar a alíquota do Imposto de Vendas e Consignações em razão da espécie do produto.

118. SÚMULA SEM EFICÁCIA, RE 70138 – Estão sujeitas ao Imposto de Vendas e Consignações as transações sobre minerais, que ainda não estão compreendidos na legislação federal sobre o Imposto Único.

→ *v.* arts. 74 e 75 do CTN.

119. É devido o Imposto de Vendas e Consignações sobre a venda de cafés ao Instituto Brasileiro do Café, embora o lote, originariamente, se destinasse à exportação.

120. Parede de tijolos de vidro translúcido pode ser levantada a menos de metro e meio do prédio vizinho, não importando servidão sobre ele.

121. É vedada a capitalização de juros, ainda que expressamente convencionada.

122. O enfiteuta pode purgar a mora enquanto não decretado o comisso por sentença.

123. Sendo a locação regida pelo Decreto 24.150, de 20.4.1934, o locatário não tem direito à purgação da mora prevista na Lei 1.300, de 28.12.1950.

124. É inconstitucional o adicional do Imposto de Vendas e Consignações cobrado pelo Estado do Espírito Santo sobre cafés da cota de expurgo entregues ao Instituto Brasileiro do Café.

125. Não é devido o Imposto de Vendas e Consignações sobre a parcela do Imposto de Consumo que onera a primeira venda realizada pelo produtor.

126. É inconstitucional a chamada taxa de aguardente, do Instituto do Açúcar e do Álcool.

127. É indevida a taxa de armazenagem, posteriormente aos primeiros trinta dias, quando não exigível o Imposto de Consumo, cuja cobrança tenha motivado a retenção da mercadoria.

128. É indevida a taxa de assistência médica e hospitalar das instituições de previdência social.

129. Na conformidade da legislação local, é legítima a cobrança de taxa de calçamento.

130. A taxa de despacho aduaneiro (art. 66 da Lei 3.244, de 14.8.1957) continua a ser exigível após o Decreto Legislativo 14, de 25.8.1960, que aprovou alterações introduzidas no Acordo Geral sobre Tarifas Aduaneiras e Comércio (GATT).

131. A taxa de despacho aduaneiro (art. 66 da Lei 3.244, de 14.8.1957) continua a ser exigível após o Decreto Legislativo 14, de 25.8.1960, mesmo para as mercadorias incluídas na vigente Lista III do Acordo Geral sobre Tarifas Aduaneiras e Comércio (GATT).

132. Não é devida a taxa de previdência social na importação de amianto bruto ou em fibra.

133. Não é devida a taxa de despacho aduaneiro na importação de fertilizantes e inseticidas.

134. A isenção fiscal para a importação de frutas da Argentina compreende a taxa de despacho aduaneiro e a taxa de previdência social.

135. É inconstitucional a taxa de eletrificação de Pernambuco.

136. É constitucional a taxa de estatística da Bahia.

137. A taxa de fiscalização da exportação incide sobre a bonificação cambial concedida ao exportador.

138. É inconstitucional a taxa contra fogo, do Estado de Minas Gerais, incidente sobre prêmio de seguro contra fogo.

139. É indevida a cobrança do imposto de transação a que se refere a Lei 899/1957, art. 58, IV, *e*, do antigo Distrito Federal.

140. Na importação de lubrificantes é devida a taxa de previdência social.

141. Não incide a taxa de previdência social sobre combustíveis.

142. Não é devida a taxa de previdência social sobre mercadorias isentas do Imposto de Importação.

143. SÚMULA SEM EFICÁCIA – Na forma da lei estadual, é devido o Imposto de Vendas e Consignações na exportação de café pelo Estado da Guanabara, embora proveniente de outro Estado.

144. É inconstitucional a incidência da taxa de recuperação econômica de Minas Gerais sobre contrato sujeito ao Imposto Federal do Selo.

145. Não há crime, quando a preparação do flagrante pela polícia torna impossível a sua consumação.

146. A prescrição da ação penal regula-se pela pena concretizada na sentença, quando não há recurso da acusação.

147. A prescrição de crime falimentar começa a correr da data em que deveria estar encerrada a falência, ou do trânsito em julgado da sentença que a encerrar ou que julgar cumprida a concordata.

148. É legítimo o aumento de tarifas portuárias por ato do Ministro da Viação e Obras Públicas.

149. É imprescritível a ação de investigação de paternidade, mas não o é a de petição de herança.

150. Prescreve a execução no mesmo prazo de prescrição da ação.

151. Prescreve em um ano a ação do segurador sub-rogado para haver indenização por extravio ou perda de carga transportada por navio.

152. REVOGADA PELA SÚMULA 494 DO STF – A ação para anular venda de ascendente a descendente, sem consentimento dos demais, prescreve em quatro anos a contar da abertura da sucessão.

153. Simples protesto cambiário não interrompe a prescrição.

154. Simples vistoria não interrompe a prescrição.

155. É relativa a nulidade do processo criminal por falta de intimação da expedição de precatória para inquirição de testemunha.

156. É absoluta a nulidade do julgamento, pelo júri, por falta de quesito obrigatório.

157. É necessária prévia autorização do Presidente da República para desapropriação, pelos Estados, de empresa de energia elétrica.

158. Salvo estipulação contratual averbada no Registro Imobiliário, não responde o adquirente pelas benfeitorias do locatário.

159. Cobrança excessiva, mas de boa-fé, não dá lugar às sanções do art. 1.531 do Código Civil.

→ Referido Código Civil é o de 1916.

160. É nula a decisão do Tribunal que acolhe, contra o réu, nulidade não arguida no recurso da acusação, ressalvados os casos de recurso de ofício.

161. Em contrato de transporte, é inoperante a cláusula de não indenizar.

162. É absoluta a nulidade do julgamento pelo júri, quando os quesitos da defesa não precedem aos das circunstâncias agravantes.

163. Salvo contra a Fazenda Pública, sendo a obrigação ilíquida, contam-se os juros moratórios desde a citação inicial para a ação.

→ A primeira parte da Súmula 163 não mais subsiste em face do art. 1º da Lei 4.414/1964 – RE 109156, *D.J.* 7.8.1987.

164. No processo de desapropriação, são devidos juros compensatórios desde a antecipada imissão de posse, ordenada pelo juiz, por motivo de urgência.

165. A venda realizada diretamente pelo mandante ao mandatário não é atingida pela nulidade do art. 1.133, II, do Código Civil.

→ Referido Código Civil é o de 1916.

166. É inadmissível o arrependimento no compromisso de compra e venda sujeito ao regime do Decreto-lei 58, de 10.12.1937.

167. Não se aplica o regime do Decreto-lei 58, de 10.12.1937, ao compromisso de compra e venda não inscrito no Registro Imobiliário, salvo se o promitente vendedor se obrigou a efetuar o registro.

168. Para os efeitos do Decreto-lei 58, de 10.12.1937, admite-se a inscrição imobiliária do compromisso de compra e venda no curso da ação.

169. Depende de sentença a aplicação da pena de comisso.

170. É resgatável a enfiteuse instituída anteriormente à vigência do Código Civil.

171. Não se admite, na locação em curso, de prazo determinado, a majoração de encargos a que se refere a Lei 3.844, de 15.12.1960.

172. Não se admite, na locação em curso, de prazo determinado, o reajustamento de aluguel a que se refere a Lei 3.085, de 29.12.1956.

173. Em caso de obstáculo judicial admite-se a purga da mora, pelo locatário, além do prazo legal.

174. Para a retomada do imóvel alugado, não é necessária a comprovação dos requisitos legais na notificação prévia.

175. Admite-se a retomada de imóvel alugado para uso de filho que vai contrair matrimônio.

176. O promitente comprador, nas condições previstas na Lei 1.300, de 28.12.1950, pode retomar o imóvel locado.

177. SÚMULA SEM EFICÁCIA – O cessionário do promitente comprador, nas mesmas condições deste, pode retomar o imóvel locado.

178. Não excederá de cinco anos a renovação judicial de contrato de locação, fundada no Decreto 24.150, de 20.4.1934.

179. O aluguel arbitrado judicialmente nos termos da Lei 3.085, de 29.12.1956, art. 6º, vigora a partir da data do laudo pericial.

180. Na ação revisional do art. 31 do Decreto 24.150, de 20.4.1934, o aluguel arbitrado vigora a partir do laudo pericial.

181. Na retomada, para construção mais útil de imóvel sujeito ao Decreto 24.150, de 20.4.1934, é sempre devida indenização para despesas de mudança do locatário.

182. Não impede o reajustamento do débito pecuário, nos termos da Lei 1.002, de 24.12.1949, a falta de cancelamento da renúncia à moratória da Lei 209, de 2.1.1948.

183. Não se incluem no reajustamento pecuário dívidas estranhas à atividade agropecuária.

184. Não se incluem no reajustamento pecuário dívidas contraídas posteriormente a 19.12.1946.

185. Em processo de reajustamento pecuário, não responde a União pelos honorários do advogado do credor ou do devedor.

186. Não infringe a lei a tolerância da quebra de 1% no transporte por estrada de ferro, prevista no regulamento de transportes.

187. A responsabilidade contratual do transportador, pelo acidente com o passageiro, não é elidida por culpa de terceiro, contra o qual tem ação regressiva.

188. O segurador tem ação regressiva contra o causador do dano, pelo que efetivamente pagou, até ao limite previsto no contrato de seguro.

189. Avais em branco e superpostos consideram-se simultâneos e não sucessivos.

190. O não pagamento de título vencido há mais de trinta dias, sem protesto, não impede a concordata preventiva.

191. SÚMULA CANCELADA NO JULGAMENTO DO RE 79625/SP, *D.J.* 8.7.1975 – Inclui-se no crédito habilitado em falência a multa fiscal simplesmente moratória.

192. Não se inclui no crédito habilitado em falência a multa fiscal com efeito de pena administrativa.

193. Para a restituição prevista no art. 76, § 2º, da Lei de Falências, conta-se o prazo de 15 (quinze) dias da entrega da coisa e não da sua remessa.

194. É competente o Ministro do Trabalho para a especificação das atividades insalubres.

195. Contrato de trabalho para obra certa, ou de prazo determinado, transforma-se em contrato de prazo indeterminado, quando prorrogado por mais de quatro anos.

196. Ainda que exerça atividade rural, o empregado de empresa industrial ou comercial é classificado de acordo com a categoria do empregador.

197. O empregado com representação sindical só pode ser despedido mediante inquérito em que se apure falta grave.

198. As ausências motivadas por acidente do trabalho não são descontáveis do período aquisitivo das férias.

199. O salário das férias do empregado horista corresponde à média do período aquisitivo, não podendo ser inferior ao mínimo.

200. Não é inconstitucional a Lei 1.530, de 26.12.1951, que manda incluir na indenização por despedida injusta parcela correspondente a férias proporcionais.

201. O vendedor pracista, remunerado mediante comissão, não tem direito ao repouso semanal remunerado.

202. Na equiparação de salário, em caso de trabalho igual, toma-se em conta o tempo de serviço na função, e não no emprego.

203. Não está sujeita à vacância de 60 dias a vigência de novos níveis de salário mínimo.

204. Tem direito o trabalhador substituto, ou de reserva, ao salário mínimo no dia em que fica à disposição do empregador sem ser aproveitado na função específica; se aproveitado, recebe o salário contratual.

205. Tem direito a salário integral o menor não sujeito à aprendizagem metódica.

206. É nulo o julgamento ulterior pelo júri com a participação de jurado que funcionou em julgamento anterior do mesmo processo.

207. As gratificações habituais, inclusive a de Natal, consideram-se tacitamente convencionadas, integrando o salário.

208. O assistente do Ministério Público não pode recorrer, extraordinariamente, de decisão concessiva de *habeas corpus*.

209. O salário-produção, como outras modalidades de salário-prêmio, é devido, desde que verificada a condição a que estiver subordinado, e não pode ser suprimido unilateralmente, pelo empregador, quando pago com habitualidade.

210. O assistente do Ministério Público pode recorrer, inclusive extraordinariamente, na ação penal, nos casos dos arts. 584, § 1º, e 598 do Código de Processo Penal.

211. Contra a decisão proferida sobre o agravo no auto do processo, por ocasião do julgamento da apelação, não se admitem embargos infringentes ou de nulidade.

212. Tem direito ao adicional de serviço perigoso o empregado de posto de revenda de combustível líquido.

213. É devido o adicional de serviço noturno, ainda que sujeito o empregado ao regime de revezamento.

214. A duração legal da hora de serviço noturno (52 minutos e 30 segundos) constitui vantagem suplementar que não dispensa o salário adicional.

215. Conta-se a favor de empregado readmitido o tempo de serviço anterior, salvo se houver sido despedido por falta grave ou tiver recebido a indenização legal.

216. Para decretação da absolvição de instância pela paralisação do processo por mais de trinta dias, é necessário que o autor, previamente intimado, não promova o andamento da causa.

217. Tem direito de retornar ao emprego, ou ser indenizado em caso de recusa do empregador, o aposentado que recupera a capacidade de trabalho dentro de cinco anos, a contar da aposentadoria, que se torna definitiva após esse prazo.

218. É competente o Juízo da Fazenda Nacional da Capital do Estado, e não o da situação da coisa, para a desapropriação promovida por empresa de energia elétrica, se a União Federal intervém como assistente.

219. Para a indenização devida a empregado que tinha direito a ser readmitido, e não foi, levam-se em conta as vantagens advindas à sua categoria no período do afastamento.

220. A indenização devida a empregado estável, que não é readmitido, ao cessar sua aposentadoria, deve ser paga em dobro.

221. A transferência de estabelecimento, ou a sua extinção parcial, por motivo que não seja de força maior, não justifica a transferência de empregado estável.

222. O princípio da identidade física do juiz não é aplicável às Juntas de Conciliação e Julgamento da Justiça do Trabalho.

223. Concedida isenção de custas ao empregado, por elas não responde o sindicato que o representa em juízo.

224. Os juros da mora, nas reclamações trabalhistas, são contados desde a notificação inicial.

225. Não é absoluto o valor probatório das anotações da Carteira Profissional.

226. Na ação de desquite, os alimentos são devidos desde a inicial e não da data da decisão que os concede.

227. A concordata do empregador não impede a execução de crédito nem a reclamação de empregado na Justiça do Trabalho.

228. SÚMULA SEM EFICÁCIA, RE 84.334, *D. J.U.* 8.7.1976 – Não é provisória a execução na pendência de recurso extraordinário, ou de agravo destinado a fazê-lo admitir.

229. A indenização acidentária não exclui a do direito comum, em caso de dolo ou culpa grave do empregador.

230. A prescrição da ação de acidente do trabalho conta-se do exame pericial que comprovar a enfermidade ou verificar a natureza da incapacidade.

231. O revel, em processo cível, pode produzir provas, desde que compareça em tempo oportuno.

232. Em caso de acidente do trabalho, são devidas diárias até doze meses, as quais não se confundem com a indenização acidentária nem com o auxílio-enfermidade.

233. Salvo em caso de divergência qualificada (Lei 623/1949), não cabe recurso de embargos contra decisão que nega provimento a agravo ou não conhece de recurso extraordinário, ainda que por maioria de votos.

234. São devidos honorários de advogado em ação de acidente do trabalho julgada procedente.

235. É competente para a ação de acidente do trabalho a Justiça Cível Comum, inclusive em segunda instância, ainda que seja parte autarquia seguradora.

236. Em ação de acidente do trabalho, a autarquia seguradora não tem isenção de custas.

237. O usucapião pode ser arguido em defesa.

238. Em caso de acidente do trabalho, a multa pelo retardamento da liquidação é exigível do segurador sub-rogado, ainda que autarquia.

239. Decisão que declara indevida a cobrança do imposto em determinado exercício não faz coisa julgada em relação aos posteriores.

240. O depósito para recorrer, em ação de acidente do trabalho, é exigível do segurador sub -rogado, ainda que autarquia.

241. A contribuição previdenciária incide sobre o abono incorporado ao salário.

242. O agravo no auto do processo deve ser apreciado, no julgamento da apelação, ainda que o agravante não tenha apelado.

243. Em caso de dupla aposentadoria, os proventos a cargo do IAPFESP não são equiparáveis aos pagos pelo Tesouro Nacional, mas calculados à base da média salarial nos últimos doze meses de serviço.

244. A importação de máquinas de costura está isenta do Imposto de Consumo.

245. A imunidade parlamentar não se estende ao corréu sem essa prerrogativa.

246. Comprovado não ter havido fraude, não se configura o crime de emissão de cheque sem fundos.

247. O relator não admitirá os embargos da Lei 623, de 19.2.1949, nem deles conhecerá o Supremo Tribunal Federal, quando houver jurisprudência firme do Plenário no mesmo sentido da decisão embargada.

248. É competente, originariamente, o Supremo Tribunal Federal, para mandado de segurança contra ato do Tribunal de Contas da União.

249. É competente o Supremo Tribunal Federal para a ação rescisória, quando, embora não tendo conhecido do recurso extraordinário, ou havendo negado provimento ao agravo, tiver apreciado a questão federal controvertida.

250. A intervenção da União desloca o processo do juízo cível comum para o fazendário.

251. Responde a Rede Ferroviária Federal S.A. perante o foro comum e não perante o juízo especial da Fazenda Nacional, a menos que a União intervenha na causa.

252. Na ação rescisória, não estão impedidos juízes que participaram do julgamento rescindendo.

253. Nos embargos da Lei 623, de 19.2.1949, no Supremo Tribunal Federal, a divergência somente será acolhida, se tiver sido indicada na petição de recurso extraordinário.

254. Incluem-se os juros moratórios na liquidação, embora omisso o pedido inicial ou a condenação.

255. SÚMULA CANCELADA NO JULGAMENTO DOS ERE 74244/PR, *D.J.U.* 19.12.1973 – Sendo ilíquida a obrigação, os juros moratórios, contra a Fazenda Pública, incluídas as autarquias, são contados do trânsito em julgado da sentença de liquidação.

256. É dispensável pedido expresso para condenação do réu em honorários, com fundamento nos arts. 63 ou 64 do Código de Processo Civil.

→ Referido Código de Processo Civil é o de 1939.

257. São cabíveis honorários de advogado na ação regressiva do segurador contra o causador do dano.

258. É admissível reconvenção em ação declaratória.

259. Para produzir efeito em juízo não é necessária a inscrição, no Registro Público, de documentos de procedência estrangeira, autenticados por via consular.

260. O exame de livros comerciais, em ação judicial, fica limitado às transações entre os litigantes.

261. Para a ação de indenização, em caso de avaria, é dispensável que a vistoria se faça judicialmente.

262. Não cabe medida possessória liminar para liberação alfandegária de automóvel.

263. O possuidor deve ser citado pessoalmente para a ação de usucapião.

264. Verifica-se a prescrição intercorrente pela paralisação da ação rescisória por mais de cinco anos.

265. Na apuração de haveres não prevalece o balanço não aprovado pelo sócio falecido, excluído ou que se retirou.

266. Não cabe mandado de segurança contra lei em tese.

267. Não cabe mandado de segurança contra ato judicial passível de recurso ou correição.

268. Não cabe mandado de segurança contra decisão judicial com trânsito em julgado.

269. O mandado de segurança não é substitutivo de ação de cobrança.

270. Não cabe mandado de segurança para impugnar enquadramento da Lei 3.780, de 12.7.1960, que envolva exame de prova ou de situação funcional complexa.

271. Concessão de mandado de segurança não produz efeitos patrimoniais em relação a período pretérito, os quais devem ser reclamados administrativamente ou pela via judicial própria.

272. Não se admite como ordinário recurso extraordinário de decisão denegatória de mandado de segurança.

273. Nos embargos da Lei 623, de 19.2.1949, a divergência sobre questão prejudicial ou preliminar, suscitada após a interposição do recurso extraordinário, ou do agravo, somente será acolhida se o acórdão-padrão for anterior à decisão embargada.

274. REVOGADA PELA SÚMULA 549 DO STF – É inconstitucional a taxa de serviço contra fogo cobrada pelo Estado de Pernambuco.

275. Está sujeita a recurso *ex officio* sentença concessiva de reajustamento pecuário anterior à vigência da Lei 2.804, de 25.6.1956.

276. Não cabe recurso de revista em ação executiva fiscal.

277. São cabíveis embargos, em favor da Fazenda Pública, em ação executiva fiscal, não sendo unânime a decisão.

278. São cabíveis embargos em ação executiva fiscal contra decisão reformatória da de primeira instância, ainda que unânime.

279. Para simples reexame de prova não cabe recurso extraordinário.

280. Por ofensa a direito local não cabe recurso extraordinário.

281. É inadmissível o recurso extraordinário, quando couber na Justiça de origem, recurso ordinário da decisão impugnada.

282. É inadmissível o recurso extraordinário, quando não ventilada, na decisão recorrida, a questão federal suscitada.

283. É inadmissível o recurso extraordinário, quando a decisão recorrida assenta em mais de um fundamento suficiente e o recurso não abrange todos eles.

284. É inadmissível o recurso extraordinário, quando a deficiência na sua fundamentação não permitir a exata compreensão da controvérsia.

285. Não sendo razoável a arguição de inconstitucionalidade, não se conhece do recurso extraordinário fundado na letra *c* do art. 101, III, da Constituição Federal.

→ Referida Constituição é a de 1946.

286. Não se conhece do recurso extraordinário fundado em divergência jurisprudencial, quando a orientação do plenário do Supremo Tribunal Federal já se firmou no mesmo sentido da decisão recorrida.

287. Nega-se provimento ao agravo, quando a deficiência na sua fundamentação, ou na do recurso extraordinário, não permitir a exata compreensão da controvérsia.

288. Nega-se provimento a agravo para subida de recurso extraordinário, quando faltar no traslado o despacho agravado, a decisão recorrida, a petição de recurso extraordinário ou qualquer peça essencial à compreensão da controvérsia.

→ *v.* Súmula 639 do STF.

289. O provimento do agravo por uma das Turmas do Supremo Tribunal Federal ainda que sem ressalva, não prejudica a questão do cabimento do recurso extraordinário.

290. Nos embargos da Lei 623, de 19.2.1949, a prova de divergência far-se-á por certidão, ou mediante indicação do *Diário da Justiça* ou de repertório de jurisprudência autorizado, que a tenha publicado, com a transcrição do trecho que configure a divergência, mencionadas as circunstâncias que identifiquem ou assemelhem os casos confrontados.

291. No recurso extraordinário pela letra *d* do art. 101, III, da Constituição, a prova do dissídio jurisprudencial far-se-á por certidão, ou mediante indicação do *Diário da Justiça* ou de repertório de jurisprudência autorizado, com a transcrição do trecho que configure a divergência, mencionadas as circunstâncias que identifiquem ou assemelhem os casos confrontados.

→ Referida Constituição é a de 1946.

292. Interposto o recurso extraordinário por mais de um dos fundamentos indicados no art. 101, III, da Constituição, a admissão apenas por um deles não prejudica o seu conhecimento por qualquer dos outros.

→ Referida Constituição é a de 1946.

293. São inadmissíveis embargos infringentes contra decisão em matéria constitucional submetida ao plenário dos Tribunais.

294. São inadmissíveis embargos infringentes contra decisão do Supremo Tribunal Federal em mandado de segurança.

295. São inadmissíveis embargos infringentes contra decisão unânime do Supremo Tribunal Federal em ação rescisória.

296. São inadmissíveis embargos infringentes sobre matéria não ventilada, pela Turma, no julgamento do recurso extraordinário.

297. Oficiais e praças das milícias dos Estados, no exercício de função policial civil, não são considerados militares para efeitos penais, sendo competente a Justiça Comum para julgar os crimes cometidos por ou contra eles.

→ Súmula superada, conforme indicado na ementa do HC 82.142/MS, *D.J.* 12.9.2003.

→ *v.* Arts. 82 e 84 do CPPM.

298. O legislador ordinário só pode sujeitar civis à Justiça Militar, em tempo de paz, nos crimes contra a segurança externa do País ou as instituições militares.

299. O recurso ordinário e o extraordinário interpostos no mesmo processo de mandado de segurança, ou de *habeas corpus*, serão julgados conjuntamente pelo Tribunal Pleno.

300. São incabíveis os embargos da Lei 623, de 19.2.1949, contra provimento de agravo para subida de recurso extraordinário.

301. SÚMULA CANCELADA NO JULGAMENTO DO RHC 49038/AM, *D.J.* 19.11.1971 – Por crime de responsabilidade, o procedimento penal contra prefeito municipal fica condicionado ao seu afastamento do cargo por *impeachment*, ou à cessação do exercício por outro motivo.

302. Está isenta da taxa de previdência social a importação de petróleo bruto.

303. Não é devido o Imposto Federal de Selo em contrato firmado com autarquia anteriormente à vigência da Emenda Constitucional 5, de 21.11.1961.

304. Decisão denegatória de mandado de segurança, não fazendo coisa julgada contra o impetrante, não impede o uso da ação própria.

305. Acordo de desquite ratificado por ambos os cônjuges não é retratável unilateralmente.

306. As taxas de recuperação econômica e de assistência hospitalar de Minas Gerais são legítimas, quando incidem sobre matéria tributável pelo Estado.

307. É devido o adicional de serviço insalubre, calculado à base do salário mínimo da região, ainda que a remuneração contratual seja superior ao salário mínimo acrescido da taxa de insalubridade.

308. A taxa de despacho aduaneiro, sendo adicional do Imposto de Importação, não incide sobre borracha importada com isenção daquele imposto.

309. A taxa de despacho aduaneiro, sendo adicional do Imposto de Importação, não está compreendida na isenção do Imposto de Consumo para automóvel usado trazido do exterior pelo proprietário.

310. Quando a intimação tiver lugar na sexta-feira, ou a publicação com efeito de intimação for feita nesse dia, o prazo judicial terá início na segunda-feira imediata, salvo se não houver expediente, caso em que começará no primeiro dia útil que se seguir.

311. No típico acidente do trabalho, a existência de ação judicial não exclui a multa pelo retardamento da liquidação.

312. Músico integrante de orquestra da empresa, com atuação permanente e vínculo de subordinação, está sujeito à legislação geral do trabalho, e não à especial dos artistas.

313. Provada a identidade entre o trabalho diurno e o noturno, é devido o adicional, quanto a este, sem a limitação do art. 73, § 3º, da Consolidação das Leis do Trabalho independentemente da natureza da atividade do empregador.

314. Na composição do dano por acidente do trabalho, ou de transporte, não é contrário à lei tomar para base da indenização o salário do tempo da perícia ou da sentença.

315. Indispensável o traslado das razões da revista, para julgamento, pelo Tribunal Superior do Trabalho, do agravo para sua admissão.

316. A simples adesão a greve não constitui falta grave.

317. São improcedentes os embargos declaratórios, quando não pedida a declaração do julgado anterior, em que se verificou a omissão.

318. É legítima a cobrança, em 1962, pela municipalidade de São Paulo, do Imposto de Indústrias e Profissões, consoante as Leis 5.917 e 5.919, de 1961 (aumento anterior à vigência do orçamento e incidência do tributo sobre o movimento econômico do contribuinte).

319. O prazo do recurso ordinário para o Supremo Tribunal Federal, em *habeas corpus* ou mandado de segurança, é de cinco dias.

320. A apelação despachada pelo juiz no prazo legal não fica prejudicada pela demora da juntada, por culpa do cartório.

321. SÚMULA REVOGADA, REPRESENTAÇÃO 1428/RO, *D.J.* 19.2.1989 – A Constituição estadual pode estabelecer a irredutibilidade dos vencimentos do Ministério Público.

322. Não terá seguimento pedido ou recurso dirigido ao Supremo Tribunal Federal, quando manifestamente incabível, ou apresentado fora do prazo, ou quando for evidente a incompetência do Tribunal.

323. É inadmissível a apreensão de mercadorias como meio coercitivo para pagamento de tributos.

324. A imunidade do art. 31, V, da Constituição Federal não compreende as taxas.

→ Referida Constituição é a de 1946.

325. As emendas ao Regimento do Supremo Tribunal Federal, sobre julgamento de questão constitucional, aplicam-se aos pedidos ajuizados e aos recursos interpostos anteriormente a sua aprovação.

326. É legítima a incidência do Imposto de Transmissão *inter vivos* sobre a transferência do domínio útil.

327. O direito trabalhista admite a prescrição intercorrente.

328. É legítima a incidência do Imposto de Transmissão *inter vivos* sobre a doação de imóvel.

329. O Imposto de Transmissão *inter vivos* não incide sobre a transferência de ações de sociedade imobiliária.

330. O Supremo Tribunal Federal não é competente para conhecer de mandado de segurança contra atos dos Tribunais de Justiça dos Estados.

331. É legítima a incidência do Imposto de Transmissão *causa mortis* no inventário por morte presumida.

332. É legítima a incidência do Imposto de Vendas e Consignações sobre a parcela do preço correspondente aos ágios cambiais.

333. Está sujeita ao Imposto de Vendas e Consignações a venda realizada por invernista não qualificado como pequeno produtor.

334. É legítima a cobrança, ao empreiteiro, do Imposto de Vendas e Consignações, sobre o valor dos materiais empregados, quando a empreitada não for apenas de lavor.

335. É válida a cláusula de eleição do foro para os processos oriundos do contrato.

336. A imunidade da autarquia financiadora, quanto ao contrato de financiamento, não se estende à compra e venda entre particulares, embora constantes os dois atos de um só instrumento.

337. A controvérsia entre o empregador e o segurador não suspende o pagamento devido ao empregado por acidente do trabalho.

338. Não cabe ação rescisória no âmbito da Justiça do Trabalho.

339. Não cabe ao Poder Judiciário, que não tem função legislativa, aumentar vencimentos de servidores públicos sob fundamento de isonomia.

→ *v.* Súmula Vinculante 37 do STF.

340. Desde a vigência do Código Civil, os bens dominicais, como os demais bens públicos, não podem ser adquiridos por usucapião.

→ Referido Código Civil é o de 1916.

341. É presumida a culpa do patrão ou comitente pelo ato culposo do empregado ou preposto.

342. Cabe agravo no auto do processo, e não agravo de petição, do despacho que não admite a reconvenção.

343. Não cabe ação rescisória por ofensa a literal disposição de lei, quando a decisão rescindenda se tiver baseado em texto legal de interpretação controvertida nos tribunais.

344. Sentença de primeira instância concessiva de *habeas corpus*, em caso de crime praticado em detrimento de bens, serviços ou interesses da União, está sujeita a recurso *ex officio*.

345. Na chamada desapropriação indireta, os juros compensatórios são devidos a partir da perícia, desde que tenha atribuído valor atual ao imóvel.

→ No julgamento do RE 74.803, *D.J.* 4.3.1977, o STF decidiu que não mais prevalece a Súmula 345.

346. A administração pública pode declarar a nulidade dos seus próprios atos.

347. O Tribunal de Contas, no exercício de suas atribuições, pode apreciar a constitucionalidade das leis e dos atos do Poder Público.

348. É constitucional a criação de taxa de construção, conservação e melhoramento de estradas.

349. A prescrição atinge somente as prestações de mais de dois anos, reclamadas com fundamento em decisão normativa da Justiça do Trabalho, ou em convenção coletiva de trabalho, quando não estiver em causa a própria validade de tais atos.

350. O imposto de indústrias e profissões não é exigível de empregado, por falta de autonomia na sua atividade profissional.

351. É nula a citação por edital de réu preso na mesma unidade da Federação em que o juiz exerce a sua jurisdição.

352. Não é nulo o processo penal por falta de nomeação de curador ao réu menor que teve a assistência de defensor dativo.

353. São incabíveis os embargos da Lei 623, de 19.2.1949, com fundamento em divergência entre decisões da mesma Turma do Supremo Tribunal Federal.

354. Em caso de embargos infringentes parciais, é definitiva a parte da decisão embargada em que não houve divergência na votação.

355. Em caso de embargos infringentes parciais, é tardio o recurso extraordinário interposto após o julgamento dos embargos, quanto à parte da decisão embargada que não fora por eles abrangida.

356. O ponto omisso da decisão, sobre o qual não foram opostos embargos declaratórios, não pode ser objeto de recurso extraordinário, por faltar o requisito do prequestionamento.

357. É lícita a convenção pela qual o locador renuncia, durante a vigência do contrato, à ação revisional do art. 31 do Decreto 24.150, de 20.4.1934.

358. O servidor público em disponibilidade tem direito aos vencimentos integrais do cargo.

359. Ressalvada a revisão prevista em lei, os proventos da inatividade regulam-se pela lei vigente ao tempo em que o militar, ou o servidor civil, reuniu os requisitos necessários.

→ Redação alterada no julgamento do RE 72.509/PR, *D.J.* 30.3.1973.

360. Não há prazo de decadência para a representação de inconstitucionalidade prevista no art. 8º, parágrafo único, da Constituição Federal.

→ Referida Constituição é a de 1946.

361. No processo penal, é nulo o exame realizado por um só perito, considerando-se impedido o que tiver funcionado, anteriormente, na diligência de apreensão.

362. A condição de ter o clube sede própria para a prática de jogo lícito não o obriga a ser proprietário do imóvel em que tem sede.

363. A pessoa jurídica de direito privado pode ser demandada no domicílio da agência, ou estabelecimento, em que se praticou o ato.

364. SÚMULA SEM EFICÁCIA – Enquanto o Estado da Guanabara não tiver Tribunal Militar de segunda instância, o Tribunal de Justiça é competente para julgar os recursos das decisões da auditoria da Polícia Militar.

365. Pessoa jurídica não tem legitimidade para propor ação popular.

366. Não é nula a citação por edital que indica o dispositivo da lei penal, embora não transcreva a denúncia ou queixa, ou não resuma os fatos em que se baseia.

367. Concede-se liberdade ao extraditando que não for retirado do País no prazo do art. 16 do Decreto-lei 394, de 28.4.1938.

368. Não há embargos infringentes no processo de reclamação.

369. Julgados do mesmo tribunal não servem para fundamentar o recurso extraordinário por divergência jurisprudencial.

370. SÚMULA SEM EFICÁCIA, CONFORME INDICADO NO RE 65.137/RJ, *D.J.* 24.10.1969 – Julgada improcedente a ação renovatória da locação, terá o locatário, para desocupar o imóvel, o prazo de seis meses, acrescido de tantos meses quantos forem os anos da ocupação, até o limite total de dezoito meses.

371. Ferroviário, que foi admitido como servidor autárquico, não tem direito a dupla aposentadoria.

372. A Lei 2.752, de 10.4.1956, sobre dupla aposentadoria, aproveita, quando couber, a servidores aposentados antes de sua publicação.

373. Servidor nomeado após aprovação no curso de capacitação policial, instituído na Polícia do Distrito Federal, em 1941, preenche o requisito da nomeação por concurso a que se referem as Leis 705, de 16.5.1949, e 1.639, de 14.7.1952.

374. Na retomada para construção mais útil, não é necessário que a obra tenha sido ordenada pela autoridade pública.

375. Não renovada a locação regida pelo Decreto 24.150, de 20.4.1934, aplica-se o direito comum e não a legislação especial do inquilinato.

376. Na renovação de locação, regida pelo Decreto 24.150, de 20.4.1934, o prazo do novo contrato conta-se da transcrição da decisão exequenda no Registro de Títulos e Documentos; começa, porém, da terminação do contrato anterior, se esta tiver ocorrido antes do registro.

377. No regime de separação legal de bens, comunicam-se os adquiridos na constância do casamento.

378. Na indenização por desapropriação incluem-se honorários do advogado do expropriado.

379. No acordo de desquite não se admite renúncia aos alimentos, que poderão ser pleiteados ulteriormente, verificados os pressupostos legais.

380. Comprovada a existência de sociedade de fato entre os concubinos, é cabível a sua dissolução judicial, com a partilha do patrimônio adquirido pelo esforço comum.

381. Não se homologa sentença de divórcio obtida por procuração, em país de que os cônjuges não eram nacionais.

382. A vida em comum sob o mesmo teto, *more uxorio*, não é indispensável à caracterização do concubinato.

383. A prescrição em favor da Fazenda Pública recomeça a correr, por dois anos e meio, a partir do ato interruptivo, mas não fica reduzida aquém de cinco anos, embora o titular do direito a interrompa durante a primeira metade do prazo.

384. A demissão de extranumerário do serviço público federal, equiparado a funcionário de provimento efetivo para efeito de estabilidade, é da competência do Presidente da República.

385. Oficial das Forças Armadas só pode ser reformado, em tempo de paz, por decisão de Tribunal Militar permanente, ressalvada a situação especial dos atingidos pelo art. 177 da Constituição de 1937.

386. Pela execução de obra musical por artistas remunerados é devido direito autoral, não exigível quando a orquestra for de amadores.

387. A cambial emitida ou aceita com omissões, ou em branco, pode ser completada pelo credor de boa-fé antes da cobrança ou do protesto.

388. SÚMULA REVOGADA NO JULGAMENTO DO HC 53.777/MG, *D.J.* 10.9.1976. O casamento da ofendida com quem não seja o ofensor faz cessar a qualidade do seu representante legal, e a ação penal só pode prosseguir por iniciativa da própria ofendida, observados os prazos legais de decadência e perempção.

389. Salvo limite legal, a fixação de honorários de advogado, em complemento da condenação, depende das circunstâncias da causa, não dando lugar a recurso extraordinário.

390. A exibição judicial de livros comerciais pode ser requerida como medida preventiva.

391. O confinante certo deve ser citado, pessoalmente, para a ação de usucapião.

392. O prazo para recorrer de acórdão concessivo de segurança conta-se da publicação oficial de suas conclusões, e não da anterior ciência à autoridade para cumprimento da decisão.

393. Para requerer revisão criminal, o condenado não é obrigado a recolher-se à prisão.

394. SÚMULA CANCELADA NOS SEGUINTES JULGAMENTOS: INQ 687/SP, *D.J.* 9.11.2001, AP 315/DF, *D.J.* 31.10.2001, AP 319/DF, *D.J.* 31.10.2001, INQ 656/AC *D.J.* 31.10.2001, INQ 881/MT, *D.J.* 31.10.2001 E AP 313/DF, *D.J.* 12.11.1999 – Cometido o crime durante o exercício funcional, prevalece a competência especial por prerrogativa de função, ainda que o inquérito ou a ação penal sejam iniciados após a cessação daquele exercício.

395. Não se conhece de recurso de *habeas corpus* cujo objeto seja resolver sobre o ônus das custas, por não estar mais em causa a liberdade de locomoção.

396. Para a ação penal por ofensa à honra, sendo admissível a exceção da verdade quanto ao desempenho de função pública, prevalece a competência especial por prerrogativa de função, ainda que já tenha cessado o exercício funcional do ofendido.

397. O poder de polícia da Câmara dos Deputados e do Senado Federal, em caso de crime cometido nas suas dependências, compreende, consoante o regimento, a prisão em flagrante do acusado e a realização do inquérito.

398. O Supremo Tribunal Federal não é competente para processar e julgar, originariamente, deputado ou senador acusado de crime.

399. Não cabe recurso extraordinário, por violação de lei federal, quando a ofensa alegada for a regimento de tribunal.

400. Decisão que deu razoável interpretação à lei, ainda que não seja a melhor, não autoriza recurso extraordinário pela letra *a* do art. 101, III, da Constituição Federal.

→ Referida Constituição é a de 1946.

401. Não se conhece do recurso de revista, nem dos embargos de divergência, do processo trabalhista, quando houver jurisprudência firme do Tribunal Superior do Trabalho no mesmo sentido da decisão impugnada, salvo se houver colisão com a jurisprudência do Supremo Tribunal Federal.

402. Vigia noturno tem direito a salário adicional.

403. É de decadência o prazo de trinta dias para instauração do inquérito judicial, a contar da suspensão, por falta grave, de empregado estável.

404. Não contrariam a Constituição os arts. 3º, 22 e 27 da Lei 3.244, de 14.8.1957, que definem as atribuições do Conselho de Política Aduaneira quanto à tarifa flexível.

405. Denegado o mandado de segurança pela sentença, ou no julgamento do agravo, dela interposto, fica sem efeito a liminar concedida, retroagindo os efeitos da decisão contrária.

406. O estudante ou professor bolsista e o servidor público em missão de estudo satisfazem a condição da mudança de residência para o efeito de trazer automóvel do exterior, atendidos os demais requisitos legais.

407. Não tem direito ao terço de campanha o militar que não participou de operações de guerra, embora servisse na "zona de guerra".

408. Os servidores fazendários não têm direito a percentagem pela arrecadação de receita federal destinada ao Banco Nacional de Desenvolvimento Econômico.

409. Ao retomante, que tenha mais de um prédio alugado, cabe optar entre eles, salvo abuso de direito.

410. Se o locador, utilizando prédio próprio para residência ou atividade comercial, pede o imóvel locado para uso próprio, diverso do que tem o por ele ocupado, não está obrigado a provar a necessidade, que se presume.

411. O locatário autorizado a ceder a locação pode sublocar o imóvel.

412. No compromisso de compra e venda com cláusula de arrependimento, a devolução do sinal, por quem o deu, ou a sua restituição em dobro, por quem o recebeu, exclui indenização maior a título de perdas e danos, salvo os juros moratórios e os encargos do processo.

413. O compromisso de compra e venda de imóveis, ainda que não loteados, dá direito à execução compulsória, quando reunidos os requisitos legais.

414. Não se distingue a visão direta da oblíqua na proibição de abrir janela, ou fazer terraço, eirado, ou varanda, a menos de metro e meio do prédio de outrem.

415. Servidão de trânsito não titulada, mas tornada permanente, sobretudo pela natureza das obras realizadas, considera-se aparente, conferindo direito à proteção possessória.

416. Pela demora no pagamento do preço da desapropriação não cabe indenização complementar além dos juros.

417. Pode ser objeto de restituição, na falência, dinheiro em poder do falido, recebido em nome de outrem, ou do qual, por lei ou contrato, não tivesse ele a disponibilidade.

418. SÚMULA SEM EFICÁCIA RE 111954/PR, *D.J.* 24.6.1988 – O empréstimo compulsório não é tributo, e sua arrecadação não está sujeita à exigência constitucional da prévia autorização orçamentária.

419. Os Municípios têm competência para regular o horário do comércio local, desde que não infrinjam leis estaduais ou federais válidas.

420. Não se homologa sentença proferida no estrangeiro sem prova do trânsito em julgado.

421. Não impede a extradição a circunstância de ser o extraditando casado com brasileira ou ter filho brasileiro.

422. A absolvição criminal não prejudica a medida de segurança, quando couber, ainda que importe privação da liberdade.

423. Não transita em julgado a sentença por haver omitido o recurso *ex officio*, que se considera interposto *ex lege*.

424. Transita em julgado o despacho saneador de que não houve recurso, excluídas as questões deixadas, explícita ou implicitamente, para a sentença.

425. O agravo despachado no prazo legal não fica prejudicado pela demora da juntada, por culpa do cartório; nem o agravo entregue em cartório no prazo legal, embora despachado tardiamente.

426. A falta do termo específico não prejudica o agravo no auto do processo, quando oportuna a interposição por petição ou no termo da audiência.

427. SÚMULA CANCELADA NO JULGAMENTO DO RE 66447/MG, *D.J.* 20.2.1970 – A falta de petição de interposição não prejudica o agravo no auto do processo tomado por termo.

428. Não fica prejudicada a apelação entregue em cartório no prazo legal, embora despachada tardiamente.

429. A existência de recurso administrativo com efeito suspensivo não impede o uso do mandado de segurança contra omissão da autoridade.

430. Pedido de reconsideração na via administrativa não interrompe o prazo para o mandado de segurança.

431. É nulo o julgamento de recurso criminal, na segunda instância, sem prévia intimação, ou publicação da pauta, salvo em *habeas corpus*.

432. Não cabe recurso extraordinário com fundamento no art. 101, III, *d*, da Constituição Federal, quando a divergência alegada for entre decisões da Justiça do Trabalho.

→ Referida Constituição é a de 1946.

433. É competente o Tribunal Regional do Trabalho para julgar mandado de segurança contra ato de seu presidente em execução de sentença trabalhista.

434. A controvérsia entre seguradores indicados pelo empregador na ação de acidente do trabalho não suspende o pagamento devido ao acidentado.

435. O Imposto de Transmissão *causa mortis* pela transferência de ações é devido ao Estado em que tem sede a companhia.

436. É válida a Lei 4.093, de 24.10.1959, do Paraná, que revogou a isenção concedida às cooperativas por lei anterior.

437. Está isenta da taxa de despacho aduaneiro a importação de equipamento para a indústria automobilística, segundo plano aprovado, no prazo legal, pelo órgão competente.

438. É ilegítima a cobrança, em 1962, da taxa de educação e saúde, de Santa Catarina, adicional do Imposto de Vendas e Consignações.

439. Estão sujeitos à fiscalização tributária ou previdenciária quaisquer livros comerciais, limitado o exame aos pontos objeto da investigação.

440. Os benefícios da legislação federal de serviços de guerra não são exigíveis dos Estados, sem que a lei estadual assim disponha.

441. O militar, que passa à inatividade com proventos integrais, não tem direito às cotas trigésimas a que se refere o Código de Vencimentos e Vantagens dos Militares.

442. A inscrição do contrato de locação no Registro de Imóveis, para a validade da cláusula de vigência contra o adquirente do imóvel, ou perante terceiros, dispensa a transcrição no Registro de Títulos e Documentos.

443. A prescrição das prestações anteriores ao período previsto em lei não ocorre, quando não tiver sido negado, antes daquele prazo, o próprio direito reclamado, ou a situação jurídica de que ele resulta.

444. Na retomada para construção mais útil, de imóvel sujeito ao Decreto 24.150, de 20.4.1934, a indenização se limita às despesas de mudança.

445. A Lei 2.437, de 7.3.1955, que reduz prazo prescricional, é aplicável às prescrições em curso na data de sua vigência (1º.1.1956), salvo quanto aos processos então pendentes.

446. Contrato de exploração de jazida ou pedreira não está sujeito ao Decreto 24.150, de 20.4.1934.

447. É válida a disposição testamentária em favor de filho adulterino do testador com sua concubina.

448. O prazo para o assistente recorrer, supletivamente, começa a correr imediatamente após o transcurso do prazo do Ministério Público.

449. O valor da causa, na consignatória de aluguel, corresponde a uma anuidade.

450. São devidos honorários de advogado sempre que vencedor o beneficiário de Justiça gratuita.

451. A competência especial por prerrogativa de função não se estende ao crime cometido após a cessação definitiva do exercício funcional.

452. SÚMULA SEM EFICÁCIA – Oficiais e praças do Corpo de Bombeiros do Estado da Guanabara respondem perante a Justiça Comum por crime anterior à Lei 427, de 11.10.1948.

453. Não se aplicam à segunda instância o art. 384 e parágrafo único do Código de Processo Penal, que possibilitam dar nova definição jurídica ao fato delituoso, em virtude de circunstância elementar não contida, explícita ou implicitamente, na denúncia ou queixa.

→ A Lei 11.719/2008 alterou o art. 384 do CPP.

454. Simples interpretação de cláusulas contratuais não dá lugar a recurso extraordinário.

455. Da decisão que se seguir ao julgamento de constitucionalidade pelo Tribunal Pleno, são inadmissíveis embargos infringentes quanto à matéria constitucional.

456. O Supremo Tribunal Federal, conhecendo do recurso extraordinário, julgará a causa, aplicando o direito à espécie.

457. O Tribunal Superior do Trabalho, conhecendo da revista, julgará a causa, aplicando o direito à espécie.

458. O processo da execução trabalhista não exclui a remição pelo executado.

459. No cálculo da indenização por despedida injusta, incluem-se os adicionais, ou gratificações, que, pela habitualidade, se tenham incorporado ao salário.

460. Para efeito do adicional de insalubridade, a perícia judicial, em reclamação trabalhista, não dispensa o enquadramento da atividade entre as insalubres, que é ato da competência do Ministro do Trabalho e Previdência Social.

461. É duplo, e não triplo, o pagamento de salário nos dias destinados a descanso.

462. No cálculo da indenização por despedida injusta inclui-se, quando devido, o repouso semanal remunerado.

463. Para efeito de indenização e estabilidade, conta-se o tempo em que o empregado esteve afastado, em serviço militar obrigatório, mesmo anteriormente à Lei 4.072, de 1º.6.1962.

464. No cálculo da indenização por acidente do trabalho inclui-se, quando devido, o repouso semanal remunerado.

465. O regime de manutenção de salário, aplicável ao (IAPM) e ao (IAPETC), exclui a indenização tarifada na lei de acidentes do trabalho, mas não o benefício previdenciário.

466. Não é inconstitucional a inclusão de sócios e administradores de sociedades e titulares de firmas individuais como contribuintes obrigatórios da Previdência Social.

467. A base do cálculo das contribuições previdenciárias, anteriormente à vigência da Lei Orgânica da Previdência Social, é o salário mínimo mensal, observados os limites da Lei 2.755/1956.

468. Após a Emenda Constitucional 5, de 21.11.1961, em contrato firmado com a União, Estado, Município ou Autarquia, é devido o Imposto Federal de Selo pelo contratante não protegido pela imunidade, ainda que haja repercussão do ônus tributário sobre o patrimônio daquelas entidades.

469. A multa de cem por cento, para o caso de mercadoria importada irregularmente, é calculada à base do custo de câmbio da categoria correspondente.

470. O Imposto de Transmissão *inter vivos* não incide sobre a construção, ou parte dela, realizada, inequivocamente, pelo promitente comprador, mas sobre o valor do que tiver sido construído antes da promessa de venda.

471. As empresas aeroviárias não estão isentas do Imposto de Indústrias e Profissões.

472. A condenação do autor em honorários de advogado, com fundamento no art. 64 do Código de Processo Civil, depende de reconvenção.

→ Refere-se ao Código de Processo Civil de 1939.

473. A administração pode anular seus próprios atos, quando eivados de vícios que os tornam ilegais, porque deles não se originam direitos; ou revogá-los, por motivo de conveniência ou oportunidade, respeitados os direitos adquiridos, e ressalvada, em todos os casos, a apreciação judicial.

474. Não há direito líquido e certo, amparado pelo mandado de segurança, quando se escuda em lei cujos efeitos foram anulados por outra, declarada constitucional pelo Supremo Tribunal Federal.

475. A Lei 4.686, de 21.6.1965, tem aplicação imediata aos processos em curso, inclusive em grau de recurso extraordinário.

476. Desapropriadas as ações de uma sociedade, o poder desapropriante, imitido na posse, pode exercer, desde logo, todos os direitos inerentes aos respectivos títulos.

477. As concessões de terras devolutas situadas na faixa de fronteira, feitas pelos Estados, autorizam, apenas, o uso, permanecendo o domínio com a União, ainda que se mantenha inerte ou tolerante, em relação aos possuidores.

478. O provimento em cargos de Juízes substitutos do Trabalho, deve ser feito independentemente de lista tríplice, na ordem de classificação dos candidatos.

479. As margens dos rios navegáveis são de domínio público, insuscetíveis de expropriação e, por isso mesmo, excluídas de indenização.

480. Pertencem ao domínio e administração da União, nos termos dos arts. 4º, IV, e 186, da Constituição Federal de 1967, as terras ocupadas por silvícolas.

481. Se a locação compreende, além do imóvel, fundo de comércio, com instalações e pertences, como no caso de teatros, cinemas e hotéis, não se aplicam ao retomante as restrições do art. 8º, *e*, parágrafo único, do Decreto 24.150, de 20.4.1934.

482. O locatário, que não for sucessor ou cessionário do que o precedeu na locação, não pode somar os prazos concedidos a este, para pedir a renovação do contrato, nos termos do Decreto 24.150.

483. É dispensável a prova da necessidade, na retomada de prédio situado em localidade para onde o proprietário pretende transferir residência, salvo se mantiver, também, a anterior, quando dita prova será exigida.

484. Pode, legitimamente, o proprietário pedir o prédio para a residência de filho, ainda que solteiro, de acordo com o art. 11, III, da Lei 4.494, de 25.11.1964.

485. Nas locações regidas pelo Decreto 24.150, de 20.4.1934, a presunção de sinceridade do retomante é relativa, podendo ser ilidida pelo locatário.

486. Admite-se a retomada para sociedade da qual o locador, ou seu cônjuge, seja sócio, com participação predominante no capital social.

487. Será deferida a posse a quem, evidentemente, tiver o domínio, se com base neste for ela disputada.

488. SÚMULA SEM EFICÁCIA – A preferência a que se refere o art. 9º da Lei 3.912, de 3.7.1961, constitui direito pessoal. Sua violação resolve-se em perdas e danos.

489. A compra e venda de automóvel não prevalece contra terceiros, de boa-fé, se o contrato não foi transcrito no Registro de Títulos e Documentos.

490. A pensão correspondente à indenização oriunda de responsabilidade civil deve ser calculada com base no salário mínimo vigente ao tempo da sentença e ajustar-se-á às variações ulteriores.

491. É indenizável o acidente que cause a morte de filho menor, ainda que não exerça trabalho remunerado.

492. A empresa locadora de veículos responde, civil e solidariamente com o locatário, pelos danos por este causados a terceiro, no uso do carro locado.

493. O valor da indenização, se consistente em prestações periódicas e sucessivas, compreenderá, para que se mantenha inalterável na sua fixação, parcelas compensatórias do Imposto de Renda, incidente sobre os juros do capital gravado ou caucionado, nos termos dos arts. 911 e 912 do Código de Processo Civil.

→ Referido Código de Processo Civil é o de 1939.

494. A ação para anular venda de ascendente a descendente, sem consentimento dos demais, prescreve em vinte anos, contados da data do ato, revogada a Súmula 152.

495. A restituição em dinheiro da coisa vendida a crédito, entregue nos quinze dias anteriores ao pedido de falência ou de concordata, cabe, quando, ainda que consumida ou transformada, não faça o devedor prova de haver sido alienada a terceiro.

496. São válidos, porque salvaguardados pelas Disposições Constitucionais Transitórias da Constituição Federal de 1967, os decretos-leis expedidos entre 24 de janeiro e 15 de março de 1967.

497. Quando se tratar de crime continuado, a prescrição regula-se pela pena imposta na sentença, não se computando o acréscimo decorrente da continuação.

498. Compete à Justiça dos Estados, em ambas as instâncias, o processo e o julgamento dos crimes contra a economia popular.

499. Não obsta à concessão do *sursis* condenação anterior à pena de multa.

500. Não cabe a ação cominatória para compelir-se o réu a cumprir obrigação de dar.

501. Compete à Justiça ordinária estadual o processo e o julgamento, em ambas as instâncias, das causas de acidente do trabalho, ainda que promovidas contra a União, suas autarquias, empresas públicas ou sociedades de economia mista.

502. Na aplicação do art. 839 do Código de Processo Civil, com a redação da Lei 4.290, de 5.12.1963, a relação valor da causa e salário mínimo vigente na Capital do Estado, ou do Território, para o efeito de alçada, deve ser considerada na data do ajuizamento do pedido.

→ Referido Código de Processo Civil é o de 1939.

503. A dúvida, suscitada por particular, sobre o direito de tributar, manifestado por dois Estados, não configura litígio da competência originária do Supremo Tribunal Federal.

504. Compete à Justiça Federal, em ambas as instâncias, o processo e o julgamento das causas fundadas em contrato de seguro marítimo.

505. Salvo quando contrariarem a Constituição, não cabe recurso para o Supremo Tribunal Federal, de quaisquer decisões da Justiça do Trabalho, inclusive dos presidentes de seus Tribunais.

506. SÚMULA REVOGADA NO JULGAMENTO DA SUSPENSÃO DE SEGURANÇA 1.945/AL, *D.J.* 1.8.2003 – O agravo a que se refere o art. 4º da Lei 4.348, de 26.6.1964, cabe, somente, do despacho do presidente do Supremo Tribunal Federal que defere a suspensão da liminar, em mandado de segurança; não do que a "denega".

507. A ampliação dos prazos a que se refere o art. 32 do Código de Processo Civil aplica-se aos executivos fiscais.

→ Referido Código de Processo Civil é o de 1939.

508. Compete à Justiça Estadual, em ambas as instâncias, processar e julgar as causas em que for parte o Banco do Brasil S.A.

509. A Lei 4.632, de 18.5.1965, que alterou o art. 64 do Código de Processo Civil, aplica-se aos processos em andamento, nas instâncias ordinárias.

→ Referido Código de Processo Civil é o de 1939.

510. Praticado o ato por autoridade, no exercício de competência delegada, contra ela cabe o mandado de segurança ou a medida judicial.

511. Compete à Justiça Federal, em ambas as instâncias, processar e julgar as causas entre autarquias federais e entidades públicas locais, inclusive mandados de segurança, ressalvada a ação fiscal, nos termos da Constituição Federal de 1967, art. 119, § 3º.

512. Não cabe condenação em honorários de advogado na ação de mandado de segurança.

513. A decisão que enseja a interposição de recurso ordinário ou extraordinário não é a do Plenário, que resolve o incidente de inconstitucionalidade, mas a do órgão (Câmaras, Grupos ou Turmas) que completa o julgamento do feito.

514. Admite-se ação rescisória contra sentença transitada em julgado, ainda que contra ela não se tenha esgotado todos os recursos.

515. A competência para a ação rescisória não é do Supremo Tribunal Federal, quando a questão federal, apreciada no recurso extraordinário ou no agravo de instrumento, seja diversa da que foi suscitada no pedido rescisório.

516. O Serviço Social da Indústria (SESI) está sujeito à jurisdição da Justiça Estadual.

517. As sociedades de economia mista só têm foro na Justiça Federal, quando a União intervém como assistente ou opoente.

518. A intervenção da União, em feito já julgado pela segunda instância e pendente de embargos, não desloca o processo para o Tribunal Federal de Recursos.

519. Aplica-se aos executivos fiscais o princípio da sucumbência a que se refere o art. 64 do Código de Processo Civil.

→ Referido Código de Processo Civil é o de 1939.

520. Não exige a lei que, para requerer o exame a que se refere o art. 777 do Código de Processo Penal, tenha o sentenciado cumprido mais de metade do prazo da medida de segurança imposta.

521. O foro competente para o processo e julgamento dos crimes de estelionato, sob a modalidade da emissão dolosa de cheque sem provisão de fundos, é o do local onde se deu a recusa do pagamento pelo sacado.

522. Salvo ocorrência de tráfico para o exterior, quando, então, a competência será da Justiça Federal, compete à Justiça dos Estados o processo e julgamento dos crimes relativos a entorpecentes.

523. No processo penal, a falta de defesa constitui nulidade absoluta, mas a sua deficiência só o anulará se houver prova de prejuízo para o réu.

524. Arquivado o inquérito policial, por despacho do juiz, a requerimento do Promotor de Justiça, não pode a ação penal ser iniciada, sem novas provas.

525. A medida de segurança não será aplicada em segunda instância, quando só o réu tenha recorrido.

526. SÚMULA SEM EFICÁCIA – Subsiste a competência do Supremo Tribunal Federal para conhecer e julgar a apelação, nos crimes da Lei de Segurança Nacional, se houve sentença antes da vigência do Ato Institucional 2.

527. Após a vigência do Ato Institucional 6, que deu nova redação ao art. 114, III, da Constituição Federal de 1967, não cabe recurso extraordinário das decisões do juiz singular.

528. Se a decisão contiver partes autônomas, a admissão parcial, pelo Presidente do Tribunal *a quo*, de recurso extraordinário que, sobre qualquer delas se manifestar, não limitará a apreciação de todas pelo Supremo Tribunal Federal, independentemente de interposição de agravo de instrumento.

529. Subsiste a responsabilidade do empregador pela indenização decorrente de acidente do trabalho, quando o segurador, por haver entrado em liquidação, ou por outro motivo, não se encontrar em condições financeiras, de efetuar, na forma da lei, o pagamento que o seguro obrigatório visava garantir.

530. Na legislação anterior ao art. 4º da Lei 4.749, de 12.8.1965, a contribuição para a previdência social não estava sujeita ao limite estabelecido no art. 69 da Lei 3.807, de 26.8.1960, sobre o 13º salário a que se refere o art. 3º da Lei 4.281, de 8.11.1963.

531. É inconstitucional o Decreto 51.668, de 17.1.1963, que estabeleceu salário profissional para trabalhadores de transportes marítimos, fluviais e lacustres.

532. É constitucional a Lei 5.043, de 21.6.1966, que concedeu remissão das dívidas fiscais oriundas da falta de oportuno pagamento de selo nos contratos particulares com a Caixa Econômica e outras entidades autárquicas.

533. Nas operações denominadas "crediários", com emissão de vales ou certificados para compras e nas quais, pelo financiamento, se cobram, em separado, juros, selos e outras despesas, incluir-se-á tudo no custo da mercadoria e sobre esse preço global calcular-se-á o Imposto de Vendas e Consignações.

534. O Imposto de Importação sobre o extrato alcoólico de malte, como matéria-prima para fabricação de "whisky", incide à base de 60%, desde que desembarcado antes do Decreto-lei 398, de 30.12.1968.

535. Na importação, a granel, de combustíveis líquidos é admissível a diferença de peso, para mais, até 4%, motivada pelas variações previstas no Decreto-lei 1.028, de 4.1.1939, art. 1º.

536. São objetivamente imunes ao Imposto sobre Circulação de Mercadorias os "produtos industrializados", em geral, destinados à exportação, além de outros, com a mesma destinação, cuja isenção a lei determinar.

537. É inconstitucional a exigência de Imposto Estadual do Selo, quando feita nos atos e instrumentos tributados ou regulados por lei federal, ressalvado o disposto no art. 15, § 5º, da Constituição Federal de 1946.

538. SÚMULA SEM EFICÁCIA – A avaliação judicial para o efeito do cálculo das benfeitorias dedutíveis do Imposto sobre o Lucro Imobiliário independe do limite a que se refere a Lei 3.470, de 28.11.1958, art. 8º, parágrafo único.

539. É constitucional a lei do Município que reduz o Imposto Predial Urbano sobre imóvel ocupado pela residência do proprietário, que não possua outro.

540. No preço da mercadoria sujeita ao Imposto de Vendas e Consignações, não se incluem as despesas de frete e carreto.

541. O Imposto sobre Vendas e Consignações não incide sobre a venda ocasional de veículos e equipamentos usados, que não se insere na atividade profissional do vendedor, e não é realizada com o fim de lucro, sem caráter, pois, de comercialidade.

542. Não é inconstitucional a multa instituída pelo Estado-membro, como sanção pelo retardamento do início ou da ultimação do inventário.

543. A Lei 2.975, de 27.11.1965, revogou, apenas, as isenções de caráter geral, relativas ao Imposto Único sobre Combustíveis, não as especiais, por outras leis concedidas.

544. Isenções tributárias concedidas, sob condição onerosa, não podem ser livremente suprimidas.

545. Preços de serviços públicos e taxas não se confundem, porque estas, diferentemente daqueles, são compulsórias e têm sua cobrança condicionada à prévia autorização orçamentária, em relação à lei que as instituiu.

546. Cabe a restituição do tributo pago indevidamente, quando reconhecido por decisão, que o contribuinte *de jure* não recuperou do contribuinte *de facto* o *quantum* respectivo.

547. Não é lícito à autoridade proibir que o contribuinte em débito adquira estampilhas, despache mercadorias nas alfândegas e exerça suas atividades profissionais.

548. É inconstitucional o Decreto-lei 643, de 19.6.1947, art. 4º, do Paraná, na parte que exige selo proporcional sobre atos e instrumentos regulados por lei federal.

549. A taxa de bombeiros do Estado de Pernambuco é constitucional, revogada a Súmula 274.

550. A isenção concedida pelo art. 2º da Lei 1.815/1953, às empresas de navegação aérea não compreende a taxa de melhoramento de portos, instituída pela Lei 3.421/1958.

551. É inconstitucional a taxa de urbanização da Lei 2.320, de 20.12.1961, instituída pelo município de Porto Alegre, porque seu fato gerador é o mesmo da transmissão imobiliária.

552. Com a regulamentação do art. 15 da Lei 5.316/1967, pelo Decreto 71.037/1972, tornou-se exequível a exigência da exaustão da via administrativa antes do início da ação de acidente do trabalho.

→ No julgamento do RE/SP 91.742/0, *DJ* 21.12.1979, o Tribunal entendeu que a Súmula 552 foi superada com o advento da Lei 6.367/1976.

553. O Adicional ao Frete para Renovação da Marinha Mercante (AFRMM) é contribuição parafiscal, não sendo abrangido pela imunidade prevista na letra *d*, III, do art. 19 da Constituição Federal.

→ Referida Constituição é a de 1967, com a EC 1/1969.

554. O pagamento de cheque emitido sem provisão de fundos, após o recebimento da denúncia, não obsta ao prosseguimento da ação penal.

555. É competente o Tribunal de Justiça para julgar conflito de jurisdição entre juiz de direito do Estado e a Justiça Militar local.

556. É competente a Justiça Comum para julgar as causas em que é parte sociedade de economia mista.

557. É competente a Justiça Federal para julgar as causas em que são partes a COBAL e a CIBRAZEM.

558. É constitucional o art. 27 do Decreto-lei 898, de 29.9.1969.

559. O Decreto-lei 730, de 5.8.1969, revogou a exigência de homologação, pelo Ministro da Fazenda, das Resoluções do Conselho de Política Aduaneira.

560. SÚMULA SEM EFICÁCIA – A extinção de punibilidade, pelo pagamento do tributo devido, estende-se ao crime de contrabando ou descaminho, por força do art. 18, § 2º, do Decreto-lei 157/1967.

561. Em desapropriação, é devida a correção monetária até a data do efetivo pagamento da indenização, devendo proceder-se à atualização do cálculo, ainda que por mais de uma vez.

562. Na indenização de danos materiais decorrentes de ato ilícito cabe a atualização de seu valor, utilizando-se, para esse fim, dentre outros critérios, dos índices de correção monetária.

563. O concurso de preferência a que se refere o parágrafo único do art. 187 do Código Tributário Nacional é compatível com o disposto no art. 9º, I, da Constituição Federal.

→ Referida Constituição é a de 1967, com a EC 1/1969.

564. A ausência de fundamentação do despacho de recebimento de denúncia por crime falimentar enseja nulidade processual, salvo se já houver sentença condenatória.

565. A multa fiscal moratória constitui pena administrativa, não se incluindo no crédito habilitado em falência.

566. Enquanto pendente, o pedido de readaptação fundado em desvio funcional não gera direitos para o servidor, relativamente ao cargo pleiteado.

567. A Constituição, ao assegurar, no § 3º do art. 102, a contagem integral do tempo de serviço público federal, estadual ou municipal para os efeitos de aposentadoria e disponibilidade não proíbe à União, aos Estados e aos Municípios mandarem contar, mediante lei, para efeito diverso, tempo de serviço prestado a outra pessoa de direito público interno.

→ Referida Constituição é a de 1967, com a EC 1/1969.

568. SÚMULA SUPERADA NO JULGAMENTO DO RHC 66.881/DF, *D.J.* 11.11.1988 – A identificação criminal não constitui constrangimento ilegal, ainda que o indiciado já tenha sido identificado civilmente.

569. É inconstitucional a discriminação de alíquotas do Imposto de Circulação de Mercadorias nas operações interestaduais, em razão de o destinatário ser, ou não, contribuinte.

570. O Imposto de Circulação de Mercadorias não incide sobre a importação de bens de capital.

571. O comprador de café ao IBC, ainda que sem expedição de nota fiscal, habilita-se, quando da comercialização do produto, ao crédito do ICM que incidiu sobre a operação anterior.

572. No cálculo do Imposto de Circulação de Mercadorias devido na saída de mercadorias para o exterior, não se incluem fretes pagos a terceiros, seguros e despesas de embarque.

573. Não constitui fato gerador do Imposto de Circulação de Mercadorias a saída física de máquinas, utensílios e implementos a título de comodato.

574. Sem lei estadual que a estabeleça, é ilegítima a cobrança do Imposto de Circulação de Mercadorias sobre o fornecimento de alimentação e bebidas em restaurante ou estabelecimento similar.

575. À mercadoria importada de país signatário do (GATT), ou membro da (ALALC), estende-se a isenção do Imposto de Circulação de Mercadorias concedida a similar nacional.

576. É lícita a cobrança do Imposto de Circulação de Mercadorias sobre produtos importados sob o regime da alíquota "zero".

577. Na importação de mercadorias do exterior, o fato gerador do Imposto de Circulação de Mercadorias ocorre no momento de sua entrada no estabelecimento do importador.

578. Não podem os Estados, a título de ressarcimento de despesas, reduzir a parcela de 20% do produto da arrecadação do Imposto de Circulação de Mercadorias, atribuída aos Municípios pelo art. 23, § 8º, da Constituição Federal.

→ Referida Constituição é a de 1967, com a EC 1/1969.

579. A cal virgem e a hidratada estão sujeitas ao Imposto de Circulação de Mercadorias.

580. A isenção prevista no art. 13, parágrafo único, do Decreto-lei 43/1966, restringe-se aos filmes cinematográficos.

581. A exigência de transporte em navio de bandeira brasileira, para efeito de isenção tributária, legitimou-se com o advento do Decreto-lei 666, de 2.7.1969.

582. É constitucional a Resolução 640/1969, do Conselho de Política Aduaneira, que reduziu a alíquota do Imposto de Importação para a soda cáustica, destinada a zonas de difícil distribuição e abastecimento.

583. Promitente comprador de imóvel residencial transcrito em nome de autarquia é contribuinte do Imposto Predial Territorial Urbano.

584. Ao Imposto de Renda calculado sobre os rendimentos do ano-base, aplica-se a lei vigente no exercício financeiro em que deve ser apresentada a declaração.

585. Não incide o imposto de renda sobre a remessa de divisas para pagamento de serviços prestados no exterior, por empresa que não opera no Brasil.

586. Incide Imposto de Renda sobre os juros remetidos para o exterior, com base em contrato de mútuo.

587. Incide Imposto de Renda sobre o pagamento de serviços técnicos contratados no exterior e prestados no Brasil.

588. O Imposto Sobre Serviços não incide sobre os depósitos, as comissões e taxas de desconto, cobrados pelos estabelecimentos bancários.

589. É inconstitucional a fixação de adicional progressivo do Imposto Predial e Territorial Urbano em função do número de imóveis do contribuinte.

590. Calcula-se o Imposto de Transmissão *causa mortis* sobre o saldo credor da promessa de compra e venda de imóvel, no momento da abertura da sucessão do promitente vendedor.

591. A imunidade ou a isenção tributária do comprador não se estende ao produtor, contribuinte do Imposto sobre Produtos Industrializados.

592. Nos crimes falimentares, aplicam-se as causas interruptivas da prescrição, previstas no Código Penal.

593. Incide o percentual do Fundo de Garantia do Tempo de Serviço (FGTS) sobre a parcela da remuneração correspondente a horas extraordinárias de trabalho.

594. Os direitos de queixa e de representação podem ser exercidos, independentemente, pelo ofendido ou por seu representante legal.

595. É inconstitucional a taxa municipal de conservação de estradas de rodagem cuja base de cálculo seja idêntica à do Imposto Territorial Rural.

596. As disposições do Decreto 22.626/1933 não se aplicam às taxas de juros e aos outros encargos cobrados nas operações realizadas por instituições públicas ou privadas, que integram o Sistema Financeiro Nacional.

597. Não cabem embargos infringentes de acórdão que, em mandado de segurança decidiu, por maioria de votos, a apelação.

598. Nos embargos de divergência não servem como padrão de discordância os mesmos paradigmas invocados para demonstrá-la mas repelidos como não dissidentes no julgamento do recurso extraordinário.

599. SÚMULA CANCELADA NOS SEGUINTES JULGAMENTOS: AG.REG NOS EMB.DIV. NO AG.REG NO RE 356.069-7/RS, *D.J.E.* 27.3.2008, AG.REG NOS EMB.DIV. NOS EMB.DECL. NO AG.REG. NO RE 285.093-4/MG, *D.J.E.* 27.3.2008, AG.REG. NOS EMB. DIV. NOS EMB. DECL. NO AG.REG. NO RE 283.240-5/RS, *D.J.E.* 13.3.2008 – São incabíveis embargos de divergência de decisão de Turma, em agravo regimental.

600. Cabe ação executiva contra o emitente e seus avalistas, ainda que não apresentado o cheque ao sacado no prazo legal, desde que não prescrita a ação cambiária.

601. Os arts. 3º, II, e 55 da Lei Complementar 40/1981 (Lei Orgânica do Ministério Público) não revogaram a legislação anterior que atribui a iniciativa para a ação penal pública, no processo sumário, ao juiz ou à autoridade policial, mediante portaria ou auto de prisão em flagrante.

602. Nas causas criminais, o prazo de interposição de recurso extraordinário é de 10 (dez) dias.

603. A competência para o processo e julgamento de latrocínio é do juiz singular e não do Tribunal do Júri.

604. A prescrição pela pena em concreto é somente da pretensão executória da pena privativa de liberdade.

605. Não se admite continuidade delitiva nos crimes contra a vida.

606. Não cabe *habeas corpus* originário para o Tribunal Pleno de decisão de Turma, ou do Plenário, proferida em *habeas corpus* ou no respectivo recurso.

607. Na ação penal regida pela Lei 4.611/1965, a denúncia, como substitutivo da portaria, não interrompe a prescrição.

→ *v.* Lei 9.099/1995, que revogou a referida Lei 4.611/1965.

608. No crime de estupro, praticado mediante violência real, a ação penal é pública incondicionada.

609. É pública incondicionada a ação penal por crime de sonegação fiscal.

610. Há crime de latrocínio, quando o homicídio se consuma, ainda que não realize o agente a subtração de bens da vítima.

611. Transitada em julgado a sentença condenatória, compete ao juízo das execuções a aplicação de lei mais benigna.

612. Ao trabalhador rural não se aplicam, por analogia, os benefícios previstos na Lei 6.367, de 19.10.1976.

613. Os dependentes de trabalhador rural não têm direito à pensão previdenciária, se o óbito ocorreu anteriormente à vigência da Lei Complementar 11/1971.

614. Somente o procurador-geral da Justiça tem legitimidade para propor ação direta interventiva por inconstitucionalidade de lei municipal.

615. O princípio constitucional da anualidade (§ 29 do art. 153 da Constituição Federal) não se aplica à revogação de isenção do ICM.

→ Referida Constituição é a de 1967, com a EC 1/1969.

616. É permitida a cumulação da multa contratual com os honorários de advogado, após o advento do Código de Processo Civil vigente.

→ *v.* Lei 13.105/2015 – Novo CPC.

617. A base de cálculo dos honorários de advogado em desapropriação é a diferença entre a oferta e a indenização, corrigidas ambas monetariamente.

618. Na desapropriação, direta ou indireta, a taxa dos juros compensatórios é de 12% (doze por cento) ao ano.

619. SÚMULA REVOGADA NO JULGAMENTO DO HC 92.566-9/SP, *D.J.E.* 4.6.2009 – A prisão do depositário judicial pode ser decretada no próprio processo em que se constituiu o encargo, independentemente da propositura de ação de depósito.

620. A sentença proferida contra autarquias não está sujeita a reexame necessário, salvo quando sucumbente em execução de dívida ativa.

621. SÚMULA SEM EFICÁCIA – Não enseja embargos de terceiro à penhora a promessa de compra e venda não inscrita no registro de imóveis.

622. Não cabe agravo regimental contra decisão do relator que concede ou indefere liminar em mandado de segurança.

623. Não gera por si só a competência originária do Supremo Tribunal Federal para conhecer do mandado de segurança com base no art. 102, I, *n*, da Constituição, dirigir-se o pedido contra deliberação administrativa do tribunal de origem, da qual haja participado a maioria ou a totalidade de seus membros.

624. Não compete ao Supremo Tribunal Federal conhecer originariamente de mandado de segurança contra atos de outros tribunais.

625. Controvérsia sobre matéria de direito não impede concessão de mandado de segurança.

626. A suspensão da liminar em mandado de segurança, salvo determinação em contrário da decisão que a deferir, vigorará até o trânsito em julgado da decisão definitiva de concessão da segurança ou, havendo recurso, até a sua manutenção pelo Supremo Tribunal Federal, desde que o objeto da liminar deferida coincida, total ou parcialmente, com o da impetração.

627. No mandado de segurança contra a nomeação de magistrado da competência do Presidente da República, este é considerado autoridade coatora, ainda que o fundamento da impetração seja nulidade ocorrida em fase anterior do procedimento.

628. Integrante de lista de candidatos a determinada vaga da composição de tribunal é parte legítima para impugnar a validade da nomeação de concorrente.

629. A impetração de mandado de segurança coletivo por entidade de classe em favor dos associados independe da autorização destes.

630. A entidade de classe tem legitimação para o mandado de segurança ainda quando a pretensão veiculada interesse apenas a uma parte da respectiva categoria.

631. Extingue-se o processo de mandado de segurança se o impetrante não promove, no prazo assinado, a citação do litisconsorte passivo necessário.

632. É constitucional lei que fixa o prazo de decadência para a impetração de mandado de segurança.

633. É incabível a condenação em verba honorária nos recursos extraordinários interpostos em processo trabalhista, exceto nas hipóteses previstas na Lei 5.584/1970.

634. Não compete ao Supremo Tribunal Federal conceder medida cautelar para dar efeito suspensivo a recurso extraordinário que ainda não foi objeto de juízo de admissibilidade na origem.

635. Cabe ao Presidente do Tribunal de origem decidir o pedido de medida cautelar em recurso extraordinário ainda pendente do seu juízo de admissibilidade.

636. Não cabe recurso extraordinário por contrariedade ao princípio constitucional da legalidade, quando a sua verificação pressuponha rever a interpretação dada a normas infraconstitucionais pela decisão recorrida.

637. Não cabe recurso extraordinário contra acórdão de Tribunal de Justiça que defere pedido de intervenção estadual em Município.

638. A controvérsia sobre a incidência, ou não, de correção monetária em operações de crédito rural é de natureza infraconstitucional, não viabilizando recurso extraordinário.

639. Aplica-se a Súmula 288 quando não constarem do traslado do agravo de instrumento as cópias das peças necessárias à verificação da tempestividade do recurso extraordinário não admitido pela decisão agravada.

640. É cabível recurso extraordinário contra decisão proferida por juiz de primeiro grau nas causas de alçada, ou por turma recursal de juizado especial cível e criminal.

641. Não se conta em dobro o prazo para recorrer, quando só um dos litisconsortes haja sucumbido.

642. Não cabe ação direta de inconstitucionalidade de lei do Distrito Federal derivada da sua competência legislativa municipal.

643. O Ministério Público tem legitimidade para promover ação civil pública cujo fundamento seja a ilegalidade de reajuste de mensalidades escolares.

644. Ao titular do cargo de procurador de autarquia não se exige a apresentação de instrumento de mandato para representá-la em juízo.

→ Redação alterada em 26.11.2003.

645. É competente o Município para fixar o horário de funcionamento de estabelecimento comercial.

646. Ofende o princípio da livre concorrência lei municipal que impede a instalação de estabelecimentos comerciais do mesmo ramo em determinada área.

647. Compete privativamente à União legislar sobre vencimentos dos membros das polícias civil e militar do Distrito Federal.

648. A norma do § 3º do art. 192 da Constituição, revogada pela Emenda Constitucional n. 40/2003, que limitava a taxa de juros reais a 12% ao ano, tinha sua aplicabilidade condicionada à edição de lei complementar.

649. É inconstitucional a criação, por Constituição estadual, de órgão de controle administrativo do Poder Judiciário do qual participem representantes de outros poderes ou entidades.

650. Os incisos I e XI do art. 20 da Constituição Federal não alcançam terras de aldeamentos extintos, ainda que ocupadas por indígenas em passado remoto.

→ Redação retificada no *D.J.* de 29.10.2003.

651. A medida provisória não apreciada pelo Congresso Nacional podia, até a Emenda Constitucional 32/2001, ser reeditada dentro do seu prazo de eficácia de trinta dias, mantidos os efeitos de lei desde a primeira edição.

652. Não contraria a Constituição o art. 15, § 1º, do Decreto-lei 3.365/1941 (Lei da desapropriação por utilidade pública).

653. No Tribunal de Contas estadual, composto por sete conselheiros, quatro devem ser escolhidos pela Assembleia Legislativa e três pelo Chefe do Poder Executivo estadual, cabendo a este indicar um dentre auditores e outro dentre membros do Ministério Público, e um terceiro a sua livre escolha.

654. A garantia da irretroatividade da lei, prevista no art. 5º, XXXVI, da Constituição da República, não é invocável pela entidade estatal que a tenha editado.

655. A exceção prevista no art. 100, *caput*, da Constituição, em favor dos créditos de natureza alimentícia, não dispensa a expedição de precatório, limitando-se a isentá-los da observância da ordem cronológica dos precatórios decorrentes de condenações de outra natureza.

656. É inconstitucional a lei que estabelece alíquotas progressivas para o Imposto de Transmissão *inter vivos* de Bens Imóveis – ITBI com base no valor venal do imóvel.

657. A imunidade prevista no art. 150, VI, *d*, da Constituição Federal abrange os filmes e papéis fotográficos necessários à publicação de jornais e periódicos.

658. São constitucionais os arts. 7º da Lei 7.787/1989 e 1º da Lei 7.894/1989 e da Lei 8.147/1990, que majoraram a alíquota do FINSOCIAL, quando devida a contribuição por empresas dedicadas exclusivamente à prestação de serviços.

659. É legítima a cobrança da COFINS, do PIS e do FINSOCIAL sobre as operações relativas a energia elétrica, serviços de telecomunicações, derivados de petróleo, combustíveis e minerais do País.

660. Não incide ICMS na importação de bens por pessoa física ou jurídica que não seja contribuinte do imposto.

→ Redação republicada no *D.J.U.* de 30.3.2006.

661. Na entrada de mercadoria importada do exterior, é legítima a cobrança do ICMS por ocasião do desembaraço aduaneiro.

→ *v.* Súmula Vinculante 48 do STF.

662. É legítima a incidência do ICMS na comercialização de exemplares de obras cinematográficas, gravados em fitas de videocassete.

663. Os §§ 1º e 3º do art. 9º do Decreto-lei 406/1968 foram recebidos pela Constituição.

664. É inconstitucional o inciso V do art. 1º da Lei 8.033/1990, que instituiu a incidência do Imposto nas Operações de Crédito, Câmbio e Seguros – IOF sobre saques efetuados em caderneta de poupança.

665. É constitucional a Taxa de Fiscalização dos Mercados de Títulos e Valores Mobiliários instituída pela Lei 7.940/1989.

666. A contribuição confederativa de que trata o art. 8º, IV, da Constituição, só é exigível dos filiados ao sindicato respectivo.

667. Viola a garantia constitucional de acesso à jurisdição a taxa judiciária calculada sem limite sobre o valor da causa.

668. É inconstitucional a lei municipal que tenha estabelecido, antes da Emenda Constitucional 29/2000, alíquotas progressivas para o IPTU, salvo se destinada a assegurar o cumprimento da função social da propriedade urbana.

669. Norma legal que altera o prazo de recolhimento da obrigação tributária não se sujeita ao princípio da anterioridade.

670. O serviço de iluminação pública não pode ser remunerado mediante taxa.

671. Os servidores públicos e os trabalhadores em geral têm direito, no que concerne à URP de abril/maio de 1988, apenas ao valor correspondente a 7/30 de 16,19% sobre os vencimentos e salários pertinentes aos meses de abril e maio de 1988, não cumulativamente, devidamente corrigido até o efetivo pagamento.

672. O reajuste de 28,86%, concedido aos servidores militares pelas Leis 8.622/1993 e 8.627/1993, estende-se aos servidores civis do Poder Executivo, observadas as eventuais compensações decorrentes dos reajustes diferenciados concedidos pelos mesmos diplomas legais.

673. O art. 125, § 4º, da Constituição não impede a perda da graduação de militar mediante procedimento administrativo.

674. A anistia prevista no art. 8º do Ato das Disposições Constitucionais Transitórias não alcança os militares expulsos com base em legislação disciplinar ordinária, ainda que em razão de atos praticados por motivação política.

675. Os intervalos fixados para descanso e alimentação durante a jornada de seis horas não descaracterizam o sistema de turnos ininterruptos de revezamento para o efeito do art. 7º, XIV, da Constituição.

676. A garantia da estabilidade provisória prevista no art. 10, II, *a*, do Ato das Disposições Constitucionais Transitórias, também se aplica ao suplente do cargo de direção de Comissões Internas de Prevenção de Acidentes (CIPA).

677. Até que lei venha a dispor a respeito, incumbe ao Ministério do Trabalho proceder ao registro das entidades sindicais e zelar pela observância do princípio da unicidade.

678. São inconstitucionais os incisos I e III do art. 7º da Lei 8.162/1991, que afastam, para efeito de anuênio e de licença-prêmio, a contagem do tempo de serviço regido pela Consolidação das Leis do Trabalho dos servidores que passaram a submeter-se ao Regime Jurídico Único.

679. A fixação de vencimentos dos servidores públicos não pode ser objeto de convenção coletiva.

680. O direito ao auxílio-alimentação não se estende aos servidores inativos.

681. É inconstitucional a vinculação do reajuste de vencimentos de servidores estaduais ou municipais a índices federais de correção monetária.

682. Não ofende a Constituição a correção monetária no pagamento com atraso dos vencimentos de servidores públicos.

683. O limite de idade para a inscrição em concurso público só se legitima em face do art. 7º, XXX, da Constituição, quando possa ser justificado pela natureza das atribuições do cargo a ser preenchido.

684. É inconstitucional o veto não motivado à participação de candidato a concurso público.

685. É inconstitucional toda modalidade de provimento que propicie ao servidor investir-se, sem prévia aprovação em concurso público destinado ao seu provimento, em cargo que não integra a carreira na qual anteriormente investido.

→ *v.* Súmula Vinculante 43 do STF.

686. Só por lei se pode sujeitar a exame psicotécnico a habilitação de candidato a cargo público.

→ *v.* Súmula Vinculante 44 do STF.

687. A revisão de que trata o art. 58 do Ato das Disposições Constitucionais Transitórias não se aplica aos benefícios previdenciários concedidos após a promulgação da Constituição de 1988.

688. É legítima a incidência da contribuição previdenciária sobre o 13º salário.

689. O segurado pode ajuizar ação contra a instituição previdenciária perante o juízo federal do seu domicílio ou nas varas federais da capital do Estado-membro.

690. SÚMULA SEM EFICÁCIA, HC 86834/SP, *D.J.U.* 9.3.2007; Ag.Reg. no HC 90905/SP, *D.J.U.* 11.5.2007; Ag.Reg. no HC 89378/RJ, *D.J.U.* 15.12.2006 - Compete originariamente ao Supremo Tribunal Federal o julgamento de *habeas corpus* contra decisão de turma recursal de juizados especiais criminais.

691. Não compete ao Supremo Tribunal Federal conhecer de *habeas corpus* impetrado contra decisão do Relator que, em *habeas corpus* requerido a tribunal superior, indefere a liminar.

692. Não se conhece de *habeas corpus* contra omissão de relator de extradição, se fundado em fato ou direito estrangeiro cuja prova não constava dos autos, nem foi ele provocado a respeito.

693. Não cabe *habeas corpus* contra decisão condenatória a pena de multa, ou relativo a processo em curso por infração penal a que a pena pecuniária seja a única cominada.

694. Não cabe *habeas corpus* contra a imposição da pena de exclusão de militar ou de perda de patente ou de função pública.

695. Não cabe *habeas corpus* quando já extinta a pena privativa de liberdade.

696. Reunidos os pressupostos legais permissivos da suspensão condicional do processo, mas se recusando o Promotor de Justiça a propô-la, o Juiz, dissentindo, remeterá a questão ao Procurador-Geral, aplicando-se por analogia o art. 28 do Código de Processo Penal.

697. A proibição de liberdade provisória nos processos por crimes hediondos não veda o relaxamento da prisão processual por excesso de prazo.

698. Não se estende aos demais crimes hediondos a admissibilidade de progressão no regime de execução da pena aplicada ao crime de tortura.

699. O prazo para interposição de agravo, em processo penal, é de cinco dias, de acordo com a Lei 8.038/1990, não se aplicando o disposto a respeito nas alterações da Lei 8.950/1994 ao Código de Processo Civil.

→ *v.* Lei 13.105/2015 – Novo CPC.

700. É de cinco dias o prazo para interposição de agravo contra decisão do juiz da execução penal.

701. No mandado de segurança impetrado pelo Ministério Público contra decisão proferida em processo penal, é obrigatória a citação do réu como litisconsorte passivo.

702. A competência do Tribunal de Justiça para julgar prefeitos restringe-se aos crimes de competência da Justiça Comum estadual; nos demais casos, a competência originária caberá ao respectivo tribunal de segundo grau.

703. A extinção do mandato do prefeito não impede a instauração de processo pela prática dos crimes previstos no art. 1º do Decreto-lei 201/1967.

704. Não viola as garantias do juiz natural, da ampla defesa e do devido processo legal a atração por continência ou conexão do processo do corréu ao foro por prerrogativa de função de um dos denunciados.

705. A renúncia do réu ao direito de apelação, manifestada sem a assistência do defensor, não impede o conhecimento da apelação por este interposta.

706. É relativa a nulidade decorrente da inobservância da competência penal por prevenção.

707. Constitui nulidade a falta de intimação do denunciado para oferecer contrarrazões ao recurso interposto da rejeição da denúncia, não a suprindo a nomeação de defensor dativo.

708. É nulo o julgamento da apelação se, após a manifestação nos autos da renúncia do único defensor, o réu não foi previamente intimado para constituir outro.

709. Salvo quando nula a decisão de primeiro grau, o acórdão que provê o recurso contra a rejeição da denúncia vale, desde logo, pelo recebimento dela.

710. No processo penal, contam-se os prazos da data da intimação, e não da juntada aos autos do mandado ou da carta precatória ou de ordem.

711. A lei penal mais grave aplica-se ao crime continuado ou ao crime permanente, se a sua vigência é anterior à cessação da continuidade ou da permanência.

712. É nula a decisão que determina o desaforamento de processo da competência do júri sem audiência da defesa.

713. O efeito devolutivo da apelação contra decisões do júri é adstrito aos fundamentos da sua interposição.

714. É concorrente a legitimidade do ofendido, mediante queixa, e do Ministério Público, condicionada à representação do ofendido, para a ação penal por crime contra a honra de servidor público em razão do exercício de suas funções.

715. A pena unificada para atender ao limite de trinta anos de cumprimento, determinado pelo art. 75 do Código Penal, não é considerada para a concessão de outros benefícios, como o livramento condicional ou regime mais favorável de execução.

716. Admite-se a progressão de regime de cumprimento da pena ou a aplicação imediata de regime menos severo nela determinada, antes do trânsito em julgado da sentença condenatória.

717. Não impede a progressão de regime de execução da pena, fixada em sentença não transitada em julgado, o fato de o réu se encontrar em prisão especial.

718. A opinião do julgador sobre a gravidade em abstrato do crime não constitui motivação idônea para a imposição de regime mais severo do que o permitido segundo a pena aplicada.

719. A imposição do regime de cumprimento mais severo do que a pena aplicada permitir exige motivação idônea.

720. O art. 309 do Código de Trânsito Brasileiro, que reclama decorra do fato perigo de dano, derrogou o art. 32 da Lei das Contravenções Penais no tocante à direção sem habilitação em vias terrestres.

721. A competência constitucional do Tribunal do Júri prevalece sobre o foro por prerrogativa de função estabelecido exclusivamente pela Constituição estadual.

→ *v.* Súmula Vinculante 45 do STF.

722. São da competência legislativa da União a definição dos crimes de responsabilidade e o estabelecimento das respectivas normas de processo e julgamento.

→ *v.* Súmula Vinculante 46 do STF.

723. Não se admite a suspensão condicional do processo por crime continuado, se a soma da pena mínima da infração mais grave com o aumento mínimo de um sexto for superior a um ano.

724. Ainda quando alugado a terceiros, permanece imune ao IPTU o imóvel pertencente a qualquer das entidades referidas pelo art. 150, VI, *c*, da Constituição, desde que o valor dos aluguéis seja aplicado nas atividades essenciais de tais entidades.

725. É constitucional o § 2º do art. 6º da Lei 8.024/1990, resultante da conversão da Medida Provisória 168/1990, que fixou o BTN fiscal como índice de correção monetária aplicável aos depósitos bloqueados pelo Plano Collor I.

726. Para efeito de aposentadoria especial de professores, não se computa o tempo de serviço prestado fora da sala de aula.

727. Não pode o magistrado deixar de encaminhar ao Supremo Tribunal Federal o agravo de instrumento interposto da decisão que não admite recurso extraordinário, ainda que referente a causa instaurada no âmbito dos juizados especiais.

728. É de três dias o prazo para a interposição de recurso extraordinário contra decisão do Tribunal Superior Eleitoral, contado, quando for o caso, a partir da publicação do acórdão, na própria sessão de julgamento, nos termos do art. 12 da Lei 6.055/1974, que não foi revogado pela Lei 8.950/1994.

729. A decisão na Ação Direta de Constitucionalidade 4 não se aplica à antecipação de tutela em causa de natureza previdenciária.

730. A imunidade tributária conferida a instituições de assistência social sem fins lucrativos pelo art. 150, VI, *c*, da Constituição, somente alcança as entidades fechadas de previdência social privada se não houver contribuição dos beneficiários.

731. Para fim da competência originária do Supremo Tribunal Federal, é de interesse geral da magistratura a questão de saber se, em face da Lei Orgânica da Magistratura Nacional, os juízes têm direito à licença-prêmio.

732. É constitucional a cobrança da contribuição do salário-educação, seja sob a Carta de 1969, seja sob a Constituição Federal de 1988, e no regime da Lei 9.424/1996.

733. Não cabe recurso extraordinário contra decisão proferida no processamento de precatórios.

734. Não cabe reclamação quando já houver transitado em julgado o ato judicial que se alega tenha desrespeitado decisão do Supremo Tribunal Federal.

735. Não cabe recurso extraordinário contra acórdão que defere medida liminar.

736. Compete à Justiça do Trabalho julgar as ações que tenham como causa de pedir o descumprimento de normas trabalhistas relativas à segurança, higiene e saúde dos trabalhadores.

SÚMULAS DO SUPERIOR TRIBUNAL DE JUSTIÇA – STJ

1. O foro do domicílio ou da residência do alimentando é o competente para a ação de investigação de paternidade, quando cumulada com a de alimentos.

2. Não cabe o *habeas data* (CF, art. 5º, LXXII, letra *a*) se não houve recusa de informações por parte da autoridade administrativa.

3. Compete ao Tribunal Regional Federal dirimir conflito de competência verificado, na respectiva Região, entre Juiz Federal e Juiz Estadual investido de jurisdição federal.

4. Compete à Justiça Estadual julgar causa decorrente do processo eleitoral sindical.

5. A simples interpretação de cláusula contratual não enseja recurso especial.

6. Compete à Justiça Comum Estadual processar e julgar delito decorrente de acidente de trânsito envolvendo viatura de Polícia Militar, salvo se autor e vítima forem policiais militares em situação de atividade.

7. A pretensão de simples reexame de prova não enseja recurso especial.

8. Aplica-se a correção monetária aos créditos habilitados em concordata preventiva, salvo durante o período compreendido entre as datas de vigência da Lei 7.274, de 10.12.1984, e do Decreto-lei 2.283, de 27.2.1986.

→ *v.* Decreto-lei 2.284/1986, que revogou o Decreto-Lei 2.283/1986.

9. A exigência da prisão provisória, para apelar, não ofende a garantia constitucional da presunção de inocência.

10. Instalada a Junta de Conciliação e Julgamento, cessa a competência do Juiz de Direito em matéria trabalhista, inclusive para a execução das sentenças por ele proferidas.

11. A presença da União ou de qualquer de seus entes, na ação de usucapião especial, não afasta a competência do foro da situação do imóvel.

12. Em desapropriação, são cumuláveis juros compensatórios e moratórios.

13. A divergência entre julgados do mesmo Tribunal não enseja recurso especial.

14. Arbitrados os honorários advocatícios em percentual sobre o valor da causa, a correção monetária incide a partir do respectivo ajuizamento.

15. Compete à Justiça Estadual processar e julgar os litígios decorrentes de acidente do trabalho.

16. A legislação ordinária sobre crédito rural não veda a incidência da correção monetária.

17. Quando o falso se exaure no estelionato, sem mais potencialidade lesiva, é por este absorvido.

18. A sentença concessiva do perdão judicial é declaratória da extinção da punibilidade, não subsistindo qualquer efeito condenatório.

19. A fixação do horário bancário, para atendimento ao público, é da competência da União.

20. A mercadoria importada de país signatário do GATT é isenta do ICM, quando contemplado com esse favor o similar nacional.

21. Pronunciado o réu, fica superada a alegação do constrangimento ilegal da prisão por excesso de prazo na instrução.

22. Não há conflito de competência entre o Tribunal de Justiça e Tribunal de Alçada do mesmo Estado-membro.

23. O Banco Central do Brasil é parte legítima nas ações fundadas na Resolução 1.154/1986.

24. Aplica-se ao crime de estelionato, em que figure como vítima entidade autárquica da Previdência Social, a qualificadora do § 3º do art. 171 do Código Penal.

25. Nas ações da Lei de Falências o prazo para a interposição de recurso conta-se da intimação da parte.

26. O avalista do título de crédito vinculado a contrato de mútuo também responde pelas obrigações pactuadas, quando no contrato figurar como devedor solidário.

27. Pode a execução fundar-se em mais de um título extrajudicial relativos ao mesmo negócio.

28. O contrato de alienação fiduciária em garantia pode ter por objeto bem que já integrava o patrimônio do devedor.

29. No pagamento em juízo para elidir falência, são devidos correção monetária, juros e honorários de advogado.

30. A comissão de permanência e a correção monetária são inacumuláveis.

31. A aquisição, pelo segurado, de mais de um imóvel financiado pelo Sistema Financeiro da Habitação, situados na mesma localidade, não exime a seguradora da obrigação de pagamento dos seguros.

32. Compete à Justiça Federal processar justificações judiciais destinadas a instruir pedidos perante entidades que nela têm exclusividade de foro, ressalvada a aplicação do art. 15, II da Lei 5.010/1966.

33. A incompetência relativa não pode ser declarada de ofício.

34. Compete à Justiça Estadual processar e julgar causa relativa a mensalidade escolar, cobrada por estabelecimento particular de ensino.

35. Incide correção monetária sobre as prestações pagas, quando de sua restituição, em virtude da retirada ou exclusão do participante de plano de consórcio.

36. A correção monetária integra o valor da restituição, em caso de adiantamento de câmbio, requerida em concordata ou falência.

37. São cumuláveis as indenizações por dano material e dano moral oriundos do mesmo fato.

38. Compete à Justiça Estadual Comum, na vigência da Constituição de 1988, o processo por contravenção penal, ainda que praticada em detrimento de bens, serviços ou interesse da União ou de suas entidades.

39. Prescreve em vinte anos a ação para haver indenização, por responsabilidade civil, de sociedade de economia mista.

40. Para obtenção dos benefícios de saída temporária e trabalho externo, considera-se o tempo de cumprimento da pena no regime fechado.

41. O Superior Tribunal de Justiça não tem competência para processar e julgar, originariamente, mandado de segurança contra ato de outros tribunais ou dos respectivos órgãos.

42. Compete à Justiça Comum Estadual processar e julgar as causas cíveis em que é parte sociedade de economia mista e os crimes praticados em seu detrimento.

43. Incide correção monetária sobre dívida por ato ilícito a partir da data do efetivo prejuízo.

44. A definição, em ato regulamentar, de grau mínimo de disacusia, não exclui, por si só, a concessão do benefício previdenciário.

45. No reexame necessário, é defeso, ao tribunal, agravar a condenação imposta à Fazenda Pública.

46. Na execução por carta, os embargos do devedor serão decididos no juízo deprecante, salvo se versarem unicamente vícios ou defeitos da penhora, avaliação ou alienação dos bens.

47. Compete à Justiça Militar processar e julgar crime cometido por militar contra civil, com emprego de arma pertencente à Corporação, mesmo não estando em serviço.

48. Compete ao Juízo do local da obtenção da vantagem ilícita processar e julgar crime de estelionato cometido mediante falsificação de cheque.

49. Na exportação de café em grão, não se inclui na base de cálculo do ICM a quota de contribuição, a que se refere o art. 2º do Decreto-lei 2.295, de 21.11.1986.

→ *v.* Resolução do Senado Federal 28/2005, que suspendeu a execução de referido art. 2º do Decreto-lei 2.295/1986, em virtude de declaração de inconstitucionalidade em decisão definitiva do Supremo Tribunal Federal, nos autos do RE 408.830-4/ES.

50. O Adicional de Tarifa Portuária incide apenas nas operações realizadas com mercadorias importadas ou exportadas, objeto do comércio de navegação de longo curso.

51. A punição do intermediador, no jogo do bicho, independe da identificação do "apostador" ou do "banqueiro".

52. Encerrada a instrução criminal, fica superada a alegação de constrangimento por excesso de prazo.

53. Compete à Justiça Comum Estadual processar e julgar civil acusado de prática de crime contra instituições militares estaduais.

54. Os juros moratórios fluem a partir do evento danoso, em caso de responsabilidade extracontratual.

55. Tribunal Regional Federal não é competente para julgar recurso de decisão proferida por juiz estadual não investido de jurisdição federal.

56. Na desapropriação para instituir servidão administrativa são devidos os juros compensatórios pela limitação de uso da propriedade.

57. SÚMULA SEM EFICÁCIA – Compete à Justiça Comum Estadual processar e julgar ação de cumprimento fundada em acordo ou convenção coletiva não homologados pela Justiça do Trabalho.

58. Proposta a execução fiscal, a posterior mudança de domicílio do executado não desloca a competência já fixada.

59. Não há conflito de competência se já existe sentença com trânsito em julgado, proferida por um dos juízos conflitantes.

60. É nula a obrigação cambial assumida por procurador do mutuário vinculado ao mutuante, no exclusivo interesse deste.

61. SÚMULA CANCELADA, *D.J.U.* 07.05.2018 – O seguro de vida cobre o suicídio não premeditado.

62. Compete à Justiça Estadual processar e julgar o crime de falsa anotação na Carteira de Trabalho e Previdência Social, atribuído à empresa privada.

63. São devidos direitos autorais pela retransmissão radiofônica de músicas em estabelecimentos comerciais.

64. Não constitui constrangimento ilegal o excesso de prazo na instrução, provocado pela defesa.

65. O cancelamento, previsto no art. 29 do Decreto-lei 2.303, de 21.11.1986, não alcança os débitos previdenciários.

66. Compete à Justiça Federal processar e julgar execução fiscal promovida por Conselho de Fiscalização Profissional.

67. Na desapropriação, cabe a atualização monetária, ainda que por mais de uma vez, independente do decurso de prazo superior a 1 (um) ano entre o cálculo e o efetivo pagamento da indenização.

68. SÚMULA CANCELADA, *D.J.U.* 03.04.2019 – A parcela relativa ao ICM inclui-se na base de cálculo do PIS.

69. Na desapropriação direta, os juros compensatórios são devidos desde a antecipada imissão na posse e, na desapropriação indireta, a partir da efetiva ocupação do imóvel.

70. Os juros moratórios, na desapropriação direta ou indireta, contam-se desde o trânsito em julgado da sentença.

71. O bacalhau importado de país signatário do GATT é isento do ICM.

72. A comprovação da mora é imprescindível à busca e apreensão do bem alienado fiduciariamente.

73. A utilização de papel-moeda grosseiramente falsificado configura, em tese, o crime de estelionato, da competência da Justiça Estadual.

74. Para efeitos penais, o reconhecimento da menoridade do réu requer prova por documento hábil.

75. Compete à Justiça Comum Estadual processar e julgar o policial militar por crime de promover ou facilitar a fuga de preso de estabelecimento penal.

76. A falta de registro do compromisso de compra e venda de imóvel não dispensa a prévia interpelação para constituir em mora o devedor.

77. A Caixa Econômica Federal é parte ilegítima para figurar no polo passivo das ações relativas às contribuições para o Fundo PIS/PASEP.

78. Compete à Justiça Militar processar e julgar policial de corporação estadual, ainda que o delito tenha sido praticado em outra unidade federativa.

79. Os bancos comerciais não estão sujeitos a registro nos Conselhos Regionais de Economia.

80. A Taxa de Melhoramento dos Portos não se inclui na base de cálculo do ICMS.

81. Não se concede fiança quando, em concurso material, a soma das penas mínimas cominadas for superior a 2 (dois) anos de reclusão.

82. Compete à Justiça Federal, excluídas as reclamações trabalhistas, processar e julgar os feitos relativos à movimentação do FGTS.

83. Não se conhece do recurso especial pela divergência, quando a orientação do Tribunal se firmou no mesmo sentido da decisão recorrida.

84. É admissível a oposição de embargos de terceiro fundados em alegação de posse advinda do compromisso de compra e venda de imóvel, ainda que desprovido do registro.

85. Nas relações jurídicas de trato sucessivo em que a Fazenda Pública figure como devedora, quando não tiver sido negado o próprio direito reclamado, a prescrição atinge apenas as prestações vencidas antes do quinquênio anterior à propositura da ação.

86. Cabe recurso especial contra acórdão proferido no julgamento de agravo de instrumento.

87. A isenção do ICMS relativa às rações balanceadas para animais abrange o concentrado e o suplemento.

88. São admissíveis embargos infringentes em processo falimentar.

89. A ação acidentária prescinde do exaurimento da via administrativa.

90. Compete à Justiça Estadual Militar processar e julgar o policial militar pela prática do crime militar, e à Comum pela prática do crime comum simultâneo àquele.

91. SÚMULA CANCELADA, *D.J.U.* 23.11.2000 – Compete à Justiça Federal processar e julgar os crimes praticados contra a fauna.

92. A terceiro de boa-fé não é oponível a alienação fiduciária não anotada no Certificado de Registro do veículo automotor.

93. A legislação sobre cédulas de crédito rural, comercial e industrial admite o pacto de capitalização de juros.

94. SÚMULA CANCELADA, *D.J.U.* 03.04.2019 – A parcela relativa ao ICMS inclui-se na base de cálculo do FINSOCIAL.

95. A redução da alíquota do Imposto sobre Produtos Industrializados ou do Imposto de Importação não implica redução do ICMS.

96. O crime de extorsão consuma-se independentemente da obtenção da vantagem indevida.

97. Compete à Justiça do Trabalho processar e julgar reclamação de servidor público relativamente a vantagens trabalhistas anteriores à instituição do Regime Jurídico Único.

98. Embargos de declaração manifestados com notório propósito de prequestionamento não têm caráter protelatório.

99. O Ministério Público tem legitimidade para recorrer no processo em que oficiou como fiscal da lei, ainda que não haja recurso da parte.

100. É devido o Adicional ao Frete para Renovação da Marinha Mercante na importação sob o regime de benefícios fiscais à exportação (BEFIEX).

101. A ação de indenização do segurado em grupo contra a seguradora prescreve em um ano.

102. A incidência dos juros moratórios sobre os compensatórios, nas ações expropriatórias, não constitui anatocismo vedado em lei.

103. Incluem-se entre os imóveis funcionais que podem ser vendidos os administrados pelas Forças Armadas e ocupados pelos servidores civis.

104. Compete à Justiça Estadual o processo e julgamento dos crimes de falsificação e uso de documento falso relativo a estabelecimento particular de ensino.

105. Na ação de mandado de segurança não se admite condenação em honorários advocatícios.

106. Proposta a ação no prazo fixado para o seu exercício, a demora na citação, por motivos inerentes ao mecanismo da Justiça, não justifica o acolhimento da arguição de prescrição ou decadência.

107. Compete à Justiça Comum Estadual processar e julgar crime de estelionato praticado mediante falsificação das guias de recolhimento das contribuições previdenciárias, quando não ocorrente lesão à autarquia federal.

108. A aplicação de medidas socioeducativas ao adolescente, pela prática de ato infracional, é de competência exclusiva do juiz.

109. O reconhecimento do direito a indenização, por falta de mercadoria transportada via marítima, independe de vistoria.

110. A isenção do pagamento de honorários advocatícios, nas ações acidentárias, é restrita ao segurado.

111. Os honorários advocatícios, nas ações previdenciárias, não incidem sobre as prestações vencidas após a sentença.

→ Redação alterada em 27.9.2006.

112. O depósito somente suspende a exigibilidade do crédito tributário se for integral e em dinheiro.

113. Os juros compensatórios, na desapropriação direta, incidem a partir da imissão na posse, calculados sobre o valor da indenização, corrigido monetariamente.

114. Os juros compensatórios, na desapropriação indireta, incidem a partir da ocupação, calculados sobre o valor da indenização, corrigido monetariamente.

115. Na instância especial é inexistente recurso interposto por advogado sem procuração nos autos.

116. A Fazenda Pública e o Ministério Público têm prazo em dobro para interpor agravo regimental no Superior Tribunal de Justiça.

117. A inobservância do prazo de 48 (quarenta e oito) horas, entre a publicação de pauta e o julgamento sem a presença das partes, acarreta nulidade.

118. O agravo de instrumento é o recurso cabível da decisão que homologa a atualização do cálculo da liquidação.

119. A ação de desapropriação indireta prescreve em vinte anos.

120. O oficial de farmácia, inscrito no Conselho Regional de Farmácia, pode ser responsável técnico por drogaria.

121. Na execução fiscal o devedor deverá ser intimado, pessoalmente, do dia e hora da realização do leilão.

122. Compete à Justiça Federal o processo e julgamento unificado dos crimes conexos de competência federal e estadual, não se aplicando a regra do art. 78, II, *a*, do Código de Processo Penal.

123. A decisão que admite, ou não, o recurso especial deve ser fundamentada, com o exame dos seus pressupostos gerais e constitucionais.

124. A Taxa de Melhoramento dos Portos tem base de cálculo diversa do Imposto de Importação, sendo legítima a sua cobrança sobre a importação de mercadorias de países signatários do GATT, da ALALC ou ALADI.

125. O pagamento de férias não gozadas por necessidade do serviço não está sujeito à incidência do Imposto de Renda.

126. É inadmissível recurso especial, quando o acórdão recorrido assenta em fundamentos constitucional e infraconstitucional, qualquer deles suficiente, por si só, para mantê-lo, e a parte vencida não manifesta recurso extraordinário.

127. É ilegal condicionar a renovação da licença de veículo ao pagamento de multa, da qual o infrator não foi notificado.

128. Na execução fiscal haverá segundo leilão, se no primeiro não houver lanço superior à avaliação.

129. O exportador adquire o direito de transferência de crédito do ICMS quando realiza a exportação do produto e não ao estocar a matéria-prima.

130. A empresa responde, perante o cliente, pela reparação de dano ou furto de veículo ocorridos em seu estacionamento.

131. Nas ações de desapropriação incluem-se no cálculo da verba advocatícia as parcelas relativas aos juros compensatórios e moratórios, devidamente corrigidas.

132. A ausência de registro da transferência não implica a responsabilidade do antigo proprietário por dano resultante de acidente que envolva o veículo alienado.

133. A restituição da importância adiantada, à conta de contrato de câmbio, independe de ter sido a antecipação efetuada nos quinze dias anteriores ao requerimento da concordata.

134. Embora intimado da penhora em imóvel do casal, o cônjuge do executado pode opor embargos de terceiro para defesa de sua meação.

135. O ICMS não incide na gravação e distribuição de filmes e videoteipes.

136. O pagamento de licença-prêmio não gozada por necessidade do serviço não está sujeito ao Imposto de Renda.

137. Compete à Justiça Comum Estadual processar e julgar ação de servidor público municipal, pleiteando direitos relativos ao vínculo estatutário.

138. O ISS incide na operação de arrendamento mercantil de coisas móveis.

139. Cabe à Procuradoria da Fazenda Nacional propor execução fiscal para cobrança de crédito relativo ao ITR.

140. Compete à Justiça Comum Estadual processar e julgar crime em que o indígena figure como autor ou vítima.

141. Os honorários de advogado em desapropriação direta são calculados sobre a diferença entre a indenização e a oferta, corrigidas monetariamente.

142. SÚMULA CANCELADA, *D.J.U.* 10.6.1999 – Prescreve em vinte anos a ação para exigir a abstenção do uso de marca comercial.

143. Prescreve em cinco anos a ação de perdas e danos pelo uso de marca comercial.

144. Os créditos de natureza alimentícia gozam de preferência, desvinculados os precatórios da ordem cronológica dos créditos de natureza diversa.

145. No transporte desinteressado, de simples cortesia, o transportador só será civilmente responsável por danos causados ao transportado quando incorrer em dolo ou culpa grave.

146. O segurado, vítima de novo infortúnio, faz jus a um único benefício somado ao salário de contribuição vigente no dia do acidente.

147. Compete à Justiça Federal processar e julgar os crimes praticados contra funcionário público federal, quando relacionados com o exercício da função.

148. Os débitos relativos a benefício previdenciário, vencidos e cobrados em juízo após a vigência da Lei 6.899/1981, devem ser corrigidos monetariamente na forma prevista nesse diploma legal.

149. A prova exclusivamente testemunhal não basta à comprovação da atividade rurícola, para efeito da obtenção de benefício previdenciário.

150. Compete à Justiça Federal decidir sobre a existência de interesse jurídico que justifique a presença, no processo, da União, suas autarquias ou empresas públicas.

151. A competência para o processo e julgamento por crime de contrabando ou descaminho define-se pela prevenção do Juízo Federal do lugar da apreensão dos bens.

152. SÚMULA CANCELADA, *D.J.U.* 25.6.2007 – Na venda pelo segurador, de bens salvados de sinistros, incide o ICMS.

153. A desistência da execução fiscal, após o oferecimento dos embargos, não exime o exequente dos encargos da sucumbência.

154. Os optantes pelo FGTS, nos termos da Lei 5.958, de 1973, têm direito a taxa progressiva dos juros, na forma do art. 4º da Lei 5.107, de 1966.

→ *v.* Lei 8.036/1990 – Fundo de Garantia do Tempo de Serviço.

155. O ICMS incide na importação de aeronave, por pessoa física, para uso próprio.

156. A prestação de serviço de composição gráfica, personalizada e sob encomenda, ainda que envolva fornecimento de mercadorias, está sujeita, apenas, ao ISS.

157. SÚMULA CANCELADA, *D.J.U.* 7.5.2002 – É ilegítima a cobrança de taxa, pelo Município, na renovação de licença para localização de estabelecimento comercial ou industrial.

158. Não se presta a justificar embargos de divergência o dissídio com acórdão de Turma ou Seção que não mais tenha competência para a matéria neles versada.

159. O benefício acidentário, no caso de contribuinte que perceba remuneração variável, deve ser calculado com base na média aritmética dos últimos doze meses de contribuição.

160. É defeso, ao Município, atualizar o IPTU, mediante decreto, em percentual superior ao índice oficial de correção monetária.

161. É da competência da Justiça Estadual autorizar o levantamento dos valores relativos ao PIS/PASEP e FGTS, em decorrência do falecimento do titular da conta.

162. Na repetição de indébito tributário, a correção monetária incide a partir do pagamento indevido.

163. O fornecimento de mercadorias com a simultânea prestação de serviços em bares, restaurantes e estabelecimentos similares constitui fato gerador do ICMS a incidir sobre o valor total da operação.

164. O prefeito municipal, após a extinção do mandato, continua sujeito a processo por crime previsto no art. 1º do Decreto-lei 201, de 27.2.1967.

165. Compete à Justiça Federal processar e julgar crime de falso testemunho cometido no processo trabalhista.

166. Não constitui fato gerador do ICMS o simples deslocamento de mercadoria de um para outro estabelecimento do mesmo contribuinte.

167. O fornecimento de concreto, por empreitada, para construção civil, preparado no trajeto até a obra em betoneiras acopladas a caminhões, é prestação de serviço, sujeitando-se apenas à incidência do ISS.

168. Não cabem embargos de divergência, quando a jurisprudência do Tribunal se firmou no mesmo sentido do acórdão embargado.

169. São inadmissíveis embargos infringentes no processo de mandado de segurança.

170. Compete ao juízo onde primeiro for intentada a ação envolvendo acumulação de pedidos, trabalhista e estatutário, decidi-la nos limites da sua jurisdição, sem prejuízo do ajuizamento de nova causa, com o pedido remanescente, no juízo próprio.

171. Cominadas cumulativamente, em lei especial, penas privativa de liberdade e pecuniária, é defeso a substituição da prisão por multa.

172. Compete à Justiça Comum processar e julgar militar por crime de abuso de autoridade, ainda que praticado em serviço.

173. Compete à Justiça Federal processar e julgar o pedido de reintegração em cargo público federal, ainda que o servidor tenha sido dispensado antes da instituição do Regime Jurídico Único.

174. SÚMULA CANCELADA, *D.J.U.* 6.11.2001 – No crime de roubo, a intimidação feita com arma de brinquedo autoriza o aumento da pena.

175. Descabe o depósito prévio nas ações rescisórias propostas pelo INSS.

176. É nula a cláusula contratual que sujeita o devedor à taxa de juros divulgada pela ANBID/CETIP.

177. O Superior Tribunal de Justiça é incompetente para processar e julgar, originariamente, mandado de segurança contra ato de órgão colegiado presidido por Ministro de Estado.

178. O INSS não goza de isenção do pagamento de custas e emolumentos, nas ações acidentárias e de benefícios propostas na Justiça Estadual.

179. O estabelecimento de crédito que recebe dinheiro, em depósito judicial, responde pelo pagamento da correção monetária relativa aos valores recolhidos.

180. Na lide trabalhista, compete ao Tribunal Regional do Trabalho dirimir conflito de competência verificado, na respectiva Região, entre Juiz Estadual e Junta de Conciliação e Julgamento.

181. É admissível ação declaratória, visando a obter certeza quanto à exata interpretação de cláusula contratual.

182. É inviável o agravo do art. 545 do CPC que deixa de atacar especificamente os fundamentos da decisão agravada.

→ *v.* Art. 1.021 do CPC/2015.

183. SÚMULA CANCELADA, *D.J.U.* 24.11.2000 – Compete ao Juiz Estadual, nas comarcas que não sejam sede de Vara da Justiça Federal, processar e julgar ação civil pública, ainda que a União figure no processo.

184. A microempresa de representação comercial é isenta do Imposto do Renda.

185. Nos depósitos judiciais, não incide o Imposto sobre Operações Financeiras.

186. Nas indenizações por ato ilícito, os juros compostos somente são devidos por aquele que praticou o crime.

187. É deserto o recurso interposto para o Superior Tribunal de Justiça, quando o recorrente não recolhe, na origem, a importância das despesas de remessa e retorno dos autos.

188. Os juros moratórios, na repetição do indébito tributário, são devidos a partir do trânsito em julgado da sentença.

189. É desnecessária a intervenção do Ministério Público nas execuções fiscais.

190. Na execução fiscal, processada perante a Justiça Estadual, cumpre à Fazenda Pública antecipar o numerário destinado ao custeio das despesas com o transporte dos oficiais de justiça.

191. A pronúncia é causa interruptiva da prescrição, ainda que o Tribunal do Júri venha a desclassificar o crime.

192. Compete ao Juízo das Execuções Penais do Estado a execução das penas impostas a sentenciados pela Justiça Federal, Militar ou Eleitoral, quando recolhidos a estabelecimentos sujeitos à administração estadual.

193. O direito de uso de linha telefônica pode ser adquirido por usucapião.

194. Prescreve em vinte anos a ação para obter, do construtor, indenização por defeitos da obra.

195. Em embargos de terceiro não se anula ato jurídico, por fraude contra credores.

196. Ao executado que, citado por edital ou por hora certa, permanecer revel, será nomeado curador especial, com legitimidade para apresentação de embargos.

197. O divórcio direto pode ser concedido sem que haja prévia partilha dos bens.

198. Na importação de veículo por pessoa física, destinado a uso próprio, incide o ICMS.

199. Na execução hipotecária de crédito vinculado ao Sistema Financeiro da Habitação, nos termos da Lei 5.741/1971, a petição inicial deve ser instruída com, pelo menos, dois avisos de cobrança.

200. O Juízo Federal competente para processar e julgar acusado de crime de uso de passaporte falso é o do lugar onde o delito se consumou.

201. Os honorários advocatícios não podem ser fixados em salários mínimos.

202. A impetração de segurança por terceiro, contra ato judicial, não se condiciona à interposição de recurso.

203. Não cabe recurso especial contra decisão proferida por órgão de segundo grau dos Juizados Especiais.

→ Redação alterada em 23.5.2002.

204. Os juros de mora nas ações relativas a benefícios previdenciários incidem a partir da citação válida.

205. A Lei 8.009/1990 aplica-se à penhora realizada antes de sua vigência.

206. A existência de vara privativa, instituída por lei estadual, não altera a competência territorial resultante das leis de processo.

207. É inadmissível recurso especial quando cabíveis embargos infringentes contra o acórdão proferido no tribunal de origem.

208. Compete à Justiça Federal processar e julgar prefeito municipal por desvio de verba sujeita à prestação de contas perante órgão federal.

209. Compete à Justiça Estadual processar e julgar prefeito por desvio de verba transferida e incorporada ao patrimônio municipal.

210. A ação de cobrança das contribuições para o FGTS prescreve em 30 (trinta) anos.

211. Inadmissível recurso especial quanto à questão que, a despeito da oposição de embargos declaratórios, não foi apreciada pelo tribunal *a quo*.

212. A compensação de créditos tributários não pode ser deferida em ação cautelar ou por medida liminar cautelar ou antecipatória.

→ Redação alterada em 11.5.2005.

213. O mandado de segurança constitui ação adequada para a declaração do direito à compensação tributária.

214. O fiador na locação não responde por obrigações resultantes de aditamento ao qual não anuiu.

215. A indenização recebida pela adesão a programa de incentivo à demissão voluntária não está sujeita à incidência do Imposto de Renda.

216. A tempestividade de recurso interposto no Superior Tribunal de Justiça é aferida pelo registro no protocolo da Secretaria e não pela data da entrega na agência do correio.

217. SÚMULA CANCELADA, *D.J.U.* 10.11.2003 – Não cabe agravo de decisão que indefere o pedido de suspensão da execução da liminar, ou da sentença em mandado de segurança.

218. Compete à Justiça dos Estados processar e julgar ação de servidor estadual decorrente de direitos e vantagens estatutárias no exercício de cargo em comissão.

219. Os créditos decorrentes de serviços prestados à massa falida, inclusive a remuneração do síndico, gozam dos privilégios próprios dos trabalhistas.

220. A reincidência não influi no prazo da prescrição da pretensão punitiva.

221. São civilmente responsáveis pelo ressarcimento de dano, decorrente de publicação pela imprensa, tanto o autor do escrito quanto o proprietário do veículo de divulgação.

222. Compete à Justiça Comum processar e julgar as ações relativas à contribuição sindical prevista no art. 578 da CLT.

223. A certidão de intimação do acórdão recorrido constitui peça obrigatória do instrumento de agravo.

224. Excluído do feito o ente federal, cuja presença levara o Juiz Estadual a declinar da competência, deve o Juiz Federal restituir os autos e não suscitar conflito.

225. Compete ao Tribunal Regional do Trabalho apreciar recurso contra sentença proferida por órgão de primeiro grau da Justiça Trabalhista, ainda que para declarar-lhe a nulidade em virtude de incompetência.

226. O Ministério Público tem legitimidade para recorrer na ação de acidente do trabalho, ainda que o segurado esteja assistido por advogado.

227. A pessoa jurídica pode sofrer dano moral.

228. É inadmissível o interdito proibitório para a proteção do direito autoral.

229. O pedido do pagamento de indenização à seguradora suspende o prazo de prescrição até que o segurado tenha ciência da decisão.

230. SÚMULA CANCELADA, *D.J.U.* 9.11.2000 – Compete à Justiça Estadual processar e julgar ação movida por trabalhador avulso portuário, em que se impugna ato do órgão gestor de mão de obra de que resulte óbice ao exercício de sua profissão.

231. A incidência da circunstância atenuante não pode conduzir a redução da pena abaixo do mínimo legal.

232. A Fazenda Pública, quando parte no processo, fica sujeita à exigência do depósito prévio dos honorários do perito.

233. O contrato de abertura de crédito, ainda que acompanhado de extrato da conta-corrente, não é título executivo.

234. A participação de membro do Ministério Público na fase investigatória criminal não acarreta o seu impedimento ou suspeição para o oferecimento da denúncia.

235. A conexão não determina a reunião dos processos, se um deles já foi julgado.

236. Não compete ao Superior Tribunal de Justiça dirimir conflitos de competência entre juízos trabalhistas vinculados a Tribunais do Trabalho diversos.

237. Nas operações com cartão de crédito, os encargos relativos ao financiamento não são considerados no cálculo do ICMS.

238. A avaliação da indenização devida ao proprietário do solo, em razão de alvará de pesquisa mineral, é processada no Juízo Estadual da situação do imóvel.

239. O direito à adjudicação compulsória não se condiciona ao registro do compromisso de compra e venda no cartório de imóveis.

240. A extinção do processo, por abandono da causa pelo autor, depende de requerimento do réu.

241. A reincidência penal não pode ser considerada como circunstância agravante e, simultaneamente, como circunstância judicial.

242. Cabe ação declaratória para reconhecimento de tempo de serviço para fins previdenciários.

243. O benefício da suspensão do processo não é aplicável em relação às infrações penais cometidas em concurso material, concurso formal ou continuidade delitiva, quando a pena mínima cominada, seja pelo somatório, seja pela incidência da majorante, ultrapassar o limite de 1 (um) ano.

244. Compete ao foro do local da recusa processar e julgar o crime de estelionato mediante cheque sem provisão de fundos.

245. A notificação destinada a comprovar a mora nas dívidas garantidas por alienação fiduciária dispensa a indicação do valor do débito.

246. O valor do seguro obrigatório deve ser deduzido da indenização judicialmente fixada.

247. O contrato de abertura de crédito em conta-corrente, acompanhado do demonstrativo de débito, constitui documento hábil para o ajuizamento da ação monitória.

248. Comprovada a prestação dos serviços, a duplicata não aceita, mas protestada, é título hábil para instruir pedido de falência.

249. A Caixa Econômica Federal tem legitimidade passiva para integrar processo em que se discute correção monetária do FGTS.

250. É legítima a cobrança de multa fiscal de empresa em regime de concordata.

251. A meação só responde pelo ato ilícito quando o credor, na execução fiscal, provar que o enriquecimento dele resultante aproveitou ao casal.

252. Os saldos das contas do FGTS, pela legislação infraconstitucional, são corrigidos em 42,72% (quarenta e dois inteiros e setenta e dois décimos por cento) (IPC) quanto às perdas de janeiro de 1989 e 44,80% (quarenta e quatro inteiros e oitenta décimos por cento) (IPC) quanto às de abril de 1990, acolhidos pelo STJ os índices de 18,02% (dezoito inteiros e dois centésimos por cento) (LBC) quanto às perdas de junho de 1987, de 5,38% (cinco inteiros e trinta e oito décimos por cento) (BTN) para maio de 1990 e 7,00% (sete por cento) (TR) para fevereiro de 1991, de acordo com o entendimento do STF (RE 226.855-7-RS).

253. O art. 557 do CPC, que autoriza o relator a decidir o recurso, alcança o reexame necessário.

→ *v.* Arts. 932 e 1.011 do CPC/2015.

254. A decisão do Juízo Federal que exclui da relação processual ente federal não pode ser reexaminada no Juízo Estadual.

255. Cabem embargos infringentes contra acórdão, proferido por maioria, em agravo retido, quando se tratar de matéria de mérito.

256. SÚMULA CANCELADA, *D.J.E. 9.6.2008* – O sistema de "protocolo integrado" não se aplica aos recursos dirigidos ao Superior Tribunal de Justiça.

257. A falta de pagamento do prêmio do seguro obrigatório de Danos Pessoais Causados por Veículos Automotores de Vias Terrestres (DPVAT) não é motivo para a recusa do pagamento da indenização.

258. A nota promissória vinculada a contrato de abertura de crédito não goza de autonomia em razão da iliquidez do título que a originou.

259. A ação de prestação de contas pode ser proposta pelo titular de conta-corrente bancária.

260. A convenção de condomínio aprovada, ainda que sem registro, é eficaz para regular as relações entre os condôminos.

261. A cobrança de direitos autorais pela retransmissão radiofônica de músicas, em estabelecimentos hoteleiros, deve ser feita conforme a taxa média de utilização do equipamento, apurada em liquidação.

262. Incide o imposto de renda sobre o resultado das aplicações financeiras realizadas pelas cooperativas.

263. SÚMULA CANCELADA, *D.J.U.* 25.9.2003 – A cobrança antecipada do valor residual (VRG) descaracteriza o contrato de arrendamento mercantil, transformando-o em compra e venda à prestação.

264. É irrecorrível o ato judicial que apenas manda processar a concordata preventiva.

265. É necessária a oitiva do menor infrator antes de decretar-se a regressão da medida socioeducativa.

266. O diploma ou habilitação legal para o exercício do cargo deve ser exigido na posse e não na inscrição para o concurso público.

267. A interposição de recurso, sem efeito suspensivo, contra decisão condenatória não obsta a expedição de mandado de prisão.

268. O fiador que não integrou a relação processual na ação de despejo não responde pela execução do julgado.

269. É admissível a adoção do regime prisional semi-aberto aos reincidentes condenados a pena igual ou inferior a 4 (quatro) anos se favoráveis as circunstâncias judiciais.

270. O protesto pela preferência de crédito, apresentado por ente federal em execução que tramita na Justiça Estadual, não desloca a competência para a Justiça Federal.

271. A correção monetária dos depósitos judiciais independe de ação específica contra o banco depositário.

272. O trabalhador rural, na condição de segurado especial, sujeito à contribuição obrigatória sobre a produção rural comercializada, somente faz jus à aposentadoria por tempo de serviço, se recolher contribuições facultativas.

273. Intimada a defesa da expedição da carta precatória, torna-se desnecessária intimação da data da audiência no juízo deprecado.

274. O ISS incide sobre o valor dos serviços de assistência médica, incluindo-se neles as refeições, os medicamentos e as diárias hospitalares.

275. O auxiliar de farmácia não pode ser responsável técnico por farmácia ou drogaria.

276. SÚMULA CANCELADA, *D.J.E.* 20.11.2008 – As sociedades civis de prestação de serviços profissionais são isentas da COFINS, irrelevante o regime tributário adotado.

277. Julgada procedente a investigação de paternidade, os alimentos são devidos a partir da citação.

278. O termo inicial do prazo prescricional, na ação de indenização, é a data em que o segurado teve ciência inequívoca da incapacidade laboral.

279. É cabível execução por título extrajudicial contra a Fazenda Pública.

280. O art. 35, do Decreto-lei 7.661, de 1945, que estabelece a prisão administrativa, foi revogado pelos incisos LXI e LXVII do art. 5º da Constituição Federal de 1988.

→ *v.* Lei 11.101/2005, que revogou o Decreto-lei 7.661/1945.

281. A indenização por dano moral não está sujeita à tarifação prevista na Lei de Imprensa.

→ *v.* ADPF 130 (*D.O.U.* 12.5.2009) o STF declarou "como não recepcionado pela Constituição de 1988 todo o conjunto de dispositivos da Lei federal 5.250, de 9 de fevereiro de 1967" – Lei de Imprensa.

282. Cabe a citação por edital em ação monitória.

283. As empresas administradoras de cartão de crédito são instituições financeiras e, por isso, os juros remuneratórios por elas cobrados não sofrem as limitações da Lei de Usura.

284. A purga da mora, nos contratos de alienação fiduciária, só é permitida quando já pagos pelo menos 40% (quarenta por cento) do valor financiado.

285. Nos contratos bancários posteriores ao Código de Defesa do Consumidor incide a multa moratória nele prevista.

286. A renegociação de contrato bancário ou a confissão da dívida não impede a possibilidade de discussão sobre eventuais ilegalidades dos contratos anteriores.

287. A Taxa Básica Financeira (TBF) não pode ser utilizada como indexador de correção monetária nos contratos bancários.

288. A Taxa de Juros de Longo Prazo (TJLP) pode ser utilizada como indexador de correção monetária nos contratos bancários.

289. A restituição das parcelas pagas a plano de previdência privada deve ser objeto de correção plena, por índice que recomponha a efetiva desvalorização da moeda.

290. Nos planos de previdência privada, não cabe ao beneficiário a devolução da contribuição efetuada pelo patrocinador.

291. A ação de cobrança de parcelas de complementação de aposentadoria pela previdência privada prescreve em 5 (cinco) anos.

292. A reconvenção é cabível na ação monitória, após a conversão do procedimento em ordinário.

293. A cobrança antecipada do valor residual garantido (VRG) não descaracteriza o contrato de arrendamento mercantil.

294. Não é potestativa a cláusula contratual que prevê a comissão de permanência, calculada pela taxa média de mercado apurada pelo Banco Central do Brasil, limitada à taxa do contrato.

295. A Taxa Referencial (TR) é indexador válido para contratos posteriores à Lei 8.177/1991, desde que pactuada.

296. Os juros remuneratórios, não cumuláveis com a comissão de permanência, são devidos no período de inadimplência, à taxa média de mercado estipulada pelo Banco Central do Brasil, limitada ao percentual contratado.

297. O Código de Defesa do Consumidor é aplicável às instituições financeiras.

298. O alongamento de dívida originada de crédito rural não constitui faculdade da instituição financeira, mas, direito do devedor nos termos da lei.

299. É admissível a ação monitória fundada em cheque prescrito.

300. O instrumento de confissão de dívida, ainda que originário de contrato de abertura de crédito, constitui título executivo extrajudicial.

301. Em ação investigatória, a recusa do suposto pai a submeter-se ao exame de DNA induz presunção *juris tantum* de paternidade.

302. É abusiva a cláusula contratual de plano de saúde que limita no tempo a internação hospitalar do segurado.

303. Em embargos de terceiro, quem deu causa à constrição indevida deve arcar com os honorários advocatícios.

304. É ilegal a decretação da prisão civil daquele que não assume expressamente o encargo de depositário judicial.

305. É descabida a prisão civil do depositário quando, decretada a falência da empresa, sobrevém a arrecadação do bem pelo síndico.

306. Os honorários advocatícios devem ser compensados quando houver sucumbência recíproca, assegurado o direito autônomo do advogado à execução do saldo sem excluir a legitimidade da própria parte.

307. A restituição de adiantamento de contrato de câmbio, na falência, deve ser atendida antes de qualquer crédito.

308. A hipoteca firmada entre a construtora e o agente financeiro, anterior ou posterior à celebração da promessa de compra e venda, não tem eficácia perante os adquirentes do imóvel.

309. O débito alimentar que autoriza a prisão civil do alimentante é o que compreende as três prestações anteriores ao ajuizamento da execução e as que se vencerem no curso do processo.

→ Redação alterada em 22.3.2006.

310. O auxílio-creche não integra o salário de contribuição.

311. Os atos do presidente do tribunal que disponham sobre processamento e pagamento de precatório não têm caráter jurisdicional.

312. No processo administrativo para imposição de multa de trânsito, são necessárias as notificações da autuação e da aplicação da pena decorrente da infração.

313. Em ação de indenização, procedente o pedido, é necessária a constituição de capital ou caução fidejussória para a garantia de pagamento da pensão, independentemente da situação financeira do demandado.

314. Em execução fiscal, não localizados bens penhoráveis, suspende-se o processo por um ano, findo o qual se inicia o prazo da prescrição quinquenal intercorrente.

315. Não cabem embargos de divergência no âmbito do agravo de instrumento que não admite recurso especial.

316. Cabem embargos de divergência contra acórdão que, em agravo regimental, decide recurso especial.

317. É definitiva a execução de título extrajudicial, ainda que pendente apelação contra sentença que julgue improcedentes os embargos.

318. Formulado pedido certo e determinado, somente o autor tem interesse recursal em arguir o vício da sentença ilíquida.

319. O encargo de depositário de bens penhorados pode ser expressamente recusado.

320. A questão federal somente ventilada no voto vencido não atende ao requisito do prequestionamento.

321. SÚMULA CANCELADA, *D.J.E* 29.2.2016 – O Código de Defesa do Consumidor é aplicável à relação jurídica entre a entidade de previdência privada e seus participantes.

→ *v.* Súmula 563 do STJ.

322. Para a repetição de indébito, nos contratos de abertura de crédito em conta-corrente, não se exige a prova do erro.

323. A inscrição do nome do devedor pode ser mantida nos serviços de proteção ao crédito até o prazo máximo de 5 (cinco) anos, independentemente da prescrição da execução.

→ Redação alterada em 25.11.2009.

324. Compete à Justiça Federal processar e julgar ações de que participa a Fundação Habitacional do Exército, equiparada à entidade autárquica federal, supervisionada pelo Ministério do Exército.

325. A remessa oficial devolve ao Tribunal o reexame de todas as parcelas da condenação suportadas pela Fazenda Pública, inclusive dos honorários de advogado.

326. Na ação de indenização por dano moral, a condenação em montante inferior ao postulado na inicial não implica sucumbência recíproca.

327. Nas ações referentes ao Sistema Financeiro da Habitação, a Caixa Econômica Federal tem legitimidade como sucessora do Banco Nacional da Habitação.

328. Na execução contra instituição financeira, é penhorável o numerário disponível, excluídas as reservas bancárias mantidas no Banco Central.

329. O Ministério Público tem legitimidade para propor ação civil pública em defesa do patrimônio público.

330. É desnecessária a resposta preliminar de que trata o artigo 514 do Código de Processo Penal, na ação penal instruída por inquérito policial.

331. A apelação interposta contra sentença que julga embargos à arrematação tem efeito meramente devolutivo.

332. A fiança prestada sem autorização de um dos cônjuges implica a ineficácia total da garantia.

333. Cabe mandado de segurança contra ato praticado em licitação promovida por sociedade de economia mista ou empresa pública.

334. O ICMS não incide no serviço dos provedores de acesso à Internet.

335. Nos contratos de locação, é válida a cláusula de renúncia à indenização das benfeitorias e ao direito de retenção.

336. A mulher que renunciou aos alimentos na separação judicial tem direito à pensão previdenciária por morte do ex-marido, comprovada a necessidade econômica superveniente.

337. É cabível a suspensão condicional do processo na desclassificação do crime e na procedência parcial da pretensão punitiva.

338. A prescrição penal é aplicável nas medidas socioeducativas.

339. É cabível ação monitória contra a Fazenda Pública.

340. A lei aplicável à concessão de pensão previdenciária por morte é aquela vigente na data do óbito do segurado.

341. A frequência a curso de ensino formal é causa de remição de parte do tempo de execução de pena sob regime fechado ou semiaberto.

342. No procedimento para aplicação de medida socioeducativa, é nula a desistência de outras provas em face da confissão do adolescente.

343. É obrigatória a presença de advogado em todas as fases do processo administrativo disciplinar.

344. A liquidação por forma diversa da estabelecida na sentença não ofende a coisa julgada.

345. São devidos honorários advocatícios pela Fazenda Pública nas execuções individuais de sentença proferida em ações coletivas, ainda que não embargadas.

346. É vedada aos militares temporários, para aquisição de estabilidade, a contagem em dobro de férias e licenças não gozadas.

347. O conhecimento de recurso de apelação do réu independe de sua prisão.

348. SÚMULA CANCELADA, *D.J.E.* 23.3.2010 – Compete ao Superior Tribunal de Justiça decidir os conflitos de competência entre juizado especial federal e juízo federal, ainda que da mesma seção judiciária.

349. Compete à Justiça Federal ou aos juízes com competência delegada o julgamento das execuções fiscais de contribuições devidas pelo empregador ao FGTS.

350. O ICMS não incide sobre o serviço de habilitação de telefone celular.

351. A alíquota de contribuição para o Seguro de Acidente do Trabalho (SAT) é aferida pelo grau de risco desenvolvido em cada empresa, individualizada pelo seu CNPJ, ou pelo grau de risco da atividade preponderante quando houver apenas um registro.

352. A obtenção ou a renovação do Certificado de Entidade Beneficente de Assistência Social (CEBAS) não exime a entidade do cumprimento dos requisitos legais supervenientes.

353. As disposições do Código Tributário Nacional não se aplicam às contribuições para o FGTS.

354. A invasão do imóvel é causa de suspensão do processo expropriatório para fins de reforma agrária.

355. É válida a notificação do ato de exclusão do programa de recuperação fiscal do REFIS pelo *Diário Oficial* ou pela internet.

356. É legítima a cobrança da tarifa básica pelo uso dos serviços de telefonia fixa.

357. SÚMULA REVOGADA, *D.J.E.* 22.6.2009 – A pedido do assinante, que responderá pelos custos, é obrigatória, a partir de 1° de janeiro de 2006, a discriminação de pulsos excedentes e ligações de telefone fixo para celular.

358. O cancelamento de pensão alimentícia de filho que atingiu a maioridade está sujeito à decisão judicial, mediante contraditório, ainda que nos próprios autos.

359. Cabe ao órgão mantenedor do Cadastro de Proteção ao Crédito a notificação do devedor antes de proceder à inscrição.

360. O benefício da denúncia espontânea não se aplica aos tributos sujeitos a lançamento por homologação regularmente declarados, mas pagos a destempo.

361. A notificação do protesto, para requerimento de falência da empresa devedora, exige a identificação da pessoa que a recebeu.

362. A correção monetária do valor da indenização do dano moral incide desde a data do arbitramento.

363. Compete à Justiça estadual processar e julgar a ação de cobrança ajuizada por profissional liberal contra cliente.

364. O conceito de impenhorabilidade de bem de família abrange também o imóvel pertencente a pessoas solteiras, separadas e viúvas.

365. A intervenção da União como sucessora da Rede Ferroviária Federal S.A. (RFFSA) desloca a competência para a Justiça Federal ainda que a sentença tenha sido proferida por Juízo estadual.

→ *v.* Súmula 505 do STJ.

366. SÚMULA CANCELADA, *D.J.E.* 22.9.2009 – Compete à Justiça estadual processar e julgar ação indenizatória proposta por viúva e filhos de empregado falecido em acidente de trabalho.

367. A competência estabelecida pela EC n. 45/2004 não alcança os processos já sentenciados.

368. Compete à Justiça comum estadual processar e julgar os pedidos de retificação de dados cadastrais da Justiça Eleitoral.

369. No contrato de arrendamento mercantil (*leasing*), ainda que haja cláusula resolutiva expressa, é necessária a notificação prévia do arrendatário para constituí-lo em mora.

370. Caracteriza dano moral a apresentação antecipada de cheque pré-datado.

371. Nos contratos de participação financeira para a aquisição de linha telefônica, o Valor Patrimonial da Ação (VPA) é apurado com base no balancete do mês da integralização.

372. Na ação de exibição de documentos, não cabe a aplicação de multa cominatória.

373. É ilegítima a exigência de depósito prévio para admissibilidade de recurso administrativo.

374. Compete à Justiça Eleitoral processar e julgar a ação para anular débito decorrente de multa eleitoral.

375. O reconhecimento da fraude à execução depende do registro da penhora do bem alienado ou da prova de má-fé do terceiro adquirente.

376. Compete a turma recursal processar e julgar o mandado de segurança contra ato de juizado especial.

377. O portador de visão monocular tem direito de concorrer, em concurso público, às vagas reservadas aos deficientes.

378. Reconhecido o desvio de função, o servidor faz jus às diferenças salariais decorrentes.

379. Nos contratos bancários não regidos por legislação específica, os juros moratórios poderão ser convencionados até o limite de 1% (um por cento) ao mês.

380. A simples propositura da ação de revisão de contrato não inibe a caracterização da mora do autor.

381. Nos contratos bancários, é vedado ao julgador conhecer, de ofício, da abusividade das cláusulas.

382. A estipulação de juros remuneratórios superiores a 12% (doze por cento) ao ano, por si só, não indica abusividade.

383. A competência para processar e julgar as ações conexas de interesse de menor é, em princípio, do foro do domicílio do detentor de sua guarda.

384. Cabe ação monitória para haver saldo remanescente oriundo de venda extrajudicial de bem alienado fiduciariamente em garantia.

385. Da anotação irregular em cadastro de proteção ao crédito, não cabe indenização por dano moral, quando preexistente legítima inscrição, ressalvado o direito ao cancelamento.

386. São isentas de imposto de renda as indenizações de férias proporcionais e o respectivo adicional.

387. É lícita a cumulação das indenizações de dano estético e dano moral.

388. A simples devolução indevida de cheque caracteriza dano moral.

389. A comprovação do pagamento do "custo do serviço" referente ao fornecimento de certidão de assentamentos constantes dos livros da companhia é requisito de procedibilidade da ação de exibição de documentos ajuizada em face da sociedade anônima.

390. Nas decisões por maioria, em reexame necessário, não se admitem embargos infringentes.

391. O ICMS incide sobre o valor da tarifa de energia elétrica correspondente à demanda de potência efetivamente utilizada.

392. A Fazenda Pública pode substituir a certidão de dívida ativa (CDA) até a prolação da sentença de embargos, quando se tratar de correção de erro material ou formal, vedada a modificação do sujeito passivo da execução.

393. A exceção de pré-executividade é admissível na execução fiscal relativamente às matérias conhecíveis de ofício que não demandem dilação probatória.

394. É admissível, em embargos à execução, compensar os valores de imposto de renda retidos indevidamente na fonte com os valores restituídos apurados na declaração anual.

→ Redação republicada no *D.J.E.* de 21.10.2009.

395. O ICMS incide sobre o valor da venda a prazo constante da nota fiscal.

396. A Confederação Nacional da Agricultura tem legitimidade ativa para a cobrança da contribuição sindical rural.

397. O contribuinte do IPTU é notificado do lançamento pelo envio do carnê ao seu endereço.

398. A prescrição da ação para pleitear os juros progressivos sobre os saldos de conta vinculada do FGTS não atinge o fundo de direito, limitando-se às parcelas vencidas.

399. Cabe à legislação municipal estabelecer o sujeito passivo do IPTU.

400. O encargo de 20% (vinte por cento) previsto no Decreto-lei 1.025/1969 é exigível na execução fiscal proposta contra a massa falida.

401. O prazo decadencial da ação rescisória só se inicia quando não for cabível qualquer recurso do último pronunciamento judicial.

402. O contrato de seguro por danos pessoais compreende os danos morais, salvo cláusula expressa de exclusão.

403. Independe de prova do prejuízo a indenização pela publicação não autorizada de imagem de pessoa com fins econômicos ou comerciais.

404. É dispensável o aviso de recebimento (AR) na carta de comunicação ao consumidor sobre a negativação de seu nome em bancos de dados e cadastros.

405. A ação de cobrança do seguro obrigatório (DPVAT) prescreve em 3 (três) anos.

406. A Fazenda Pública pode recusar a substituição do bem penhorado por precatório.

407. É legítima a cobrança da tarifa de água fixada de acordo com as categorias de usuários e as faixas de consumo.

408. Nas ações de desapropriação, os juros compensatórios incidentes após a Medida Provisória 1.577, de 11.6.1997, devem ser fixados em 6% (seis por cento) ao ano até 13.9.2001 e, a partir de então, em 12% (doze por cento) ao ano, na forma da Súmula 618 do Supremo Tribunal Federal.

→ *v.* MP 2.183-56/2001.

409. Em execução fiscal, a prescrição ocorrida antes da propositura da ação pode ser decretada de ofício (art. 219, § 5º, do CPC).

410. A prévia intimação pessoal do devedor constitui condição necessária para a cobrança de multa pelo descumprimento de obrigação de fazer ou não fazer.

411. É devida a correção monetária ao creditamento do IPI quando há oposição ao seu aproveitamento decorrente de resistência ilegítima do Fisco.

412. A ação de repetição de indébito de tarifas de água e esgoto sujeita-se ao prazo prescricional estabelecido no Código Civil.

413. O farmacêutico pode acumular a responsabilidade técnica por uma farmácia e uma drogaria ou por duas drogarias.

414. A citação por edital na execução fiscal é cabível quando frustradas as demais modalidades.

415. O período de suspensão do prazo prescricional é regulado pelo máximo da pena cominada.

416. É devida a pensão por morte aos dependentes do segurado que, apesar de ter perdido essa qualidade, preencheu os requisitos legais para a obtenção de aposentadoria até a data do seu óbito.

417. Na execução civil, a penhora de dinheiro na ordem de nomeação de bens não tem caráter absoluto.

418. SÚMULA CANCELADA, *D.J.E.* de 3.8.2016 – É inadmissível o recurso especial interposto antes da publicação do acórdão dos embargos de declaração, sem posterior ratificação.

419. Descabe a prisão civil do depositário judicial infiel.

420. Incabível, em embargos de divergência, discutir o valor de indenização por danos morais.

421. Os honorários advocatícios não são devidos à Defensoria Pública quando ela atua contra a pessoa jurídica de direito público à qual pertença.

422. O art. 6º, *e*, da Lei 4.380/1964 não estabelece limitação aos juros remuneratórios nos contratos vinculados ao SFH.

423. A Contribuição para Financiamento da Seguridade Social – Cofins incide sobre as receitas provenientes das operações de locação de bens móveis.

424. É legítima a incidência de ISS sobre os serviços bancários congêneres da lista anexa ao Decreto-lei 406/1968 e à Lei Complementar 56/1987.

→ *v.* LC 116/2003, que revogou a LC 56/1987.

425. A retenção da contribuição para a seguridade social pelo tomador do serviço não se aplica às empresas optantes pelo Simples.

426. Os juros de mora na indenização do seguro DPVAT fluem a partir da citação.

427. A ação de cobrança de diferenças de valores de complementação de aposentadoria prescreve em 5 (cinco) anos contados da data do pagamento.

428. Compete ao Tribunal Regional Federal decidir os conflitos de competência entre juizado especial federal e juízo federal da mesma seção judiciária.

429. A citação postal, quando autorizada por lei, exige o aviso de recebimento.

430. O inadimplemento da obrigação tributária pela sociedade não gera, por si só, a responsabilidade solidária do sócio-gerente.

431. É ilegal a cobrança de ICMS com base no valor da mercadoria submetido ao regime de pauta fiscal.

432. As empresas de construção civil não estão obrigadas a pagar ICMS sobre mercadorias adquiridas como insumos em operações interestaduais.

433. O produto semielaborado, para fins de incidência de ICMS, é aquele que preenche cumulativamente os três requisitos do art. 1º da Lei Complementar 65/1991.

434. O pagamento da multa por infração de trânsito não inibe a discussão judicial do débito.

435. Presume-se dissolvida irregularmente a empresa que deixar de funcionar no seu domicílio fiscal, sem comunicação aos órgãos competentes, legitimando o redirecionamento da execução fiscal para o sócio-gerente.

436. A entrega de declaração pelo contribuinte reconhecendo débito fiscal constitui o crédito tributário, dispensada qualquer outra providência por parte do fisco.

437. A suspensão da exigibilidade do crédito tributário superior a quinhentos mil reais para opção pelo Refis pressupõe a homologação expressa do comitê gestor e a constituição de garantia por meio do arrolamento de bens.

438. É inadmissível a extinção da punibilidade pela prescrição da pretensão punitiva com fundamento em pena hipotética, independentemente da existência ou sorte do processo penal.

439. Admite-se o exame criminológico pelas peculiaridades do caso, desde que em decisão motivada.

440. Fixada a pena-base no mínimo legal, é vedado o estabelecimento de regime prisional mais gravoso do que o cabível em razão da sanção imposta, com base apenas na gravidade abstrata do delito.

441. A falta grave não interrompe o prazo para obtenção de livramento condicional.

442. É inadmissível aplicar, no furto qualificado, pelo concurso de agentes, a majorante do roubo.

443. O aumento na terceira fase de aplicação da pena no crime de roubo circunstanciado exige fundamentação concreta, não sendo suficiente para a sua exasperação a mera indicação do número de majorantes.

444. É vedada a utilização de inquéritos policiais e ações penais em curso para agravar a pena-base.

445. As diferenças de correção monetária resultantes de expurgos inflacionários sobre os saldos de FGTS têm como termo inicial a data em que deveriam ter sido creditadas.

446. Declarado e não pago o débito tributário pelo contribuinte, é legítima a recusa de expedição de certidão negativa ou positiva com efeito de negativa.

447. Os Estados e o Distrito Federal são partes legítimas na ação de restituição de imposto de renda retido na fonte proposta por seus servidores.

448. A opção pelo Simples de estabelecimentos dedicados às atividades de creche, pré-escola e ensino fundamental é admitida somente a partir de 24.10.2000, data de vigência da Lei 10.034/2000.

449. A vaga de garagem que possui matrícula própria no registro de imóveis não constitui bem de família para efeito de penhora.

450. Nos contratos vinculados ao SFH, a atualização do saldo devedor antecede sua amortização pelo pagamento da prestação.

451. É legítima a penhora da sede do estabelecimento comercial.

452. A extinção das ações de pequeno valor é faculdade da Administração Federal, vedada a atuação judicial de ofício.

453. Os honorários sucumbenciais, quando omitidos em decisão transitada em julgado, não podem ser cobrados em execução ou em ação própria.

454. Pactuada a correção monetária nos contratos do SFH pelo mesmo índice aplicável à caderneta de poupança, incide a taxa referencial (TR) a partir da vigência da Lei 8.177/1991.

455. A decisão que determina a produção antecipada de provas com base no art. 366 do CPP deve ser concretamente fundamentada, não a justificando unicamente o mero decurso do tempo.

456. É incabível a correção monetária dos salários de contribuição considerados no cálculo do salário de benefício de auxílio-doença, aposentadoria por invalidez, pensão ou auxílio-reclusão concedidos antes da vigência da CF/1988.

457. Os descontos incondicionais nas operações mercantis não se incluem na base de cálculo do ICMS.

458. A contribuição previdenciária incide sobre a comissão paga ao corretor de seguros.

459. A Taxa Referencial (TR) é o índice aplicável, a título de correção monetária, aos débitos com o FGTS recolhidos pelo empregador mas não repassados ao fundo.

460. É incabível o mandado de segurança para convalidar a compensação tributária realizada pelo contribuinte.

461. O contribuinte pode optar por receber, por meio de precatório ou por compensação, o indébito tributário certificado por sentença declaratória transitada em julgado.

462. Nas ações em que representa o FGTS, a CEF, quando sucumbente, não está isenta de reembolsar as custas antecipadas pela parte vencedora.

463. Incide imposto de renda sobre os valores percebidos a título de indenização por horas extraordinárias trabalhadas, ainda que decorrentes de acordo coletivo.

464. A regra de imputação de pagamentos estabelecida no art. 354 do Código Civil não se aplica às hipóteses de compensação tributária.

465. Ressalvada a hipótese de efetivo agravamento do risco, a seguradora não se exime do dever de indenizar em razão da transferência do veículo sem a sua prévia comunicação.

466. O titular da conta vinculada ao FGTS tem o direito de sacar o saldo respectivo quando declarado nulo seu contrato de trabalho por ausência de prévia aprovação em concurso público.

467. Prescreve em 5 (cinco) anos, contados do término do processo administrativo, a pretensão da Administração Pública de promover a execução da multa por infração ambiental.

468. A base de cálculo do PIS, até a edição da Medida Provisória 1.212/1995, era o faturamento ocorrido no sexto mês anterior ao do fato gerador.

→ *v.* Lei 9.715/1998.

469. SÚMULA CANCELADA, *D.J.E.* DE 17.04.2018 – Aplica-se o Código de Defesa do Consumidor aos contratos de plano de saúde.

470. SÚMULA CANCELADA, *D.J.E.* DE 15.6.2015 – O Ministério Público não tem legitimidade para pleitear, em ação civil pública, a indenização decorrente do DPVAT em benefício do segurado.

471. Os condenados por crimes hediondos ou assemelhados cometidos antes da vigência da Lei 11.464/2007 sujeitam-se ao disposto no art. 112 da Lei 7.210/1984 (Lei de Execução Penal) para a progressão de regime prisional.

472. A cobrança de comissão de permanência – cujo valor não pode ultrapassar a soma dos encargos remuneratórios e moratórios previstos no contrato – exclui a exigibilidade dos juros remuneratórios, moratórios e da multa contratual.

473. O mutuário do SFH não pode ser compelido a contratar o seguro habitacional obrigatório com a instituição financeira mutuante ou com a seguradora por ela indicada.

474. A indenização do seguro DPVAT, em caso de invalidez parcial do beneficiário, será paga de forma proporcional ao grau da invalidez.

475. Responde pelos danos decorrentes de protesto indevido o endossatário que recebe por endosso translativo título de crédito contendo vício formal extrínseco ou intrínseco, ficando ressalvado seu direito de regresso contra os endossantes e avalistas.

476. O endossatário de título de crédito por endosso-mandato só responde por danos decorrentes de protesto indevido se extrapolar os poderes de mandatário.

477. A decadência do art. 26 do CDC não é aplicável à prestação de contas para obter esclarecimentos sobre cobrança de taxas, tarifas e encargos bancários.

478. Na execução de crédito relativo a cotas condominiais, este tem preferência sobre o hipotecário.

479. As instituições financeiras respondem objetivamente pelos danos gerados por fortuito interno relativo a fraudes e delitos praticados por terceiros no âmbito de operações bancárias.

480. O juízo da recuperação judicial não é competente para decidir sobre a constrição de bens não abrangidos pelo plano de recuperação da empresa.

481. Faz jus ao benefício da justiça gratuita a pessoa jurídica com ou sem fins lucrativos que demonstrar sua impossibilidade de arcar com os encargos processuais.

482. A falta de ajuizamento da ação principal no prazo do art. 806 do CPC acarreta a perda da eficácia da liminar deferida e a extinção do processo cautelar.

→ *v.* Art. 308 do CPC/2015.

483. O INSS não está obrigado a efetuar depósito prévio do preparo por gozar das prerrogativas e privilégios da Fazenda Pública.

484. Admite-se que o preparo seja efetuado no primeiro dia útil subsequente, quando a interposição do recurso ocorrer após o encerramento do expediente bancário.

485. A Lei de Arbitragem aplica-se aos contratos que contenham cláusula arbitral, ainda que celebrados antes da sua edição

486. É impenhorável o único imóvel residencial do devedor que esteja locado a terceiros, desde que a renda obtida com a locação seja revertida para a subsistência ou a moradia da sua família.

487. O parágrafo único do art. 741 do CPC não se aplica às sentenças transitadas em julgado em data anterior à da sua vigência.

→ *v.* Art. 535 do CPC/2015.

488. O § 2º do art. 6º da Lei 9.469/1997, que obriga à repartição dos honorários advocatícios, é inaplicável a acordos ou transações celebrados em data anterior à sua vigência.

489. Reconhecida a continência, devem ser reunidas na Justiça Federal as ações civis públicas propostas nesta e na Justiça estadual.

490. A dispensa de reexame necessário, quando o valor da condenação ou do direito controvertido for inferior a sessenta salários mínimos, não se aplica a sentenças ilíquidas.

491. É inadmissível a chamada progressão *per saltum* de regime prisional.

492. O ato infracional análogo ao tráfico de drogas, por si só, não conduz obrigatoriamente à imposição de medida socioeducativa de internação do adolescente.

493. É inadmissível a fixação de pena substitutiva (art. 44 do CP) como condição especial ao regime aberto.

494. O benefício fiscal do ressarcimento do crédito presumido do IPI relativo às exportações incide mesmo quando as matérias-primas ou os insumos sejam adquiridos de pessoa física ou jurídica não contribuinte do PIS/PASEP.

495. A aquisição de bens integrantes do ativo permanente da empresa não gera direito a creditamento de IPI.

496. Os registros de propriedade particular de imóveis situados em terrenos de marinha não são oponíveis à União.

497. Os créditos das autarquias federais preferem aos créditos da Fazenda estadual desde que coexistam penhoras sobre o mesmo bem.

498. Não incide imposto de renda sobre a indenização por danos morais.

499. As empresas prestadoras de serviços estão sujeitas às contribuições ao SESC e SENAC, salvo se integradas noutro serviço social.

500. A configuração do crime do art. 244-B do ECA independe da prova da efetiva corrupção do menor, por se tratar de delito formal.

501. É cabível a aplicação retroativa da Lei 11.343/2006, desde que o resultado da incidência das suas disposições, na íntegra, seja mais favorável ao réu do que o advindo da aplicação da Lei 6.368/1976, sendo vedada a combinação de leis.

502. Presentes a materialidade e a autoria, afigura-se típica, em relação ao crime previsto no art. 184, § 2º, do CP, a conduta de expor à venda CDs e DVDs piratas.

503. O prazo para ajuizamento de ação monitória em face do emitente de cheque sem força executiva é quinquenal, a contar do dia seguinte à data de emissão estampada na cártula.

504. O prazo para ajuizamento de ação monitória em face do emitente de nota promissória sem força executiva é quinquenal, a contar do dia seguinte ao vencimento do título.

505. A competência para processar e julgar as demandas que têm por objeto obrigações decorrentes dos contratos de planos de previdência privada firmados com a Fundação Rede Ferroviária de Seguridade Social – REFER é da Justiça estadual.

506. A Anatel não é parte legítima nas demandas entre a concessionária e o usuário de telefonia decorrentes de relação contratual.

507. A acumulação de auxílio-acidente com aposentadoria pressupõe que a lesão incapacitante e a aposentadoria sejam anteriores a 11.11.1997, observado o critério do artigo 23 da Lei 8.213/1991 para definição do momento da lesão nos casos de doença profissional ou do trabalho.

508. A isenção da Cofins concedida pelo artigo 6º, II, da LC 70/1991 às sociedades civis de prestação de serviços profissionais foi revogada pelo artigo 56 da Lei 9.430/1996.

509. É lícito ao comerciante de boa-fé aproveitar os créditos de ICMS decorrentes de nota fiscal posteriormente declarada inidônea, quando demonstrada a veracidade da compra e venda.

510. A liberação de veículo retido apenas por transporte irregular de passageiros não está condicionada ao pagamento de multas e despesas.

511. É possível o reconhecimento do privilégio previsto no § 2º do art. 155 do CP nos casos de crime de furto qualificado, se estiverem presentes a primariedade do agente, o pequeno valor da coisa e a qualificadora for de ordem objetiva.

512. SÚMULA CANCELADA NO JULGAMENTO DA QO na Pet 11.796-DF, *D.J.E.* DE 28.11.2016 – A aplicação da causa de diminuição de pena prevista no art. 33, § 4º, da Lei 11.343/2006 não afasta a hediondez do crime de tráfico de drogas.

513. A *abolitio criminis* temporária prevista na Lei 10.826/2003 aplica-se ao crime de posse de arma de fogo de uso permitido com numeração, marca ou qualquer outro sinal de identificação raspado, suprimido ou adulterado, praticado somente até 23.10.2005.

514. A CEF é responsável pelo fornecimento dos extratos das contas individualizadas vinculadas ao FGTS dos trabalhadores participantes do Fundo de Garantia do Tempo de Serviço, inclusive para fins de exibição em juízo, independentemente do período em discussão.

515. A reunião de execuções fiscais contra o mesmo devedor constitui faculdade do juiz.

516. A contribuição de intervenção no domínio econômico para o Incra (Decreto-lei 1.110/1970), devida por empregadores rurais e urbanos, não foi extinta pelas Leis 7.787/1989, 8.212/1991 e 8.213/1991, não podendo ser compensada com a contribuição ao INSS.

517. São devidos honorários advocatícios no cumprimento de sentença, haja ou não impugnação, depois de escoado o prazo para pagamento voluntário, que se inicia após a intimação do advogado da parte executada.

518. Para fins do art. 105, III, *a*, da Constituição Federal, não é cabível recurso especial fundado em alegada violação de enunciado de súmula.

519. Na hipótese de rejeição da impugnação ao cumprimento de sentença, não são cabíveis honorários advocatícios.

520. O benefício de saída temporária no âmbito da execução penal é ato jurisdicional insuscetível de delegação à autoridade administrativa do estabelecimento prisional.

521. A legitimidade para execução fiscal de multa pendente de pagamento imposta em sentença condenatória é exclusiva da Procuradoria da Fazenda Pública.

522. A conduta de atribuir-se falsa identidade perante autoridade policial é típica, ainda que em situação de alegada autodefesa.

523. A taxa de juros de mora incidente na repetição de indébito de tributos estaduais deve corresponder à utilizada para cobrança do tributo pago em atraso, sendo legítima a incidência da taxa Selic, em ambas as hipóteses, quando prevista na legislação local, vedada sua cumulação com quaisquer outros índices.

524. No tocante à base de cálculo, o ISSQN incide apenas sobre a taxa de agenciamento quando o serviço prestado por sociedade empresária de trabalho temporário for de intermediação, devendo, entretanto, englobar também os valores dos salários e encargos sociais dos trabalhadores por ela contratados nas hipóteses de fornecimento de mão de obra.

525. A Câmara de vereadores não possui personalidade jurídica, apenas personalidade judiciária, somente podendo demandar em juízo para defender os seus direitos institucionais.

526. O reconhecimento de falta grave decorrente do cometimento de fato definido como crime doloso no cumprimento da pena prescinde do trânsito em julgado de sentença penal condenatória no processo penal instaurado para apuração do fato.

527. O tempo de duração da medida de segurança não deve ultrapassar o limite máximo da pena abstratamente cominada ao delito praticado.

528. Compete ao juiz federal do local da apreensão da droga remetida do exterior pela via postal processar e julgar o crime de tráfico internacional.

529. No seguro de responsabilidade civil facultativo, não cabe o ajuizamento de ação pelo terceiro prejudicado direta e exclusivamente em face da seguradora do apontado causador do dano.

530. Nos contratos bancários, na impossibilidade de comprovar a taxa de juros efetivamente contratada - por ausência de pactuação ou pela falta de juntada do instrumento aos autos -, aplica-se a taxa média de mercado, divulgada pelo Bacen, praticada nas operações da mesma espécie, salvo se a taxa cobrada for mais vantajosa para o devedor.

531. Em ação monitória fundada em cheque prescrito ajuizada contra o emitente, é dispensável a menção ao negócio jurídico subjacente à emissão da cártula.

532. Constitui prática comercial abusiva o envio de cartão de crédito sem prévia e expressa solicitação do consumidor, configurando-se ato ilícito indenizável e sujeito à aplicação de multa administrativa.

533. Para o reconhecimento da prática de falta disciplinar no âmbito da execução penal, é imprescindível a instauração de procedimento administrativo pelo diretor do estabelecimento prisional, assegurado o direito de defesa, a ser realizado por advogado constituído ou defensor público nomeado.

534. A prática de falta grave interrompe a contagem do prazo para a progressão de regime de cumprimento de pena, o qual se reinicia a partir do cometimento dessa infração.

535. A prática de falta grave não interrompe o prazo para fim de comutação de pena ou indulto.

536. A suspensão condicional do processo e a transação penal não se aplicam na hipótese de delitos sujeitos ao rito da Lei Maria da Penha.

537. Em ação de reparação de danos, a seguradora denunciada, se aceitar a denunciação ou contestar o pedido do autor, pode ser condenada, direta e solidariamente junto com o segurado, ao pagamento da indenização devida à vítima, nos limites contratados na apólice.

538. As administradoras de consórcio têm liberdade para estabelecer a respectiva taxa de administração, ainda que fixada em percentual superior a dez por cento.

539. É permitida a capitalização de juros com periodicidade inferior à anual em contratos celebrados com instituições integrantes do Sistema Financeiro Nacional a partir de 31/3/2000 (MP 1.963-17/2000, reeditada como MP 2.170-36/2001), desde que expressamente pactuada.

540. Na ação de cobrança do seguro DPVAT, constitui faculdade do autor escolher entre os foros do seu domicílio, do local do acidente ou ainda do domicílio do réu.

541. A previsão no contrato bancário de taxa de juros anual superior ao duodécuplo da mensal é suficiente para permitir a cobrança da taxa efetiva anual contratada.

542. A ação penal relativa ao crime de lesão corporal resultante de violência doméstica contra a mulher é pública incondicionada.

543. Na hipótese de resolução de contrato de promessa de compra e venda de imóvel submetido ao Código de Defesa do Consumidor, deve ocorrer a imediata restituição das parcelas pagas pelo promitente comprador - integralmente, em caso de culpa exclusiva do promitente vendedor/construtor, ou parcialmente, caso tenha sido o comprador quem deu causa ao desfazimento.

544. É válida a utilização de tabela do Conselho Nacional de Seguros Privados para estabelecer a proporcionalidade da indenização do seguro DPVAT ao grau de invalidez também na hipótese de sinistro anterior a 16/12/2008, data da entrada em vigor da Medida Provisória 451/2008.

545. Quando a confissão for utilizada para a formação do convencimento do julgador, o réu fará jus à atenuante prevista no art. 65, III, *d*, do Código Penal.

546. A competência para processar e julgar o crime de uso de documento falso é firmada em razão da entidade ou órgão ao qual foi apresentado o documento público, não importando a qualificação do órgão expedidor.

547. Nas ações em que se pleiteia o ressarcimento dos valores pagos a título de participação financeira do consumidor no custeio de construção de rede elétrica, o prazo prescricional é de vinte anos na vigência do Código Civil de 1916. Na vigência do Código Civil de 2002, o prazo é de cinco anos se houver previsão contratual de ressarcimento e de três anos na ausência de cláusula nesse sentido, observada a regra de transição disciplinada em seu art. 2.028.

548. Incumbe ao credor a exclusão do registro da dívida em nome do devedor no cadastro de inadimplentes no prazo de cinco dias úteis, a partir do integral e efetivo pagamento do débito.

549. É válida a penhora de bem de família pertencente a fiador de contrato de locação.

550. A utilização de escore de crédito, método estatístico de avaliação de risco que não constitui banco de dados, dispensa o consentimento do consumidor, que terá o direito de solicitar esclarecimentos sobre as informações pessoais valoradas e as fontes dos dados considerados no respectivo cálculo.

551. Nas demandas por complementação de ações de empresas de telefonia, admite-se a condenação ao pagamento de dividendos e juros sobre capital próprio independentemente de pedido expresso. No entanto, somente quando previstos no título executivo, poderão ser objeto de cumprimento de sentença.

552. O portador de surdez unilateral não se qualifica como pessoa com deficiência para o fim de disputar as vagas reservadas em concursos públicos.

553. Nos casos de empréstimo compulsório sobre o consumo de energia elétrica, é competente a Justiça estadual para o julgamento de demanda proposta exclusivamente contra a Eletrobrás. Requerida a intervenção da União no feito após a prolação de sentença pelo juízo estadual, os autos devem ser remetidos ao Tribunal Regional Federal competente para o julgamento da apelação se deferida a intervenção.

554. Na hipótese de sucessão empresarial, a responsabilidade da sucessora abrange não apenas os tributos devidos pela sucedida, mas também as multas moratórias ou punitivas referentes a fatos geradores ocorridos até a data da sucessão.

555. Quando não houver declaração do débito, o prazo decadencial quinquenal para o Fisco constituir o crédito tributário conta-se exclusivamente na forma do art. 173, I, do CTN, nos casos em que a legislação atribui ao sujeito passivo o dever de antecipar o pagamento sem prévio exame da autoridade administrativa.

556. É indevida a incidência de imposto de renda sobre o valor da complementação de aposentadoria pago por entidade de previdência privada e em relação ao resgate de contribuições recolhidas para referidas entidades patrocinadoras no período de 1.1.1989 a 31.12.1995, em razão da isenção concedida pelo art. 6º, VII, *b*, da Lei 7.713/1988, na redação anterior à que lhe foi dada pela Lei 9.250/1995.

557. A renda mensal inicial (RMI) alusiva ao benefício de aposentadoria por invalidez precedido de auxílio-doença será apurada na forma do art. 36, § 7º, do Decreto 3.048/1999, observando-se, porém, os critérios previstos no art. 29, § 5º, da Lei 8.213/1991, quando intercalados períodos de afastamento e de atividade laboral.

558. Em ações de execução fiscal, a petição inicial não pode ser indeferida sob o argumento da falta de indicação do CPF e/ou RG ou CNPJ da parte executada.

559. Em ações de execução fiscal, é desnecessária a instrução da petição inicial com o demonstrativo de cálculo do débito, por tratar-se de requisito não previsto no art. 6º da Lei 6.830/1980.

560. A decretação da indisponibilidade de bens e direitos, na forma do art. 185-A do CTN, pressupõe o exaurimento das diligências na busca por bens penhoráveis, o qual fica caracterizado quando infrutíferos o pedido de constrição sobre ativos financeiros e a expedição de ofícios aos registros públicos do domicílio do executado, ao Denatran ou Detran.

561. Os Conselhos Regionais de Farmácia possuem atribuição para fiscalizar e autuar as farmácias e drogarias quanto ao cumprimento da exigência de manter profissional legalmente habilitado (farmacêutico) durante todo o período de funcionamento dos respectivos estabelecimentos.

562. É possível a remição de parte do tempo de execução da pena quando o condenado, em regime fechado ou semiaberto, desempenha atividade laborativa, ainda que extramuros.

563. O Código de Defesa do Consumidor é aplicável às entidades abertas de previdência complementar, não incidindo nos contratos previdenciários celebrados com entidades fechadas.

564. No caso de reintegração de posse em arrendamento mercantil financeiro, quando a soma da importância antecipada a título de valor residual garantido (VRG) com o valor da venda do bem ultrapassar o total do VRG previsto contratualmente, o arrendatário terá direito de receber a respectiva diferença, cabendo, porém, se estipulado no contrato, o prévio desconto de outras despesas ou encargos pactuados.

565. A pactuação das tarifas de abertura de crédito (TAC) e de emissão de carnê (TEC), ou outra denominação para o mesmo fato gerador, é válida apenas nos contratos bancários anteriores ao início da vigência da Resolução-CMN 3.518/2007, em 30.4.2008.

566. Nos contratos bancários posteriores ao início da vigência da Resolução-CMN 3.518/2007, em 30.4.2008, pode ser cobrada a tarifa de cadastro no início do relacionamento entre o consumidor e a instituição financeira.

567. Sistema de vigilância realizado por monitoramento eletrônico ou por existência de segurança no interior de estabelecimento comercial, por si só, não torna impossível a configuração do crime de furto.

568. O relator, monocraticamente e no Superior Tribunal de Justiça, poderá dar ou negar provimento ao recurso quando houver entendimento dominante acerca do tema.

569. Na importação, é indevida a exigência de nova certidão negativa de débito no desembaraço aduaneiro, se já apresentada a comprovação da quitação de tributos federais quando da concessão do benefício relativo ao regime de drawback.

570. Compete à Justiça Federal o processo e julgamento de demanda em que se discute a ausência de ou o obstáculo ao credenciamento de instituição particular de ensino superior no Ministério da Educação como condição de expedição de diploma de ensino a distância aos estudantes.

571. A taxa progressiva de juros não se aplica às contas vinculadas ao FGTS de trabalhadores qualificados como avulsos.

572. O Banco do Brasil, na condição de gestor do Cadastro de Emitentes de Cheques sem Fundos (CCF), não tem a responsabilidade de notificar previamente o devedor acerca da sua inscrição no aludido cadastro, tampouco legitimidade passiva para as ações de reparação de danos fundadas na ausência de prévia comunicação.

573. Nas ações de indenização decorrente de seguro DPVAT, a ciência inequívoca do caráter permanente da invalidez, para fins de contagem do prazo prescricional, depende de laudo médico, exceto nos casos de invalidez permanente notória ou naqueles em que o conhecimento anterior resulte comprovado na fase de instrução.

574. Para a configuração do delito de violação de direito autoral e a comprovação de sua materialidade, é suficiente a perícia realizada por amostragem do produto apreendido, nos aspectos externos do material, e é desnecessária a identificação dos titulares dos direitos autorais violados ou daqueles que os representem.

575. Constitui crime a conduta de permitir, confiar ou entregar a direção de veículo automotor a pessoa que não seja habilitada, ou que se encontre em qualquer das situações previstas no art. 310 do CTB, independentemente da ocorrência de lesão ou de perigo de dano concreto na condução do veículo.

576. Ausente requerimento administrativo no INSS, o termo inicial para a implantação da aposentadoria por invalidez concedida judicialmente será a data da citação válida.

577. É possível reconhecer o tempo de serviço rural anterior ao documento mais antigo apresentado, desde que amparado em convincente prova testemunhal colhida sob o contraditório.

578. Os empregados que laboram no cultivo da cana-de-açúcar para empresa agroindustrial ligada ao setor sucroalcooleiro detêm a qualidade de rurícola, ensejando a isenção do FGTS desde a edição da Lei Complementar 11/1971 até a promulgação da Constituição Federal de 1988.

579. Não é necessário ratificar o recurso especial interposto na pendência do julgamento dos embargos de declaração, quando inalterado o resultado anterior.

580. A correção monetária nas indenizações do seguro DPVAT por morte ou invalidez, prevista no § 7º do art. 5º da Lei 6.194/1974, redação dada pela Lei 11.482/2007, incide desde a data do evento danoso.

581. A recuperação judicial do devedor principal não impede o prosseguimento das ações e execuções ajuizadas contra terceiros devedores solidários ou coobrigados em geral, por garantia cambial, real ou fidejussória.

582. Consuma-se o crime de roubo com a inversão da posse do bem mediante emprego de violência ou grave ameaça, ainda que por breve tempo e em seguida à perseguição imediata ao agente e recuperação da coisa roubada, sendo prescindível a posse mansa e pacífica ou desvigiada.

→ *v.* Art. 157 do CP.

583. O arquivamento provisório previsto no art. 20 da Lei n. 10.522/2002, dirigido aos débitos inscritos como dívida ativa da União pela Procuradoria-Geral da Fazenda Nacional ou por ela cobrados, não se aplica às execuções fiscais movidas pelos conselhos de fiscalização profissional ou pelas autarquias federais.

584. As sociedades corretoras de seguros, que não se confundem com as sociedades de valores mobiliários ou com os agentes autônomos de seguro privado, estão fora do rol de entidades constantes do art. 22, § 1º, da Lei n. 8.212/1991, não se sujeitando à majoração da alíquota da Cofins prevista no art. 18 da Lei n. 10.684/2003.

585. A responsabilidade solidária do ex-proprietário, prevista no art. 134 do Código de Trânsito Brasileiro CTB, não abrange o IPVA incidente sobre o veículo automotor, no que se refere ao período posterior à sua alienação.

586. A exigência de acordo entre o credor e o devedor na escolha do agente fiduciário aplica-se, exclusivamente, aos contratos não vinculados ao Sistema Financeiro da Habitação SFH.

587. Para a incidência da majorante prevista no art. 40, V, da Lei n. 11.343/2006, é desnecessária a efetiva transposição de fronteiras entre estados da Federação, sendo suficiente a demonstração inequívoca da intenção de realizar o tráfico interestadual.

588. A prática de crime ou contravenção penal contra a mulher com violência ou grave ameaça no ambiente doméstico impossibilita a substituição da pena privativa de liberdade por restritiva de direitos.

589. É inaplicável o princípio da insignificância nos crimes ou contravenções penais praticados contra a mulher no âmbito das relações domésticas.

590. Constitui acréscimo patrimonial a atrair a incidência do imposto de renda, em caso de liquidação de entidade de previdência privada, a quantia que couber a cada participante, por rateio do patrimônio, superior ao valor das respectivas contribuições à entidade em liquidação, devidamente atualizadas e corrigidas.

591. É permitida a prova emprestada no processo administrativo disciplinar, desde que devidamente autorizada pelo juízo competente e respeitados o contraditório e a ampla defesa.

592. O excesso de prazo para a conclusão do processo administrativo disciplinar só causa nulidade se houver demonstração de prejuízo à defesa.

593. O crime de estupro de vulnerável se configura com a conjunção carnal ou prática de ato libidinoso com menor de 14 anos, sendo irrelevante eventual consentimento da vítima para a prática do ato, sua experiência sexual anterior ou existência de relacionamento amoroso com o agente.

594. O Ministério Público tem legitimidade ativa para ajuizar ação de alimentos em proveito de criança ou adolescente independentemente do exercício do poder familiar dos pais, ou do fato de o menor se encontrar nas situações de risco descritas no art. 98 do Estatuto da Criança e do Adolescente, ou de quaisquer outros questionamentos acerca da existência ou eficiência da Defensoria Pública na comarca.

595. As instituições de ensino superior respondem objetivamente pelos danos suportados pelo aluno/consumidor pela realização de curso não reconhecido pelo Ministério da Educação, sobre o qual não lhe tenha sido dada prévia e adequada informação.

596. A obrigação alimentar dos avós tem natureza complementar e subsidiária, somente se configurando no caso de impossibilidade total ou parcial de seu cumprimento pelos pais.

597. A cláusula contratual de plano de saúde que prevê carência para utilização dos serviços de assistência médica nas situações de emergência ou de urgência é considerada abusiva se ultrapassado o prazo máximo de 24 horas contado da data da contratação.

598. É desnecessária a apresentação de laudo médico oficial para o reconhecimento judicial da isenção do imposto de renda, desde que o magistrado entenda suficientemente demonstrada a doença grave por outros meios de prova.

599. O princípio da insignificância é inaplicável aos crimes contra a administração pública.

600. Para a configuração da violência doméstica e familiar prevista no artigo 5º da Lei n. 11.340/2006 (Lei Maria da Penha) não se exige a coabitação entre autor e vítima.

601. O Ministério Público tem legitimidade ativa para atuar na defesa de direitos difusos, coletivos e individuais homogêneos dos consumidores, ainda que decorrentes da prestação de serviço público.

602. O Código de Defesa do Consumidor é aplicável aos empreendimentos habitacionais promovidos pelas sociedades cooperativas.

603. SÚMULA CANCELADA NO JULGAMENTO DO REsp 1.555.722/SP, *DJe 26/02/2018* – É vedado ao banco mutuante reter, em qualquer extensão, os salários, vencimentos e/ou proventos de correntista para adimplir o mútuo (comum) contraído, ainda que haja cláusula contratual autorizativa, excluído o empréstimo garantido por margem salarial consignável, com desconto em folha de pagamento, que possui regramento legal específico e admite a retenção de percentual.

604. O mandado de segurança não se presta para atribuir efeito suspensivo a recurso criminal interposto pelo Ministério Público.

605. A superveniência da maioridade penal não interfere na apuração de ato infracional nem na aplicabilidade de medida socioeducativa em curso, inclusive na liberdade assistida, enquanto não atingida a idade de 21 anos.

606. Não se aplica o princípio da insignificância a casos de transmissão clandestina de sinal de internet via radiofrequência, que caracteriza o fato típico previsto no art. 183 da Lei 9.472/1997.

607. A majorante do tráfico transnacional de drogas (art. 40, I, da Lei 11.343/2006) configura-se com a prova da destinação internacional das drogas, ainda que não consumada a transposição de fronteiras.

608. Aplica-se o Código de Defesa do Consumidor aos contratos de plano de saúde, salvo os administrados por entidades de autogestão.

609. A recusa de cobertura securitária, sob a alegação de doença preexistente, é ilícita se não houve a exigência de exames médicos prévios à contratação ou a demonstração de má-fé do segurado.

610. O suicídio não é coberto nos dois primeiros anos de vigência do contrato de seguro de vida, ressalvado o direito do beneficiário à devolução do montante da reserva técnica formada.

611. Desde que devidamente motivada e com amparo em investigação ou sindicância, é permitida a instauração de processo administrativo disciplinar com base em denúncia anônima, em face do poder-dever de autotutela imposto à Administração.

612. O certificado de entidade beneficente de assistência social (CEBAS), no prazo de sua validade, possui natureza declaratória para fins tributários, retroagindo seus efeitos à data em que demonstrado o cumprimento dos requisitos estabelecidos por lei complementar para a fruição da imunidade.

613. Não se admite a aplicação da teoria do fato consumado em tema de Direito Ambiental.

614. O locatário não possui legitimidade ativa para discutir a relação jurídico-tributária de IPTU e de taxas referentes ao imóvel alugado nem para repetir indébito desses tributos.

615. Não pode ocorrer ou permanecer a inscrição do município em cadastros restritivos fundada em irregularidades na gestão anterior quando, na gestão sucessora, são tomadas as providências cabíveis à reparação dos danos eventualmente cometidos.

616. A indenização securitária é devida quando ausente a comunicação prévia do segurado acerca do atraso no pagamento do prêmio, por constituir requisito essencial para a suspensão ou resolução do contrato de seguro.

617. A ausência de suspensão ou revogação do livramento condicional antes do término do período de prova enseja a extinção da punibilidade pelo integral cumprimento da pena.

618. A inversão do ônus da prova aplica-se às ações de degradação ambiental.

619. A ocupação indevida de bem público configura mera detenção, de natureza precária, insuscetível de retenção ou indenização por acessões e benfeitorias.

620. A embriaguez do segurado não exime a seguradora do pagamento da indenização prevista em contrato de seguro de vida.

621. Os efeitos da sentença que reduz, majora ou exonera o alimentante do pagamento retroagem à data da citação, vedadas a compensação e a repetibilidade.

622. A notificação do auto de infração faz cessar a contagem da decadência para a constituição do crédito tributário; exaurida a instância administrativa com o decurso do prazo para a impugnação ou com a notificação de seu julgamento definitivo e esgotado o prazo concedido pela Administração para o pagamento voluntário, inicia-se o prazo prescricional para a cobrança judicial.

623. As obrigações ambientais possuem natureza *propter rem*, sendo admissível cobrá-las do proprietário ou possuidor atual e/ou dos anteriores, à escolha do credor.

624. É possível cumular a indenização do dano moral com a reparação econômica da Lei n. 10.559/2002 (Lei da Anistia Política).

625. O pedido administrativo de compensação ou de restituição não interrompe o prazo prescricional para a ação de repetição de indébito tributário de que trata o art. 168 do CTN nem o da execução de título judicial contra a Fazenda Pública.

626. A incidência do IPTU sobre imóvel situado em área considerada pela lei local como urbanizável ou de expansão urbana não está condicionada à existência dos melhoramentos elencados no art. 32, § 1º, do CTN.

627. O contribuinte faz jus à concessão ou à manutenção da isenção do imposto de renda, não se lhe exigindo a demonstração da contemporaneidade dos sintomas da doença nem da recidiva da enfermidade.

628. A teoria da encampação é aplicada no mandado de segurança quando presentes, cumulativamente, os seguintes requisitos: a) existência de vínculo hierárquico entre a autoridade que prestou informações e a que ordenou a prática do ato impugnado; b) manifestação a respeito do mérito nas informações prestadas; e c) ausência de modificação de competência estabelecida na Constituição Federal.

629. Quanto ao dano ambiental, é admitida a condenação do réu à obrigação de fazer ou à de não fazer cumulada com a de indenizar.

630. A incidência da atenuante da confissão espontânea no crime de tráfico ilícito de entorpecentes exige o reconhecimento da traficância pelo acusado, não bastando a mera admissão da posse ou propriedade para uso próprio.

→ Art. 65, III, d, do CP.

→ Súmula 545 STJ.

→ Arts. 28 e 33 da Lei de drogas - 11.343/2016.

631. O indulto extingue os efeitos primários da condenação (pretensão executória), mas não atinge os efeitos secundários, penais ou extrapenais.

→ Art. 107, II do CPC.

→ Arts. 5º, XLIII e 84, XII da CF.

632. Nos contratos de seguro regidos pelo Código Civil, a correção monetária sobre a indenização securitária incide a partir da contratação até o efetivo pagamento.

→ Arts. 757 e ss. do CC.

633. A Lei 9.784/99, especialmente no que diz respeito ao prazo decadencial para revisão de atos administrativos no âmbito da administração pública federal, pode ser aplicada de forma subsidiária aos Estados e municípios se inexistente norma local e específica regulando a matéria.

634. Ao particular aplica-se o mesmo regime prescricional previsto na lei de impropriedade administrativa para os agentes públicos.

635. Os prazos prescricionais previstos no artigo 142 da Lei 8.112/90 iniciam-se na data em que a autoridade competente para a abertura do procedimento administrativo tomar conhecimento do fato, interrompendo-se com o primeiro ato de instauração válido, sindicância de caráter punitivo ou processo disciplinar, e volta a fluir por inteiro após decorridos 140 dias desde a interrupção.

SÚMULAS DOS JUIZADOS ESPECIAIS FEDERAIS – JEF

1. A conversão dos benefícios previdenciários em URV, em março/1994, obedece às disposições do art. 20, incisos I e II da Lei 8.880/1994 (Medida Provisória 434/1994).

2. Os benefícios previdenciários, em maio de 1996, deverão ser reajustados na forma da Medida Provisória 1.415, de 29 de abril de 1996, convertida na Lei 9.711, de 20 de novembro de 1998.

3. SÚMULA CANCELADA EM 30.9.2003 – Os benefícios de prestação continuada, no Regime Geral da Previdência Social, devem ser reajustados com base no IGP-DI nos anos de 1997, 1999, 2000 e 2001.

4. Não há direito adquirido, na condição de dependente, pessoa designada, quando o falecimento do segurado deu-se após o advento da Lei 9.032/1995.

5. A prestação de serviço rural por menor de 12 a 14 anos, até o advento da Lei 8.213, de 24 de julho de 1991, devidamente comprovada, pode ser reconhecida para fins previdenciários.

6. A certidão de casamento ou outro documento idôneo que evidencie a condição de trabalhador rural do cônjuge constitui início razoável de prova material da atividade rurícula.

7. Descabe incidente de uniformização versando sobre honorários advocatícios por se tratar de questão de direito processual.

8. Os benefícios de prestação continuada, no Regime Geral da Previdência Social, não serão reajustados com base no IGP-DI nos anos de 1997, 1999, 2000 e 2001.

9. O uso de Equipamento de Proteção Individual (EPI), ainda que elimine a insalubridade, no caso de exposição a ruído, não descaracteriza o tempo de serviço especial prestado.

10. O tempo de serviço rural anterior à vigência da Lei 8.213/1991 pode ser utilizado para fins de contagem recíproca, assim entendida aquela que soma tempo de atividade privada, rural ou urbana, ao de serviço público estatutário, desde que sejam recolhidas as respectivas contribuições previdenciárias.

11. SÚMULA CANCELADA EM 24.04.2006 – A renda mensal, *per capita*, familiar, superior a 1/4 (um quarto) do salário mínimo não impede a concessão do benefício assistencial previsto no art. 20, § 3º da Lei 8.742 de 1993, desde que comprovada, por outros meios, a miserabilidade do postulante.

12. Os juros moratórios são devidos pelo gestor do FGTS e incidem a partir da citação nas ações em que se reclamam diferenças de correção monetária, tenha havido ou não levantamento do saldo, parcial ou integralmente.

13. O reajuste concedido pelas Leis 8.622/1993 e 8.627/1993 (28,86%) constituiu revisão geral dos vencimentos e, por isso, é devido também aos militares que não o receberam em sua integralidade, compensado o índice então concedido, sendo limite temporal desse reajuste o advento da Medida Provisória 2.131 de 28.12.2000.

14. Para a concessão de aposentadoria rural por idade, não se exige que o início de prova material, corresponda a todo o período equivalente à carência do benefício.

15. SÚMULA CANCELADA EM 26.03.2007 – O valor mensal da pensão por morte concedida antes da Lei 9.032, de 28 de abril de 1995, deve ser revisado de acordo com a nova redação dada ao art. 75 da Lei 8.213, de 24 de julho de 1991.

16. SÚMULA CANCELADA EM 27.03.2009 – A conversão em tempo de serviço comum, do período trabalhado em condições especiais, somente é possível relativamente à atividade exercida até 28 de maio de 1998 (art. 28 da Lei 9.711/1998).

17. Não há renúncia tácita no Juizado Especial Federal, para fins de competência.

18. Provado que o aluno aprendiz de Escola Técnica Federal recebia remuneração, mesmo que indireta, à conta do orçamento da União, o respectivo tempo de serviço pode ser computado para fins de aposentadoria previdenciária.

19. Para o cálculo da renda mensal inicial do benefício previdenciário, deve ser considerada, na atualização dos salários de contribuição anteriores a março de 1994, a variação integral do IRSM de fevereiro de 1994, na ordem de 39,67% (art. 21, § 1º, da Lei 8.880/1994).

20. A Lei 8.112, de 11 de dezembro de 1990, não modificou a situação do servidor celetista anteriormente aposentado pela Previdência Social Urbana.

21. Não há direito adquirido a reajuste de benefícios previdenciários com base na variação do IPC (Índice de Preço ao Consumidor), de janeiro de 1989 (42,72%) e abril de 1990 (44,80%).

22. Se a prova pericial realizada em juízo dá conta de que a incapacidade já existia na data do requerimento administrativo, esta é o termo inicial do benefício assistencial.

23. As substituições de cargos ou funções de direção ou chefia ou de cargo de natureza especial ocorridas a partir da vigência da Medida Provisória 1.522, de 11.10.1996, e até o advento da Lei 9.527, de 10.12.1997, quando iguais ou inferiores a 30 dias, não geram direito à remuneração correspondente ao cargo ou função substituída.

24. O tempo de serviço do segurado trabalhador rural anterior ao advento da Lei 8.213/1991, sem o recolhimento de contribuições previdenciárias, pode ser considerado para a concessão de benefício previdenciário do Regime Geral de Previdência Social (RGPS), exceto para efeito de carência, conforme a regra do art. 55, § 2º, da Lei 8.213/1991.

25. A revisão dos valores dos benefícios previdenciários, prevista no art. 58 do ADCT, deve ser feita com base no número de salários mínimos apurado na data da concessão, e não no mês de recolhimento da última contribuição.

26. A atividade de vigilante enquadra-se como especial, equiparando-se à de guarda, elencada no item 2.5.7 do Anexo III do Decreto 53.831/1964.

27. A ausência de registro em órgão do Ministério do Trabalho não impede a comprovação do desemprego por outros meios admitidos em Direito.

28. Encontra-se prescrita a pretensão de ressarcimento de perdas sofridas na atualização monetária da conta do Plano de Integração Social – PIS, em virtude de expurgos ocorridos por ocasião dos Planos Econômicos Verão e Collor I.

29. Para os efeitos do art. 20, § 2º, da Lei 8.742, de 1993, incapacidade para a vida independente não é só aquela que impede as atividades mais elementares da pessoa, mas também a impossibilita de prover ao próprio sustento.

30. Tratando-se de demanda previdenciária, o fato de o imóvel ser superior ao módulo rural não afasta, por si só, a qualificação de seu proprietário como segurado especial, desde que comprovada, nos autos, a sua exploração em regime de economia familiar.

31. A anotação na CTPS decorrente de sentença trabalhista homologatória constitui início de prova material para fins previdenciários.

32. SÚMULA CANCELADA EM 09.10.2013 – O tempo de trabalho laborado com exposição a ruído é considerado especial, para fins de conversão em comum, nos seguintes níveis: superior a 80 decibéis, na vigência do Decreto 53.831/1964 e, a contar de 5 de março de 1997, superior a 85 decibéis, por força da edição do Decreto 4.882, de 18 de novembro de 2003, quando a Administração Pública reconheceu e declarou a nocividade à saúde de tal índice de ruído.

33. Quando o segurado houver preenchido os requisitos legais para concessão da aposentadoria por tempo de serviço na data do requerimento administrativo, esta data será o termo inicial da concessão do benefício.

34. Para fins de comprovação do tempo de labor rural, o início de prova material deve ser contemporâneo à época dos fatos a provar.

35. A Taxa SELIC, composta por juros de mora e correção monetária, incide nas repetições de indébito tributário.

36. Não há vedação legal à cumulação da pensão por morte de trabalhador rural com o benefício da aposentadoria por invalidez, por apresentarem pressupostos fáticos e fatos geradores distintos.

37. A pensão por morte, devida ao filho até os 21 anos de idade, não se prorroga pela pendência do curso universitário.

38. Aplica-se subsidiariamente a Tabela de Cálculos de Santa Catarina aos pedidos de revisão de RMI – OTN/ORTN, na atualização dos salários de contribuição.

39. Nas ações contra a Fazenda Pública, que versem sobre pagamento de diferenças decorrentes de reajuste nos vencimentos de servidores públicos, ajuizadas após 24.8.2001, os juros de mora devem ser fixados em 6% (seis por cento) ao ano (art. 1º-F da Lei 9.494/1997).

40. Nenhuma diferença é devida a título de correção monetária dos depósitos do FGTS, relativos ao mês de fevereiro de 1989.

41. A circunstância de um dos integrantes do núcleo familiar desempenhar atividade urbana não implica, por si só, a descaracterização do trabalhador rural como segurado especial, condição que deve ser analisada no caso concreto.

42. Não se conhece de incidente de uniformização que implique reexame de matéria de fato.

43. Não cabe incidente de uniformização que verse sobre matéria processual.

44. Para efeito de aposentadoria urbana por idade, a tabela progressiva de carência prevista no art. 142 da Lei 8.213/1991 deve ser aplicada em função do ano em que o segurado completa a idade mínima para concessão do benefício, ainda que o período de carência só seja preenchido posteriormente.

45. Incide correção monetária sobre o salário-maternidade desde a época do parto, independentemente da data do requerimento administrativo.

46. O exercício de atividade urbana intercalada não impede a concessão de benefício previdenciário de trabalhador rural, condição que deve ser analisada no caso concreto.

47. Uma vez reconhecida a incapacidade parcial para o trabalho, o juiz deve analisar as condições pessoais e sociais do segurado para a concessão de aposentadoria por invalidez.

48. A incapacidade não precisa ser permanente para fins de concessão do benefício assistencial de prestação continuada.

49. Para reconhecimento de condição especial de trabalho antes de 29.4.1995, a exposição a agentes nocivos à saúde ou à integridade física não precisa ocorrer de forma permanente.

50. É possível a conversão do tempo de serviço especial em comum do trabalho prestado em qualquer período.

51. SÚMULA CANCELADA EM 30.08.2017 – Os valores recebidos por força de antecipação dos efeitos de tutela, posteriormente revogada em demanda previdenciária, são irrepetíveis em razão da natureza alimentar e da boa-fé no seu recebimento.

52. Para fins de concessão de pensão por morte, é incabível a regularização do recolhimento de contribuições de segurado contribuinte individual posteriormente a seu óbito, exceto quando as contribuições devam ser arrecadadas por empresa tomadora de serviços.

53. Não há direito a auxílio-doença ou a aposentadoria por invalidez quando a incapacidade para o trabalho é preexistente ao reingresso do segurado no Regime Geral de Previdência Social.

54. Para a concessão de aposentadoria por idade de trabalhador rural, o tempo de exercício de atividade equivalente à carência deve ser aferido no período imediatamente anterior ao requerimento administrativo ou à data do implemento da idade mínima.

55. A conversão do tempo de atividade especial em comum deve ocorrer com aplicação do fator multiplicativo em vigor na data da concessão da aposentadoria.

56. O prazo de 30 anos para prescrição da pretensão à cobrança de juros progressivos sobre saldo de conta vinculada ao FGTS tem início na data em que deixou de ser feito o crédito e incide sobre cada prestação mensal.

57. O auxílio-doença e a aposentadoria por invalidez não precedida de auxílio-doença, quando concedidos na vigência da Lei 9.876/1999, devem ter o salário de benefício apurado com base na média aritmética simples dos maiores salários de contribuição correspondentes a 80% do período contributivo, independentemente da data de filiação do segurado ou do número de contribuições mensais no período contributivo.

58. Não é devido o reajuste na indenização de campo por força da alteração trazida pelo Decreto 5.554/2005.

59. A ausência de declaração do objeto postado não impede a condenação da ECT a indenizar danos decorrentes do extravio, desde que o conteúdo da postagem seja demonstrado por outros meios de prova admitidos em direito.

60. SÚMULA CANCELADA EM 21.03.2016 – O décimo terceiro salário não integra o salário de contribuição para fins de cálculo do salário de benefício, independentemente da data da concessão do benefício previdenciário.

61. SÚMULA CANCELADA EM 09.10.2013 – As alterações promovidas pela Lei 11.960/2009 têm aplicação imediata na regulação dos juros de mora em condenações contra a Fazenda Pública, inclusive em matéria previdenciária, independentemente da data do ajuizamento da ação ou do trânsito em julgado.

62. O segurado contribuinte individual pode obter reconhecimento de atividade especial para fins previdenciários, desde que consiga comprovar exposição a agentes nocivos à saúde ou à integridade física.

63. A comprovação de união estável para efeito de concessão de pensão por morte prescinde de início de prova material.

64. SÚMULA CANCELADA EM 18.06.2015 – O direito à revisão do ato de indeferimento de benefício previdenciário ou assistencial sujeita-se ao prazo decadencial de dez anos.

65. Os benefícios de auxílio-doença, auxílio-acidente e aposentadoria por invalidez concedidos no período de 28.3.2005 a 20.7.2005 devem ser calculados nos termos da Lei 8.213/1991, em sua redação anterior à vigência da Medida Provisória 242/2005.

66. O servidor público ex-celetista que trabalhava sob condições especiais antes de migrar para o regime estatutário tem direito adquirido à conversão do tempo de atividade especial em tempo comum com o devido acréscimo legal, para efeito de contagem recíproca no regime previdenciário próprio dos servidores públicos.

67. O auxílio-alimentação recebido em pecúnia por segurado filiado ao Regime Geral da Previdência Social integra o salário de contribuição e sujeita-se à incidência de contribuição previdenciária.

68. O laudo pericial não contemporâneo ao período trabalhado é apto à comprovação da atividade especial do segurado.

69. O tempo de serviço prestado em empresa pública ou em sociedade de economia mista por servidor público federal somente pode ser contado para efeitos de aposentadoria e disponibilidade.

70. A atividade de tratorista pode ser equiparada à de motorista de caminhão para fins de reconhecimento de atividade especial mediante enquadramento por categoria profissional.

71. O mero contato do pedreiro com o cimento não caracteriza condição especial de trabalho para fins previdenciários.

72. É possível o recebimento de benefício por incapacidade durante período em que houve exercício de atividade remunerada quando comprovado que o segurado estava incapaz para as atividades habituais na época em que trabalhou.

73. O tempo de gozo de auxílio-doença ou de aposentadoria por invalidez não decorrentes de acidente de trabalho só pode ser computado como tempo de contribuição ou para fins de carência quando intercalado entre períodos nos quais houve recolhimento de contribuições para a previdência social.

74. O prazo de prescrição fica suspenso pela formação de requerimento administrativo e volta a correr pelo saldo remanescente após a ciência da decisão administrativa final.

75. A CTPS em relação à qual não se aponta defeito formal que lhe comprometa a fidedignidade goza de presunção relativa de veracidade, formando prova suficiente de tempo de serviço para fins previdenciários, ainda que a anotação de vínculo de emprego não conste no CNIS.

76. A averbação de tempo de serviço rural não contributivo não permite majorar o coeficiente de cálculo da renda mensal inicial de aposentadoria por idade previsto no art. 50 da Lei 8.213/1991.

77. O julgador não é obrigado a analisar as condições pessoais e sociais quando não reconhecer a incapacidade do requerente para a sua atividade habitual.

78. Comprovado que o requerente de benefício é portador do vírus HIV, cabe ao julgador verificar as condições pessoais, sociais, econômicas e culturais, de forma a analisar a incapacidade em sentido amplo, em face da elevada estigmatização social da doença.

79. Nas ações em que se postula benefício assistencial, é necessária a comprovação das condições socioeconômicas do autor por laudo de assistente social, por auto de constatação lavrado por oficial de justiça ou, sendo inviabilizados os referidos meios, por prova testemunhal.

80. Nos pedidos de benefício de prestação continuada (LOAS), tendo em vista o advento da Lei 12.470/11, para adequada valoração dos fatores ambientais, sociais, econômicos e pessoais que impactam na participação da pessoa com deficiência na sociedade, é necessária a realização de avaliação social por assistente social ou outras providências aptas a revelar a efetiva condição vivida no meio social pelo requerente.

81. Não incide o prazo decadencial previsto no art. 103, *caput*, da Lei 8.213/1991, nos casos de indeferimento e cessação de benefícios, bem como em relação às questões não apreciadas pela Administração no ato da concessão.

82. O código 1.3.2 do quadro anexo ao Decreto 53.831/1964, além dos profissionais da área da saúde, contempla os trabalhadores que exercem atividades de serviços gerais em limpeza e higienização de ambientes hospitalares.

83. A partir da entrada em vigor da Lei 8.870/94, o décimo terceiro salário não integra o salário de contribuição para fins de cálculo do salário de benefício.

84. Comprovada a situação de desemprego por mais de 3 anos, o trabalhador tem direito ao saque dos valores depositados em sua conta individual do PIS.

85. É possível a conversão de tempo comum em especial de período(s) anterior(es) ao advento da Lei 9.032/95 (que alterou a redação do §3º do art. 57 da Lei 8.213/91), desde que todas as condições legais para a concessão do benefício pleiteado tenham sido atendidas antes da publicação da referida lei, independentemente da data de entrada do requerimento (DER).

86. Não cabe incidente de uniformização que tenha como objeto principal questão controvertida de natureza constitucional que ainda não tenha sido definida pelo Supremo Tribunal Federal em sua jurisprudência dominante.

87. A eficácia do EPI não obsta o reconhecimento de atividade especial exercida antes de 03/12/1998, data de início da vigência da MP 1.729/98, convertida na Lei 9.732/98.

TESES FIRMADAS EM SEDE DE RECURSOS REPETITIVOS

Teses firmadas em sede de Recursos Repetitivos

20. É inadmissível a fixação de pena substitutiva (art. 44 do CP) como condição especial ao regime aberto (vide súmula 493 do STJ).

157. Incide o princípio da insignificância aos crimes tributários federais e de descaminho quando o débito tributário verificado não ultrapassar o limite de R$ 20.000,00 (vinte mil reais), a teor do disposto no art. 20 da Lei n. 10.522/2002, com as atualizações efetivadas pelas Portarias 75 e 130, ambas do Ministério da Fazenda.

190. O critério trifásico de individualização da pena, trazido pelo art. 68 do Código Penal, não permite ao Magistrado extrapolar os marcos mínimo e máximo abstratamente cominados para a aplicação da sanção penal (vide súmula 231 do STJ).

191. É cabível a aplicação retroativa da Lei n. 11.343/2006, desde que o resultado da incidência das suas disposições, na íntegra, seja mais favorável ao réu do que o advindo da utilização da Lei 6.368/76, sendo vedada a combinação de leis (vide súmula 231 do STJ).

221. A configuração do crime do art. 244-B do ECA independe da prova da efetiva corrupção do menor, por se tratar de delito formal (vide súmula 500 do STJ).

445. 1. É recomendável que cada autorização de saída temporária do preso seja precedida de decisão judicial motivada. Entretanto, se a apreciação individual do pedido estiver, por deficiência exclusiva do aparato estatal, a interferir no direito subjetivo do apenado e no escopo ressocializador da pena, deve ser reconhecida, excepcionalmente, a possibilidade de fixação de calendário anual de saídas temporárias por ato judicial único, observadas as hipóteses de revogação automática do art. 125 da LEP. 2. O calendário prévio das saídas temporárias deverá ser fixado, obrigatoriamente, pelo Juízo das Execuções, não se lhe permitindo delegar à autoridade prisional a escolha das datas específicas nas quais o apenado irá usufruir os benefícios. Inteligência da Súmula n. 520 do STJ. 3. Respeitado o limite anual de 35 dias, estabelecido pelo art. 124 da LEP, é cabível a concessão de maior número de autorizações de curta duração. 4. As autorizações de saída temporária para visita à família e para participação em atividades que concorram para o retorno ao convívio social, se limitadas a cinco vezes durante o ano, deverão observar o prazo mínimo de 45 dias de intervalo entre uma e outra. Na hipótese de maior número de saídas temporárias de curta duração, já intercaladas durante os doze meses do ano e muitas vezes sem pernoite, não se exige o intervalo previsto no art. 124, § 3°, da LEP (vide súmula 520 do STJ).

561. Afigura-se absolutamente 'possível o reconhecimento do privilégio previsto no § 2º do art. 155 do Código Penal nos casos de furto qualificado (CP, art. 155, § 4º)', máxime se presente qualificadora de ordem objetiva, a primariedade do réu e, também, o pequeno valor da res furtiva (vide súmula 511 do STJ).

581. Os crimes de estupro e atentado violento ao pudor praticados antes da edição da Lei nº 12.015/2009, ainda que em sua forma simples, configuram modalidades de crime hediondo.

585. É possível, na segunda fase da dosimetria da pena, a compensação da atenuante da confissão espontânea com a agravante da reincidência (vide controvérsia 53 do STJ).

593. Considera-se típica, formal e materialmente, a conduta prevista no artigo 184, § 2º, do Código Penal, afastando, assim, a aplicação do princípio da adequação social, de quem expõe à venda CD's E DVD's 'piratas'. (vide súmula 502 do STJ).

596. É típica a conduta de possuir arma de fogo de uso permitido com numeração, marca ou qualquer outro sinal de identificação raspado, suprimido ou adulterado, praticada após 23/10/2005, pois, em relação a esse delito, a abolitio criminis temporária cessou nessa data, termo final da prorrogação dos prazos previstos na redação original dos arts. 30 e 32 da Lei n. 10.826/2003 (vide súmula 513 do STJ).

600. O tráfico ilícito de drogas na sua forma privilegiada (art. 33, § 4º, da Lei n. 11.343/2006) não é crime equiparado a hediondo.

646. É típica a conduta de atribuir-se falsa identidade perante autoridade policial, ainda que em situação de alegada autodefesa (art. 307 do CP) (vide súmula 522 do STJ).

652. Para o reconhecimento da prática de falta disciplinar, no âmbito da execução penal, é imprescindível a instauração de procedimento administrativo pelo diretor do estabelecimento prisional, assegurado o direito de defesa, a ser realizado por advogado constituído ou defensor público nomeado (vide súmula 533 do STJ).

709. 1. A prática de falta grave interrompe o prazo para a progressão de regime, acarretando a modificação da data-base e o início de nova contagem do lapso necessário para o preenchimento do requisito objetivo. 2. Em se tratando de livramento condicional, não ocorre a interrupção do prazo pela prática de falta grave. Aplicação da Súmula 441/STJ. 3. Também não é interrompido automaticamente o prazo pela falta grave no que diz respeito à comutação de pena ou indulto, mas a sua concessão deverá observar o cumprimento dos requisitos previstos no decreto presidencial pelo qual foram instituídos (vide súmulas 534 e 535 do STJ).

901. É de perigo abstrato o crime previsto no art. 310 do Código de Trânsito Brasileiro. Assim, não é exigível, para o aperfeiçoamento do crime, a ocorrência de lesão ou de perigo de dano concreto na conduta de quem permite, confia ou entrega a direção de veículo automotor a pessoa não habilitada, com habilitação cassada ou com o direito de dirigir suspenso, ou ainda a quem, por seu estado de saúde, física ou mental, ou por embriaguez, não esteja em condições de conduzi-lo com segurança (vide súmula 575 do STJ).

916. Consuma-se o crime de roubo com a inversão da posse do bem, mediante emprego de violência ou grave ameaça, ainda que por breve tempo e em seguida a perseguição imediata ao agente e recuperação da coisa roubada, sendo prescindível a posse mansa e pacífica ou desvigiada (vide tema 934 do STJ).

917. É possível a remição de parte do tempo de execução da pena quando o condenado, em regime fechado ou semiaberto, desempenha atividade laborativa extramuros (vide súmula 562 do STJ).

918. Para a caracterização do crime de estupro de vulnerável previsto no art. 217-A, caput, do Código Penal, basta que o agente tenha conjunção carnal ou pratique qualquer ato libidinoso com pessoa menor de 14 anos. O consentimento da vítima, sua eventual experiência sexual anterior ou a existência de relacionamento amoroso entre o agente e a vítima não afastam a ocorrência do crime (vide súmula 593 do STJ).

924. A existência de sistema de segurança ou de vigilância eletrônica não torna impossível, por si só, o crime de furto cometido no interior de estabelecimento comercial (vide súmula 567 do STJ).

926. É suficiente, para a comprovação da materialidade do delito previsto no art. 184, § 2º, do Código Penal, a perícia realizada, por amostragem, sobre os aspectos externos do material apreendido, sendo desnecessária a identificação dos titulares dos direitos autorais violados ou de quem os represente (vide súmula 574 do STJ).

931. Nos casos em que haja condenação a pena privativa de liberdade e multa, cumprida a primeira (ou a restritiva de direitos que eventualmente a tenha substituído), o inadimplemento da sanção pecuniária não obsta o reconhecimento da extinção da punibilidade (vide súmula 545 do STJ).

933. Quando o falso se exaure no descaminho, sem mais potencialidade lesiva, é por este absorvido, como crime-fim, condição que não se altera por ser menor a pena a este cominada.

934. Consuma-se o crime de furto com a posse de fato da res furtiva, ainda que por breve espaço de tempo e seguida de perseguição ao agente, sendo prescindível a posse mansa e pacífica ou desvigiada (vide tema 916 do STJ).

993. A inexistência de estabelecimento penal adequado ao regime prisional determinado para o cumprimento da pena não autoriza a concessão imediata do benefício da prisão domiciliar, porquanto, nos termos da Súmula Vinculante n° 56, é imprescindível que a adoção de tal medida seja precedida das providências estabelecidas no julgamento do RE n° 641.320/RS, quais sejam: (i) saída antecipada de outro sentenciado no regime com falta de vagas, abrindo-se, assim, vagas para os reeducandos que acabaram de progredir; (ii) a liberdade eletronicamente monitorada ao sentenciado que sai antecipadamente ou é posto em prisão domiciliar por falta de vagas; e (iii) cumprimento de penas restritivas de direitos e/ou estudo aos sentenciados em regime aberto.

1006. A unificação de penas não enseja a alteração da data-base para concessão de novos benefícios executórios.

ANOTAÇÕES